Wolfgang de Grahl

Der Graupapagei

Pflege, Zucht und Zähmung
Eine Chronik aus 100 Jahren

11 Farbfotos
14 Schwarzweißfotos
und 1 Verbreitungskarte

5., verbesserte Auflage

Verlag Eugen Ulmer Stuttgart

CIP-Kurztitelaufnahme der Deutschen Bibliothek

Grahl, Wolfgang de:
Der Graupapagei : Pflege, Zucht u. Zähmung ;
e. Chronik aus 100 Jahren / Wolfgang de Grahl. –
5. Aufl. – Stuttgart: Ulmer, 1982.
  ISBN 3-8001-7086-8

© 1976, 1982 Eugen Ulmer GmbH & Co.
Wollgrasweg 41, 7000 Stuttgart 70
Printed in Germany
Einbandgestaltung: A. Krugmann, Stuttgart
mit einem Foto von Bruno Roth, Trebor
Satz: ACO-Druck GmbH, Braunschweig
Druck: Karl Grammlich, Pliezhausen
Gebunden bei Karl Dieringer, Stuttgart

Gewidmet

Herrn Dr. Joachim Steinbacher
30 Jahre Leiter der Sektion Ornithologie im Naturmuseum
und Forschungsinstitut »SENCKENBERG«, Frankfurt;
44 Jahre Herausgeber von »DIE GEFIEDERTE WELT«,
Fachzeitschrift mit 100jähriger Tradition.

Vorwort

In der Familie der Großpapageien nimmt der Graupapagei die größte Aufmerksamkeit in Anspruch. Nicht nur sein Nachahmungstalent, sondern auch die immer häufiger werdenden Zuchterfolge machen ihn so interessant. Das beweist die nun schon 5. Auflage dieses Buches in so kurzer Zeit.

Neben der Darstellung und den Hinweisen zu Haltung und Zucht, sollen die hier wiedergegebenen Berichte und Erfahrungen dem Leser vor allem zeigen wie verschieden geartet Graupapageien sein können. Den wichtigen Abschnitt über die Krankheiten hat Dr. med. vet. Siegfried Mundt von Auflage zu Auflage neu durchgesehen und, soweit notwendig, ergänzt.

Was ich bereits im Vorwort zur 1. Auflage ausgesprochen habe, gilt für die Zukunft noch verstärkt: Die Umweltbedingungen für Graupapageien werden in ihren Heimatländern immer schlechter, so daß wir es uns nicht weiter leisten können, ihren Bestand noch mehr zu verkleinern. Wir müssen in erster Linie Wert auf die Zucht von Graupapageien legen, um damit zur Erhaltung und Vermehrung dieser wichtigen und beliebten Papageienart beizutragen. Jeder, der Graupapageien hält, sollte sich durch sorgfältigste Pflege dieser Verantwortung bewußt sein.

Hamburg 1982   Wolfgang de Grahl

Anmerkung:
Bei den wörtlich übernommenen Berichten aus früheren Zeiten wurden Druckfehler stillschweigend verbessert und die Orthographie teilweise modernisiert. Bei der Kommasetzung wurde aber nicht eingegriffen.

Inhalt

Beschreibung der Gattung

Gattung: GRAUPAPAGEIEN – *Psittacus erithacus* Linné 1758

Eine Art; zwei Rassen, 31–37 cm groß.

1. **Graupapagei,** *P. erithacus erithacus* Linné 1758

Heimat: SO-Elfenbeinküste, Ghana, Togo, Dahomey, Nigeria, S-Tschad etwa bis zu 10° nördlicher Breite; Kamerun, Zentralafrikanische Republik, Zaire, Uganda, W-Kenia, Rwanda, Burundi, NW-Tansania, N-Angola, Kongo-Republik, Gabun, Äquatorial Guinea, Inseln Principe und Fernando Póo; Begrenzung im Süden bei etwa 10° südlicher Breite. Nach Mitteilung von Prof. Dr. Martin Eisentraut, zoologisches Forschungsinstitut und Museum in Bonn 1973, kann die Inselform als 3. Rasse *P. e. princeps* nicht mehr aufrechterhalten werden, da sie auch lokal auf dem Festland zu finden ist und die Unterscheidungsmerkmale zu gering sind, denn auch in anderen Gebieten gibt es in der Farbe und Größe Variationen.

Größe 33–37 cm Gesamtlänge; Flügel beim ♂ im Schnitt 24,2 cm lang, beim ♀ 23,4 cm; Schwanz 8,6–9,4 cm lang.

♂: Das gesamte Federkleid ist gräulich, die Federn an Hals und Brust dunkel gesäumt; die unbefiederte Wachshaut und der breite ellipsenförmige Augenring grauweiß, der Bürzel grau bis hellgrau, die Schwanzfedern leuchtend rot. Kopf- und Halsfedern sind hellgrau gesäumt. Schnabel schwarz, Füße grau, Iris hellgelb bis maisgelb.

♀: Etwas schmalerer Schädel, Oberschnabel weniger gekrümmt, Unterseite meist aufgehellter.

Jungvögel: Iris zunächst ganz dunkel, nach einigen Monaten grau, denn weißgelb bis maisgelb; die Unterschwanzdecken noch mit grauen Flecken, Flügeldecken und Rückenfedern leicht braungrau, Schwanzfedern etwas gesprenkelt; erste Mauser nach etwa 12 Monaten.

2. **Timneh-Graupapagei,** *P. erithacus timneh* F. 1844

Heimat: S-Guinea, Sierra Leone, Liberia und westliche Elfenbeinküste.

Größe 31–32 cm Gesamtlänge; Flügel beim ♂ im Schnitt 21,5 cm lang, beim ♀ 20,8 cm; Schwanz 8 cm lang.

♂: Oberer Teil des Oberschnabels leicht rosa, zur Spitze hin schwärzlich; Schwanzfedern rostbraun bis graubraun; Gesamtgefieder dunkelgrau, die Hals- und Brustfedern kaum gesäumt, Iris weißgelb.

♀: Schmalerer Schädel.

Jungvögel: Iris schwarz bis grau; Schwanzfedern im Jugendkleid sehr dunkel.

1. Das Freileben

Der schweizer Naturforscher Konrad Gesner (1516–1565) stellte das beste Tierbuch seiner Zeit zusammen. Er war wohl einer der ältesten Schriftsteller, die schon über die Heimat der Graupapageien berichteten. So steht dort wörtlich: »*Ich hab auch einen (Papagei) der am gantzen Leib aschenfarb oder lichtblaue ist, ohn am Schwanz hat er allein rothe Federn, umb die Augen ist er weiß...*«

Vor über 100 Jahren, im Jahre 1872/73, war es Dr. Anton Reichenow, welcher eingehend das Leben der Graupapageien in der Natur in West-Afrika beobachten konnte. Er durchforschte Guinea, war an der Goldküste, in Kamerun und Gabun. Damals traten diese Papageien in großen Massen auf. Niemand konnte sie übersehen, denn in großen Schwärmen und mit entsprechendem Gekrächze und Getöse zogen sie an den Flüssen entlang und hielten sich auch in den dichten Mangrovewaldungen auf. Der Flug ist schwerfällig und wird mit dem der Enten verglichen, die hastig mit den Flügeln schlagen, als hätten sie Angst, herabzufallen. Vor dem Landen auf einem Baumzweig kann man oft ein eigenartiges Flugbild beobachten. Es sieht so aus, als ob der Vogel überlegt, wo er nun aufbaumen soll und er »rüttelt« wie ein Turmfalke, wobei sich der Körper in fast senkrechter Lage befindet. Zur Nachtruhe werden höchste Bäume aufgesucht, die jeden Abend wieder angeflogen werden. Pünktlich trifft der Schwarm abends ein und am nächsten Morgen erheben sich die Vögel gruppenweise und suchen ihre Futterplätze auf. Dieses Schwarmverhalten ist nur in der Nichtbrutzeit zu sehen, denn zur Brutzeit sondern sich die Graupapageien paarweise ab. Das Versammeln des Schwarmes erfolgt immer um die Zeit des Sonnenuntergangs, und erst wenn es völlig dunkel ist, legen sich der Lärm und die Unruhe. Da die Nahrungsplätze meistens auf den höher gelegenen Ebenen im Binnenland liegen, halten die verschiedenen Gruppen bestimmte »Flugstraßen« ein. Beliebt sind natürlich die halbreifen Maisfelder, wo sie teilweise Schaden anrichten können. Sie fliegen aber auch von Baum zu Baum, um Früchte, Nüsse und Beeren zu suchen. Besonders die Frucht der Ölpalme *(Elaeis guinesis)* sagt ihnen zu.

Die größten Feinde der Graupapageien sind die Menschen. In früherer Zeit haben die Einheimischen sie ihres Fleisches wegen erlegt. Nach europäischem Geschmack soll das Fleisch recht zäh sein. Der roten Schwanzfedern wegen wurden sie ebenfalls häufig getötet. Man benutzte die roten Federn als Kopfschmuck und bei manchen Stämmen galten diese als Zaubermittel.

Da für lebende Vögel aber mehr gezahlt wurde, brachte man schon vor über 100 Jahren lebende Vögel in die Häfen, um sie zu verkaufen. Damals waren es meist Jungvögel, die aus den Nestern genommen und aufgezogen wurden, denn so erzielte man einen höheren Preis. Außerdem sind Graupapageien äußerst scheu und vorsichtig und es ist in früherer Zeit kaum möglich gewesen, diese mit Netzen und Schlingen zu fangen. Man spähte aus, wo flügge Junge waren, die schon hin und wieder aus ihrer Höhle kamen; nachts bestieg man dann einen solchen Baum und befestigte ein Netz oder einen Sack vor dem Ausflugloch. Durch starkes Anschlagen mit einem Knüppel an einen solchen Baum, stürmten dann die erschreckten Vögel heraus in den Sack. Die Alttiere ließ man meist fliegen (früher), da sie zu wild waren. Die Einheimischen selber hielten sich nur Vögel, um sie verkaufen zu können, aber nicht, um ein Haustier zu haben. Es wurde ein Flügel beschnitten und so sah man dann oft eine ganze Reihe zahmer Vögel auf den Hüttendächern sitzen. In Ghana stellte man Pfähle mit etlichen Sitzstangen auf, so daß auf jedem solcher »Bäume« ca. 15 Graue an der Kette zur vorübergehenden Eingewöhnung saßen.

Ein weiterer Feind scheint der Palmgeier *(Gypohierax angolensis)* zu sein, der auch Geierseeadler genannt wird. In der Systematik ist dieser Greif erst zu den Adlern, dann zu den Geiern gestellt worden. Dieser etwa 55 cm große Vogel ernährt sich ebenfalls von den Früchten der Ölpalme und der Raphiapalme, verschmäht aber an den Gewässern auch Fische, Krabben, Weichtiere oder Insekten nicht. Er hält sich ebenfalls gern in den Mangrovenwäldern auf und ist in Angola, Zaire, Gabun und Kamerun verbreitet. Es sind Beobachtungen vorhanden, wo dieser Greif Graupapageien verfolgte und diese vor ihm in panischer Angst flüchteten. Vielleicht ist es auch nur eine Art von Revierneid oder ein Hassen, wie wir es von Krähen bei Greifvögeln kennen, denn der Palmgeier ist nicht so gewandt, daß es ihm leichtfallen würde, einen Graupapagei zu erjagen.

Martin Eisentraut vom zoologischen Forschungsinstitut Bonn konnte feststellen (1973), daß die Graupapageien sich nur bis zu einer Höhe von 1200 m aufhalten. Die Timneh-Rasse ist nur von der Elfenbeinküste bis Guinea zu finden.

Die Brutzeiten sind in dem großen afrikanischen Lebensraum natürlich verschieden; je nachdem der Graue nördlich oder südlich vom Äquator lebt. Im Januar sind in O-Nigeria Eier gefunden worden, obgleich dann dort die Trockenzeit ist. In Liberia wurden im April junge Vögel gesehen. In Uganda brüten sie von Juli bis September und in Zaire fand man im August Eier. Auf der Insel Principe hat man kurz nach der Regenzeit im Dezember Junge in den Nestern gefunden. In anderen Gegenden sollen sie auch zur

Verbreitungsgebiet der beiden Rassen

Timneh-Graupapagei, P. e. timneh:
S-Guinea, Sierra Leone, Liberia, westliche Elfenbeinküste.

Graupapagei, P. e. erithacus:
SO-Elfenbeinküste, Ghana, Togo, Dahomey, Nigeria, S-Tschad, Kamerun, Zentralafrikanische Republik, Zaire, Uganda, W-Kenia, Rwanda, Burundi, NW-Tansania, N-Angola, Kongo-Republik, Gabun, Äquatorial Guinea, Inseln Principe und Fernando Póo.

11

Regenzeit brüten. Ihre Gelege befinden sich in tiefen Baumhöhlungen oder auch in Astlöchern, die sie zum Teil mit dem Schnabel erweitern. Oft sind es viele Paare, die auf verhältnismäßig engem Raum brüten, wenn auch nicht in einem Baum zwei Paare. Etwa 60 cm unter dem Einfluchloch werden drei oder vier, manchmal sogar bis fünf Eier auf den Holzmulm gelegt. Die Nester sollen meistens recht schwer zu finden sein, da sie im undurchdringlichen Dickicht liegen. Die rundlich-ovalen Eier haben eine Größe von durchschnittlich 39 x 31 mm und ein Gewicht von ca. 13 g. Es gab und gibt vielleicht heute noch in einigen Gegenden Bezirke, in denen Brutbäume an Eingeborene weitervererbt werden; ähnlich wie es in Süd-Amerika mit den Arara der Fall ist.

2. Rassen, Variationen, Färbung

Bis zum Jahre 1886 war man sich über das Jugendkleid (die Schwanz-federn) nicht im klaren. Es wurde angenommen, daß die Tiere mit roten Schwänzen die Männchen und diejenigen mit dunklen (Timneh) die Weib-chen wären. Selbst Reichenow schreibt im »Journal für Ornithologie« im Jahre 1875: »*Obwohl ich niemals Gelegenheit hatte, Nestvögel zu untersu-chen, glaube ich nach meinen Beobachtungen und Erkundigungen, einer früher ausgesprochenen Vermutung entgegen, jetzt behaupten zu können, daß die Schwanzfedern der jungen Vögel anfangs dunkelgrau gefärbt sind. Letzteres wurde mir von den Negern, welche die Vögel jung aus dem Neste nehmen, um sie den Europäern zu verkaufen, bestätigt. Ich selbst sah mehr-mals jüngere Individuen, bei welchen die Basalteile der Schwanzfedern dun-kelgrau, die Spitzen rot, aber unreiner, als bei den Alten, bräunlichrot gefärbt waren, ein Beweis, daß die Verfärbung in rot allmählich vor sich geht.*« Hier-bei handelte es sich einwandfrei um die andere Rasse, den Timneh-Grau-papagei. Erst im Jahre 1886 bekamen die verschiedenen Forscher von einem Marineangehörigen die endgültige Klarstellung. Es heißt dort: »*Groß war mein Erstaunen, als ich die Schilfrolle, die bekanntlich beim Handel der Eingeborenen mit Graupapageien als Käfig gebräuchlich ist, öff-nete und darin neben einem tadellosen Jako auch ein kleines Vögelchen, fast noch ganz in den Flaumfedern, erblickte, das aber schon außer den großen Schwingen an den Flügeln auch den größten Teil der Schwanzfedern, und zwar diese letzteren in voll roter Farbe, zeigte. Wohl ein halbes Dutzend der letzteren waren noch Pinselchen; sie steckten also noch in den Kielen und nur ein Teil der Fahnen war schon herausgebrochen, aber auch diese waren ebenso rot wie die anderen. Hier lag also der unumstößliche Beweis vor, daß die Schwanzfedern beim Graupapagei von frühester Jugend an in roter Farbe hervorkommen.*«

Man hatte aber auch 1896 festgestellt, daß die Graupapageien der Insel Fernando Po etwas dunkler in der Färbung aussehen. Selbst bis zur heuti-gen Zeit wurden diese Graupapageien noch als 3. Rasse angesehen. 1973 fand eine Gruppe vom Forschungsinstitut Bonn unter M. Eisentraut her-aus, daß die für Principe und Fernando Po angenommene Rasse *princeps* Alexander 1909 mit Recht nicht mehr als solche anzusehen sei. Gesam-melte Belegstücke stimmen mit den Tieren vom Kamerunberg überein. Auf der Insel wurden sie noch bis in 1200 m Höhe im Mocatal, am Kamerun-berg noch bei Buea gesehen. In höheren Lagen wurden sie nicht mehr fest-gestellt.

Es gibt auch andere Abweichungen in der Färbung bei den Graupapageien. Schon Finsch berichtet 1868, daß Levaillant ein Exemplar abgebildet hat, bei dem auch die oberen Flügeldecken, einige Schwingen 2. Ordnung und die Schenkel rot waren. Auch rotgescheckte Vögel kamen hin und wieder vor. Sie wurden dann von den Händlern »Königsvögel« oder »Königs-Jako« genannt und waren dadurch besonders begehrt.

Herr Linek, Altaussee in Österreich, berichtete mir im Frühjahr 1976, daß bei der Firma Höller in Tobelbad ein unverkäuflicher »Königs-Jako« säße. Etliche Fotos zeigten, daß der Bauch bis zu den Beinen rosarot war und sich außerdem im Nacken etliche solcher Federn zeigten. Den Fotos nach müßte es ein männlicher Vogel sein. Herr Linek schreibt wörtlich: »*Mir wurde ganz wunderlich, so herrlich war der Vogel. Der Sohn eines Negerhäuptlings versprach Frau Höller dafür einen ganzen Korb voll anderer Jakos.*« Importeur Gierke in Hamburg meinte, daß er in seiner langen Geschäftszeit nur etwa vier Tiere bei den Importen hatte, die mehr oder weniger rote Federn zeigten; nur ein Vogel war auf dem ganzen Bauch sehr rötlich. Auch hier wurde mir bestätigt, daß diese rote Farbe nach der Mauser nicht verschwindet. Es handelt sich somit um keine Modifikation.

In Rotterdam wurde vor längerer Zeit (1882) ein Graupapagei mit reinweißen Schwanzfedern erworben. Im August 1894 wurde ein grauäugiger normalgefärbter Vogel gekauft, der im nächsten Jahr nach der Mauser völlig rotgescheckt war. Es kann sich auch um Konditionsstörungen handeln, die im Futter- oder Klimawechsel ihre Ursache haben. So hatte auch Dr. Hennicke einen Vogel mit einem grauen Gefieder in Gabun gekauft, der dann nach der Mauser einzelne rote Federn an Brust und Bug erhielt und somit zum »Königsvogel« wurde. In Berlin wurde 1890 auf der »Aegintha«-Ausstellung ein weißer Vogel mit roten Federn gezeigt. Solche Tiere sind äußerst selten. In den fünziger Jahren hatte die Firma Gustav Müller, Hamburg, einen fast schwarzen Graupapagei mit roten Schwanzfedern; auch eine Anzeige berichtete von einem schwarzen Graupapagei.

Wie schon erwähnt, gibt es in den großen Gebieten, auch innerhalb der Nominatform Färbungs- und Größenunterschiede. Dies mag mit klimatischen und Ernährungsverhältnissen zusammenhängen. Es wurde schon gesagt, daß die Vögel der Inseln in der Bucht von Guinea und vom Kamerunberg besonders dunkel auf dem Rücken sind. In anderen Gebieten sind die Graupapageien wieder etwas heller auf der Oberseite. Trotzdem scheint festzustehen, daß die Weibchen die hellere Unterseite und die Männchen die dunklere haben. Das konnte der Verfasser auch an Zuchtpaaren feststellen. Sofern nun aber die Vögel aus ganz verschiedenen Gebieten stammen, kann man sich hiernach wieder nicht richten, denn es gibt Sammelstellen, wohin die Vögel aus verschiedenen Gegenden gebracht werden. Früher sicher noch mehr als heute, da der Versand zu damaliger Zeit nur mit Schiffen ging und heute mit Flugzeugen. Trotzdem ist es möglich, daß Graupapageien z. B. von Sierra Leone nach Guinea gehen und von dort mit solchen aus Guinea nach Europa geflogen werden.

Der Timneh-Graupapagei ist kleiner und das ganze Gefieder dunkler; der Oberschnabel bleibt rosarot und die Schwanzfedern sind nach der Ausfärbung dunkel braunrot. Es ist wahrscheinlich, daß ganz junge Timneh-Papageien immer grauschwarze Schwanzfedern haben, die nach der großen Mauser braunrot werden. Es ist aber auch möglich, daß die Farbe der Schwanzfedern bei älteren Tieren in verschiedenen Gebieten variiert.

Der Name Timneh scheint in seiner Heimat Sierra Leone von den dortigen Bewohnern abgeleitet zu sein. Eine der Bevölkerungsgruppen sind die »Temme«, man spricht auch von den »Timmani« oder ihrem Land dem »Timmanee-Country«.

3. Handel früher und heute

Die Ägypter scheinen Papageien noch nicht gehabt zu haben, da keine Hieroglyphen dieser Art zu finden sind. Bei den Römern dürfte schon eine Art Papageienhandel bestanden haben, denn Marcus Portius Cato rügte die Versammlung, daß Männer Papageien auf der Hand tragen. Kaiser Antonius Heliogabalus bekam von Afrika nach Rom eine große Anzahl Papageien und es wurden solche zubereitet aufgetischt, ja sogar die Löwen wurden mit diesen gefüttert. Ob hierbei auch Graupapageien waren, ist wohl nicht nachzuweisen, aber die große Wahrscheinlichkeit besteht durchaus. Ulysses Aldrovandi, Naturforscher (geb. 1522 in Bologna, Italien) führte in seinem zoologischen Werk den Graupapagei auf, so daß er also zu dieser Zeit mit Bestimmtheit bekannt war und gehandelt wurde. Im Jahre 1843 wird berichtet, daß der Präsident Kleinmayrn in Wien im Besitz eines grauen Papageis sei.

Die Segelschiffe und Dampfer, die früher in die westafrikanischen Häfen einliefen, wurden sofort von den Booten der heimischen Bevölkerung umlagert, um allerlei Dinge zu verkaufen und dazu gehörten auch die Graupapageien. In manchen Häfen wurden fast nur zahme, aus dem Nest genommene und aufgezogene Graupapageien angeboten. Verständlicherweise wurden diese am liebsten angekauft, auch wenn sie höher im Preise standen, als die gefangenen Altvögel. Die Behälter (Käfige), in denen diese Vögel transportiert wurden, sahen röhrenförmig aus und waren aus Schilf angefertigt. Sie waren 50 cm lang, mit einem Durchmesser von 20 cm und hatten einen Henkel zum Tragen. Die Preise schwankten in den verschiedenen Häfen und richteten sich nach Angebot und Nachfrage. Die Forderung betrug zwischen 4–15 Schilling, und nach der Brutzeit, wo das Angebot besonders groß war, ging der Preis um 1890 auf 1 1/2 Schilling zurück. In Accra, dem Hafen von Ghana und in Gabun war damals das Angebot groß – teilweise auch in Lagos in Nigeria – dagegen kaum in Kamerun und Liberia. Im Hafen Freetown (Sierra Leone) wurden dann wieder etliche Timneh-Graupapageien angeboten. Diese Vögel kamen bereits aus zweiter Hand. Schon damals bereisten Aufkäufer die Küsten und das Inland und kauften die Vögel von den Fängern. Zeitweise wurde irrtümlich angenommen, daß dieser Papagei auch auf den Kapverdischen und Kanarischen Inseln lebt, da er dort angeboten wurde. Die Vögel kamen aber vom afrikanischen Festland. Fast alle Segelschiffe und Postdampfer fuhren mit den sogenannten Jakos in die Haupthäfen Europas. Es waren vor allem in England der Hafen Liverpool, in Belgien Antwerpen, in Holland Rotterdam

und in Deutschland Hamburg. Von den Händlern wurden diese dann unge-
zähmt für 15–20 Mark angeboten, aber pfeifende oder andere Laute nach-
ahmende Vögel schon zu dieser Zeit für 200–300 Mark. Hier in Hamburg
wurden Dampfer und Segelschiffe aus Westafrika von den Importeuren erwartet und dann begann das Handeln. Die auf den Segelschiffen befindlichen Vögel wurden besser bezahlt, da man erfahren hatte, daß diese Tiere
durch bessere Unterbringung (Sauerstoff, Licht und Behandlung) sich
schneller eingewöhnten und nicht so leicht starben. In den Mannschaftska-
binen der Matrosen auf den Dampfern herrschten meist 30–40°C und dort
waren dann auf engstem Raume nicht nur viele Graupapageien, sondern
auch Affen usw. untergebracht. Bei Seegang blieben die Fenster geschlossen, und wenn der Kapitän oder ein Vorgesetzter kam, wurden die Tiere
versteckt oder mit Tüchern verhangen. Damals gab es kaum Licht und
keine Ventilation in den Kajüten.
Ein weiteres Übel war zu diesen Zeiten, daß sich die Meinung durchgesetzt
hatte, daß die Papageien kein Wasser auf der Reise haben dürften! So
wurde ihnen nur getrocknetes Brot und gekochter Reis gereicht und die
Folgen blieben nicht aus. Die Sterblichkeit in Europa war groß. Sogar Prof.
Dr. Reichenow warnte noch 1874, daß es unzuträglich sei, den Graupapageien ständig Trinkwasser zu belassen. Dabei war Reichenow einer der
»fortgeschrittenen« Liebhaber, denn andere bestanden darauf, nur einmal
am Tage Wasser zu reichen. Man rätselte hin und her, ob es abgekocht sein
müßte oder nicht; ob die Händler nach der Ankunft auf keinen Fall Hanf
füttern dürften; ob die Vögel gleich sehr warm oder nicht so warm untergebracht werden sollten. Bei den Toten stellte man Leberschwellungen und
Verstopfung fest, aber auch Lungentuberkulose. Die Sterblichkeit der jungen Vögel (Tiere mit noch schwarzen Augen) war wesentlich größer, als bei
den älteren. Manche meinten, daß der Todeskeim schon vorher in den Vögeln stecke. Papageienfreunde aber, die sich etliche Vögel von Afrika mit-
nahmen (sogar ganz junge Vögel), hatten kaum Verluste. Matrosen, die
von der gleichen Partie Vögel mitgenommen hatten, aber wieder große
Ausfälle. Andere meinten, daß die Vögel auf den Dampfschiffen das kon-
densierte Wasser aus der Maschine nicht vertragen könnten. Ein Dampfer
fuhr um 1880 fünf Wochen von Lagos (Nigeria) nach Liverpool (England).
Um 1900 kamen die Graupapageien nur noch mit Dampfschiffen, da die
Segelschiffe doch zu lange Zeit brauchten. Ein Deutscher, der in Liverpool
jedes deutsche Schiff besuchen mußte, schrieb, daß die Papageien damals in
kleinen Kammern untergebracht waren, aber nicht in Käfigen oder freiflie-
gend, sondern angekettet an Holzstäben oder Brettern. Die Großtierhand-
lung Gros, »King of the wild beast«, hatte ständig große Mengen von Grau-

papageien in Käfigen. Auch in anderen Seestädten Englands war dieser Papagei überall in der Hafengegend anzutreffen. Jung und alt scheuten kein Geld, um diesen zu erwerben. Wieder einige Jahre später wurden dann endlich große Transportkisten verwendet, die auf der Vorderseite mit Drahtgeflecht versehen waren. In diese etwa 1 m langen, 60 cm tiefen und 40 cm hohen Kisten fanden ca. 12 Graupapageien Platz. Die Kisten standen auf dem Deck der Schiffe, so daß die Tiere nun gute Luft und ausreichend Sauerstoff bekamen.

Die Zeit der Einfuhr war damals in den Frühjahrs- und Sommermonaten, damit die Vögel nicht so krassen Witterungsschwankungen unterlagen.

Vor dem zweiten Weltkrieg gingen die Händler im Hamburger Hafen direkt an die Schiffe, um sich die Vögel zu holen. Viele hatten Absprachen mit Matrosen, die immer die gleiche Route nach West-Afrika fuhren. Bei diesem Handel waren die Vögel oft schon zutraulich oder gar zahm oder man hörte böse Schimpfworte, die ihnen die Seeleute aus lauter Spaß beigebracht hatten. Unter diesen Vögeln traten auch wenig Verluste auf; nur mit den ganz jungen bekamen diejenigen Schwierigkeiten, die sich nicht mit großer Liebe der Tiere annahmen. Man sprach davon, daß die Grauen aus dem Kongo die schönsten und größten Tiere seien, die auch am besten nachahmen würden. Einige Händler fuhren auch nach Marseille, um sich dort am Hafen Graupapageien zu holen.

In heutiger Zeit wird der Handel immer schwerer, da Graupapageien nicht mehr in solcher Zahl wie früher zu bekommen sind. Zum Teil mag es an den Einheimischen liegen, die sich nicht mehr mit dem Fang beschäftigen, zum Teil an der starken Verödung der Gegend durch Abholzungen, zum Teil an den zu hohen Preisen (so nimmt Nigeria für jeden ausgeführten Vogel eine extra Gebühr) und letztlich sind wohl auch tatsächlich die Bestände in der Küstengegend zurückgegangen. Es ist verständlich, daß immer da gefangen wird, wo ein Hafen, eine Eisenbahn oder ein Auto zu erreichen ist. Ins Innere der Wälder kommen die Fänger nicht.

Heute sind Graupapageien aus Kamerun oder Gabun in etwa 24 Stunden in den Händen der hiesigen Importeure. Trotzdem ist es nicht immer leicht für den Händler, die ganz jungen schwarzäugigen Vögel am Leben zu erhalten. Die verlangte Quarantäne, so notwendig sie sein mag, ist auf der anderen Seite durch die Medikamente für den Vogel eine starke Belastung. Hinzu kommt die Umstellung in der Nahrung und im Klima. Obgleich sich die Amtstierärzte und Importeure die größte Mühe geben, gibt es bei manchen Sendungen Verluste. Trotz Untersuchungen können einige Krankheiten nicht geklärt werden. Am meisten Kummer scheinen heute die Pilzerkrankungen und Salmonellen (*Salmonella-typhi-murium*) zu bereiten; dagegen kommt *Psittacose* höchst selten vor.

4. Ratschläge vor der Anschaffung

Wie schon im Vorwort erwähnt wurde, muß in heutiger Zeit ganz nachdrücklich überlegt werden, ob man auf Dauer gewissenhaft die Pflege eines Vogels auf sich nehmen kann. Man sollte einen Graupapagei »als Kind im Hause« betrachten, d. h. als Familienmitglied. Da wäre zunächst die Unterbringung zu bedenken. Ist ein heller Platz vorhanden, wo ein mindestens 60 cm langer Käfig stehen kann? Ein Umsetzen sollte möglichst vermieden werden, da gerade dieser Papagei eine große Empfindlichkeit dagegen zeigt. Nicht nur der Mensch ist ein »Gewohnheitstier«!

Weiter sollte man sich vorher darüber klar sein, daß ein alleingehaltener Graupapagei möglichst nicht den ganzen Tag über keinen Menschen zu sehen bekommt. Man sollte sich in diesem Fall dann besser zwei Graupapageien kaufen oder ihn in Gesellschaft mit einem anderen Papagei seiner Größe zusammen halten.

Der Kauf in den zoologischen Handlungen ist Gefühls- und Glückssache. Der Händler kann einem zwar sagen, welcher Vogel zahm oder nicht zahm ist, aber er kann nicht wissen, wie sich der Vogel bei diesem oder jenem Pfleger in Zukunft entwickelt. Der Käufer muß etwas »Gefühl« mitbringen, ob er diesem oder einem anderen Graupapagei wohl sympathischer ist, denn auch Papageien haben Zu- und Abneigungen gegenüber den Menschen. Gänzlich abraten muß man, sich einen Graupapagei schicken zu lassen. Erstens ist es für den Vogel nicht günstig, da zum Beispiel ein zahmer Vogel leicht wieder verschreckt werden kann. Man sollte in einem solchen Fall die Mühe nicht scheuen und mit der Bahn oder dem Auto den Vogel abholen, auch mit dem Risiko, daß man ohne Graupapagei wieder nach Hause fährt, weil man sich einen anderen Vogel vorgestellt hatte.

Der Handel mit Tieren hat leider immer seine Schattenseiten. Nicht nur der Käufer, sondern auch der Verkäufer kann damit Verdruß haben. Letzterer sollte auch nicht überfordert werden; zwar kann man von ihm gewissenhafte Auskünfte verlangen, z. B. ob der betreffende Vogel Nahrung zu sich nimmt (genauer auch, um welche es sich handelt), ob erkennbare Zeichen eines Unwohlseins vorliegen, ob der Vogel allgemein ein ruhiges Benehmen zeigt oder nur ein Krächzen durch Ängstlichkeit von sich gibt. Das Brustbein darf nicht scharfkantig sein, sondern man muß an beiden Seiten Fleisch fühlen können. Ein Vogel der das nicht aufweist, kann an den inneren Organen erkrankt sein. Käufer und Verkäufer sollen bei einer Beobachtung nicht dicht vor den Käfig treten, da sich sonst der Vogel durch eine gewisse Ängstlichkeit anders als normal verhält. Aufgeplustertes Gefieder, teilnahmsloses Benehmen, Zukneifen der Augen deuten auf keine gute

Kondition hin. Kränkliche Vögel wirken immer zahmer, da sie matt und apathisch sind. Dadurch sollte man sich nicht täuschen lassen. Aus guter Entfernung erkennt man, ob der Graupapagei sein Gefieder glatt anlegt, ob er munter ist. Weniger wichtig ist dagegen, ob einige Schwanz- oder Schwungfedern fehlen. Bei einem gesunden Vogel ist dieser Schönheitsfehler früher oder später behoben. Anders verhält es sich dagegen mit einem sogenannten Rupfer. Sind die Federn abgebissen oder ist die Brust kahl gerupft, so ist es besser, gar nicht erst darüber nachzudenken, ob man das Tier nehmen soll oder nicht.

Jeder eingeführte Graupapagei unterliegt einer einige Wochen langen Quarantäne. In dieser Zeit wird der Kot untersucht oder manchmal auch das Blut. Ferner werden obligatorisch gewisse Medikamente unter Aufsicht der Gesundheitsbehörde gereicht. Zuständig dafür sind die Amtstierärzte. Ein behandelter Papagei müßte nun frei von ansteckenden Krankheiten sein, so daß Menschen und Tiere nach einer solchen Quarantäne keine Befürchtung einer Ansteckung zu haben brauchten. Diese Behandlung schließt aber nicht aus, daß der Graue nicht doch leberkrank sein kann oder andere Krankheiten hat, die nicht erkennbar sind. Der Käufer soll aber durch diesen Hinweis nicht geängstigt werden, denn gerade der Graupapagei ist ein äußerst robuster Vogel, der länger als ein Mensch leben kann, wenn er erst in unseren Breiten sich akklimatisiert hat. Nach den vielen Wochen der Quarantänezeit müßte das der Fall sein. Man sollte aber auch nicht für jedes auftretende Übel den Händler verantwortlich machen, denn er kann auch nicht in einen Vogel hineinsehen. Eine durchgemachte Quarantänezeit garantiert leider nicht, daß der Graupapagei sich früher oder später keine Krankheit zuzieht. Darum sollen etliche Symptome dem Leser genannt werden, um die Vorzeichen einer eventuellen Krankheit besser zu erkennen und auf besondere Dinge zu achten. Es sind dieses:

a) Das Wegstecken des Kopfes in das Gefieder am Tage, wenn es öfter oder längere Zeit der Fall ist.

b) Das teilnahmslose Dasitzen mit mehr oder weniger zugekniffenen Augen und gesträubtem Gefieder.

c) Nässende, eiternde oder geschwollene Augen.

d) Plötzliches Aufreißen des Schnabels, welches wie ein Gähnen aussieht.

e) Geräusche beim Atmen und dabei auf- und abgehende Schwanzfedern.

f) Schmatzende Geräusche, verbunden mit öfterem Öffnen und Schließen des Schnabels.

g) Nimmt der Vogel kein Futter auf, dann tritt das Brustbein stark hervor; der Vogel sollte hier aber fleischig sein.

h) Sind Schnabel und Füße normal und zeigen keine Wucherung oder weißliche Beläge?

i) Man achte auf den normalen Kot, der nicht dünnflüssig oder gar schaumig sein darf.

Vor dem Kauf spielt auch oft die Beachtung des Alters der Vögel eine Rolle. Es ist verständlich, daß jüngere Graue schneller vertraut werden als alte Vögel. Die andere Seite ist, daß jüngere Tiere anfälliger sind und die Futterumstellung bei ihnen Schwierigkeiten machen kann. Das gilt vor allem für noch schwarzäugige Vögel, die manchmal noch nicht Nahrung allein zu sich nehmen können. Nach dem Schwarz wird die Iris grau, dann weißlich und dann ganz weißgelb. Solche Vögel sind sämtlich »Jünglinge«, die schon leichter die Futterumstellung ertragen. Es sind Idealvögel für den Käufer, aber man wird sie kaum im Handel finden. Die Situation ist heuto so, daß man froh sein kann, unter etlichen Graupapageien sich einen aussuchen zu dürfen, denn die Angebote werden knapper und eine große Auswahl wird man kaum noch irgendwo finden. Deutlicher heißt das, man muß sich heute auch für ein gelbäugiges oder maisäugiges Tier entschließen können, denn mit viel Geduld können diese Vögel genau so anhänglich werden.

Die Verfärbung der Iris scheint verschieden schnell vor sich zu gehen. Bei einem Graupapagei dauerte der Übergang von der aschgrauen Farbe der Iris bis zur maisgelben nur 8 Monate. Es soll aber schon Vögel gegeben haben, die noch mit 1–2 Jahren die perlgraue Iris zeigten. Ein anderer Liebhaber sagt, daß sich die Iris im 3. Jahr gelb zu färben beginnt. Von gezüchteten Vögeln wird berichtet, daß die Iris mit 3 1/2 Monaten beginnt, sich »aufzuhellen«, was ein weiter Begriff ist. Das gräuliche Stadium kann verschieden lange Zeit anhalten, bis dann das leicht gelbliche Stadium eintritt und die Iris nach und nach gelber wird. Eventuell könnte die schnellere oder langsamere Verfärbung auch mit der Ernährung zusammenhängen.

Der Verfasser konnte ferner eindeutig feststellen, daß der Schädel des Männchens von oben gesehen klobiger und breiter und der Schnabel größer ist. Beim Weibchen dagegen wirkt der Schädel schmaler und der Schnabel kleiner. Trotzdem ist es nicht immer leicht, das Geschlecht bei Einzeltieren zu erkennen.

Es gibt Liebhaber, die behaupten, daß männliche Vögel rote Federn um den After herum haben, welche sich deutlich von den hellgrauen oder gar weißlichen Federn abheben. Ja, früher behaupteten sogar die Seeleute, daß die Männchen runde Nasenlöcher und die Weibchen längliche hätten. Die Theorie, daß beim Männchen die Flügel über die Schwanzspitzen hinausgehen und diese beim Weibchen mit den Schwanzfedern enden, ist nicht 100 %ig zu beweisen, aber auch keinesfalls rundweg als falsch zu bezeichnen. Der Autor hat dies auch an etlichen Stücken in Museen bestätigt gefunden. Leider sind nicht alle Bälge mit dem Geschlecht bezeichnet, so daß man über diese Tiere nichts sagen kann. Sieht man sich die Aufzeichnungen der Abmessungen in ausländischen Büchern an, so stellt man ebenfalls fest, daß zumindest bei der früher zugeordneten Rasse *P. e. princeps* die Männchen längere Flügel haben. Die Vögel im Gebiet des Kamerunberges sollen ja mit ihnen identisch sein.

Bei dem Timneh-Papagei gibt es zur Nominatform keinen Unterschied im Verhalten, was Zahmheit oder Nachahmungsvermögen betrifft. Der Autor sah einen so zahmen Timneh, wie man sich einen Papagei nur wünschen kann. Das wird auch aus früherer Zeit berichtet. Durch sein verhältnismäßig seltenes Erscheinen auf dem Markt sind entsprechend weniger Berichte geschrieben worden. Es gibt natürlich auch Käufer, welche die leuchtend roten Schwanzfedern mehr ansprechen als die dunklen des Timneh. Andere wieder finden die geringe Größe und die Tatsache, daß ziemlich jeder den »gewöhnlichen Grauen« hat, anziehender. Es ist auch interessant, den Wortlaut der Verkaufsanzeigen über den Graupapagei im Verlaufe von etwa 100 Jahren zu beobachten. Diese waren um 1875 noch sehr rar. Der Text soll wörtlich wiedergegeben werden. So heißt es:

1875: *Graupapageien, überwinterte Vögel, schön gehalten, fangen an zu sprechen, Stück 36 Mark, empfiehlt...«*

1876: *»Graupapagei pfeift 2 Lieder, singt, spricht alles, unter anderem auch eins, zwei, drei hurrah, Bismarck hoch, nochmal hoch, à 300 Mark offeriert...«*

1877: *»Sprechender Graupapagei zu verkaufen; derselbe ist sehr zutraulich, jung, lacht, singt und pfeift Melodien, spricht sehr viel und ganze Sätze, Preis 100 Mark...«*

1878: *»Ein zahmer, junger, sprechender Graupapagei, an Trinkwasser gewöhnt, ist mit großem Bauer für 100 Mark zu verkaufen...«*

1880: *»Ein prachtvoller Graupapagei, zweijährig, spricht und flötet, lernt alle Tage Neues dazu, derselbe läßt sich von jedermann anfassen, ist ganz fingerzahm, soll umzugshalber für den festen Preis von 100 Mark...«*

1882: *»Jako, 3 Jahre im Besitz, an Hanfsamen und Wasser gewöhnt, welcher unzählige Worte und Sätze ganz deutlich spricht und dieselben auch meistens richtig anzuwenden versteht, ist zum festen Preis von 140 Mark zu verkaufen...«*

1883: *»Chs. Jamrach, Naturalist und Tierhändler in London erhielt Graupapageien à 12 Mark...«*

1883: »*Christiane Hagenbeck, Hamburg, Spielbudenplatz, erhielt eine Sendung von prachtvollen, sehr guten Jakos oder Graupapageien, Segelschiffvögel, sehr gelehrig, an Hanfsamen, Mais und Wasser gewöhnt à 36 Mark; junge, gut befiederte Graupapageien, nicht völlig akklimatisiert, aber vollständig gesund à 18 Mark...*«

1884: »*Wilhelm Bandermann, Hamburg, erhielt am 3. Oktober 30 Stück graue Papageien von dem deutschen Barkschiff ›Kanton‹, also echte Segelschiffvögel à Stück 24 Mark. Dieselben sind jung, schön befiedert, an Hanf und Wasser gewöhnt und sind 3 1/2 Monate nach Aussage der Leute am Schiff. 1000 Mark Belohnung demjenigen, welcher es widerlegt, daß diese oben angegebenen Jakos nicht von mir gekauft oder keine Segelschiffvögel sind. – 2 graue Papageien, sehr viel sprechend, sehr zahm, Stück 120 Mark, 5 einige Worte sprechend à 75 Mark.*«

1887: »*1 Graupapagei, Seltenheit, Sprecher ersten Ranges, an 200 Worte rein und deutlich wie ein Mensch sprechend, singt ein Lied, flötet zwei Lieder, wofür jede Garantie, 250 Mark...*«

1892: »*Königs-Graupapagei, größte Seltenheit mit rotbuntem Rücken und Flügeln, 1/2 Jahr alt, ganz fingerzahm, einige Worte schon sprechend, tadellos in Gefieder und kerngesund für 100 Mark...*«

1952: »*Graupapagei, IA Kongovogel, Preis DM 450,–...*«

Weitere Anzeigen aus der neueren Zeit:

»*5 Graupapageien und Amazonen sprechen Ihrem Papagei vor, eine halbe Stunde lang auf Recorderkassette...*«

»*Seltenheit: Sehr junger, schwarzer Graupapagei, Gefieder wie Samt...*«

»*Graupapagei, spricht nur englisch, beißt Frauen und Kinder...*«

»*Graupapagei, hustet, lacht, liebt besonders Frauen und junge Leute, zärtlich, anschmiegsam und hübsch, gutes Gefieder...*«

»*Junger Graupapagei, ganze Sätze sprechend, mit neuem Käfig...*«

»*Stimmen von Graupapageien, sprechend, singend, ohne einen grellen Pfiff oder Schrei, zum Vorspielen für Ihren Vogel eine halbe Stunde lang auf Recorderkassette...*«

»*Sprachlabor, 5 sprechende Papageien...*«

»*Kongo-Graupapagei, groß, zahm, schönes Gefieder, sitzt frei auf dem Ständer, umständehalber zu verkaufen...*«

Preise

Schon in ihrer Heimat werden heute die Graupapageien nicht mehr billig verkauft. Man weiß auch dort, daß man für halbzahme und ganz zahme Vögel wesentlich mehr bekommt. Die Luftfracht ist ständig angestiegen und mit Schiffen kommt heute kaum noch ein Vogel zu uns. Es gibt auch schon afrikanische Länder (wie schon erwähnt z. B. Nigeria), die je Vogel eine Art Ausfuhrgebühr verlangen. Die Nachfrage ist größer als das Angebot und so kommt es, daß alle diese Fakten sich auf die Preise niederschlagen.

Ein noch scheuer Graupapagei wird billiger zu haben sein als ein schon vertrauter Vogel. Ein ganz zahmes Tier, welches eventuell sogar handzahm ist, wird noch höher im Preis stehen. Bei den Grauen ist aber nicht nur dieser Punkt ausschlaggebend, sondern auch die Nachahmungsbegabung. Bei neu eingeführten Vögeln, wird diese meist noch nicht erkennbar sein. Es gibt aber Vogelhalter, die sich vor allem mit der Zähmung oder Nachahmung beschäftigen. Mit Tonbändern bringt man den Tieren bei, was sie sprechen sollen. Nachahmungsfähige und zahme Graupapageien werden dann zu einem recht hohen Preis angeboten. Man sollte hier vorsichtig beim Kauf und entsprechender Bezahlung sein. Nur diejenigen Vögel, die ihr Können an Ort und Stelle dem Käufer bewiesen haben, sind das viele Geld wert. Solch einen Vogel kann man nicht wie die »Katze im Sack« kaufen.

Graupapageien nagen gerne an frischem und auch an morschem Holz; auch Tannen- oder Fichtenzweige sind zur Erhaltung eines guten Federkleides wichtig. Foto: H. Stock.

Die Abbildung zeigt einen »Königs-Jako«; eine Variante, die äußerst selten vorkommt. Außer dem roten Bauchband befinden sich bei diesem Vogel auch auf dem Rücken etliche rote Federn. Man beachte das sehr dunkle Federkleid und die rotbraune Iris. Leider hatte sich der Vogel gerade die großen Schwungfedern beschädigt, es war aber der einzige Vogel, den der Verfasser mit einer derartig starken Rotfärbung zu sehen bekam. Foto: Vogelfarm Tobelbad/Österreich.

5. Haltung

Käfige

Ein Käfig kann nie groß genug sein, aber ein solcher unter 60 cm Länge ist nicht ausreichend. Auch die Form ist wichtig; diese sollte möglichst rechteckig sein. Runde Käfige mögen zwar ganz gefällig aussehen, aber für den Vogel sind sie sicher nicht ideal, da z. B. durch sie die sogenannte Drehkrankheit entstehen kann. Das Tier sieht nach oben und macht dann eine kreisende Bewegung mit dem Kopf. Auch sonstige Verzierungen im Käfig erweisen sich in der Praxis immer als unpraktisch. Wichtig sind große Futternäpfe, die stabil sind und leicht von außen herausgenommen werden können. Bis heute hat sich immer noch starkes Porzellan am besten bewährt. Vier Näpfe sollten mindestens untergebracht werden können, da man dann vielseitiges Futter getrennt reichen kann, denn ein Napf muß für Wasser bleiben. Liegen die Näpfe in Höhe der ersten Sitzstange, so ist das gut, hat aber den Nachteil, daß Futter leicht aus dem Käfig geschleudert wird. Liegen die Näpfe unten, dann könnte leicht Kot hineinfallen, Ideal sind die Näpfe im oberen Teil mit einer Schutzvorrichtung, so daß das Futter oder die leeren Hülsen nicht nach außen gelangen können.

Die Sitzstangen müssen immer so angebracht sein, daß von der oberen kein Kot auf die untere fallen kann. Eine Schaukel kann hineingehängt werden, wenn sie den Vogel im Flügelschlagen nicht hindert. Je nach Größe des Käfigs können 3–5 Sitzstangen angebracht werden. Die käuflichen Sitzgelegenheiten sind durchweg aus Buche, da dieses Holz hart ist. Eiche würde natürlich noch besser sein. Trotz dieser »normalen« Sitzstangen ist es erforderlich, dem Graupapagei mindestens jede Woche einmal ein frisches Stück Holz (Ast) hineinzuschieben. Das sollte möglichst oben geschehen. Der Vogel soll auch einmal einen anderen Fußgriff haben. Weiteres über frische Äste auch im Teil »Ernährung«. Wer handwerkliches Geschick hat, kann auch eine Sitzstange so verändern, daß sie konisch zuläuft. Das bedeutet, daß die Stange an einem Ende dicker ist als am anderen. In der Natur hat der Vogel auch nicht immer gleich starke Äste. Auch zur besseren Abnutzung der Krallen ist es wichtig, denn bei ganz dünnen Sitzstangen hängt das Ende einer Kralle praktisch in der Luft! Bei dicken Sitzstangen schleifen sich die Krallen am Holz ab.

Die verschiedene Stärke der Sitzstangen wurde auch schon erwähnt. Hier ein sehr alter Bericht eines Papageienfreundes, der heute noch genauso seine Gültigkeit hat:

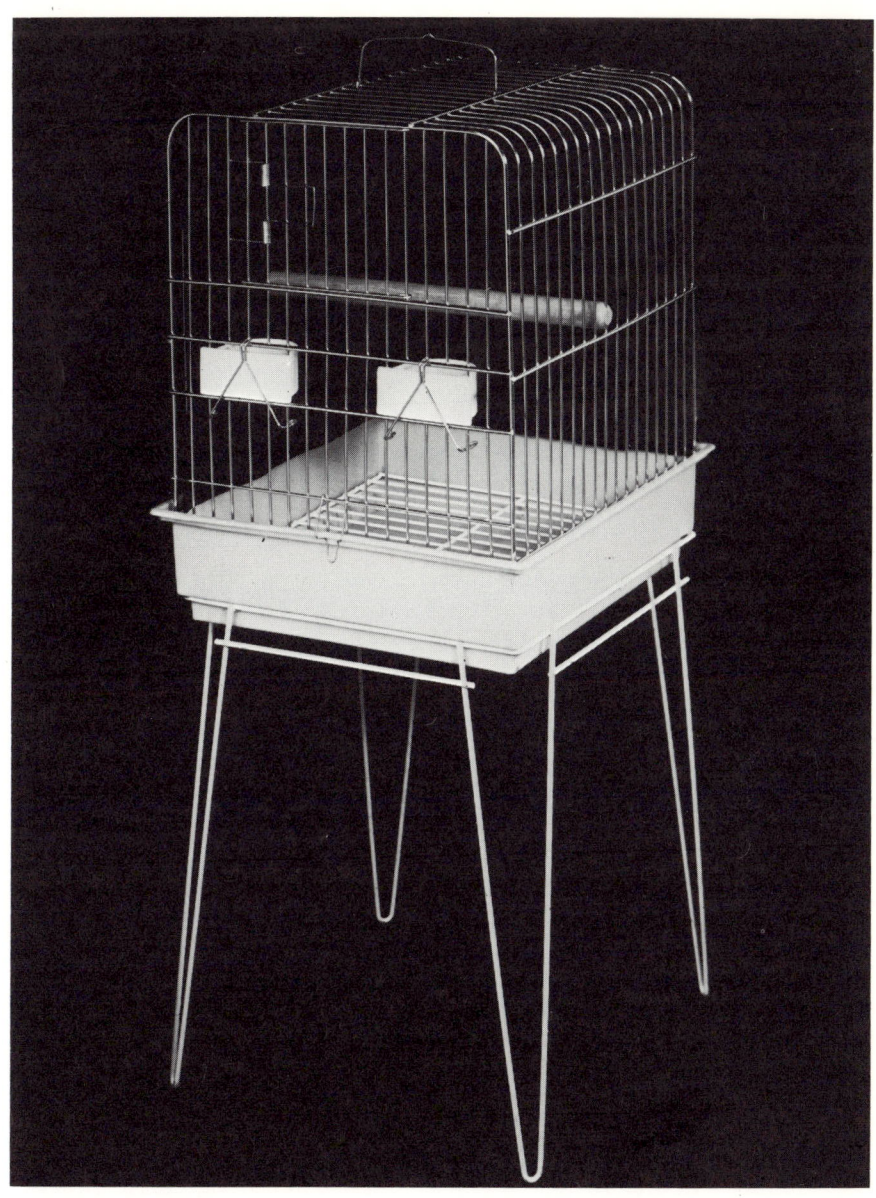

Der Käfig steht in einer starken Kunststoffwanne. Der Türverschluß kann von dem Vogel nicht geöffnet werden. Foto: »Duett-Werk«.

»Ich habe immer Papageien gehabt und habe eine leidenschaftliche Liebe für sie und versuche, ihnen das Leben so angenehm wie möglich zu machen. Ich habe (seit 5 Jahren) einen Graupapagei, der an Intelligenz, Sprachtalent und unergründlicher Bosheit alles übertrifft, was ich von diesen Vögeln gehört, gelesen und erlebt habe. Die Menge, richtige Anwendung und Deutlichkeit des von ihm Gesprochenen ist einfach unglaublich, dabei ist aber sein ganzes Trachten dahin gerichtet, jeden, der in seine Nähe kommt, zu beißen, mit Sand zu bewerfen, mit Wasser zu bespritzen usw. Niemand hat ihm je etwas getan, er wurde auf das Sanftmütigste behandelt und gehätschelt, er wird immer bösartiger. Aber das nur nebenbei. Ich wollte einmal experimentell feststellen, welche Stangenstärke dem Tiere am liebsten ist; verschiedene Stangen beweisen nichts, da jeder Papagei stets auf der am höchsten angebrachten Sitzstange bleibt. Ich ließ ihm daher eine rauhe, konische Stange machen und zwar 50 cm lang, am Anfang mit einem Durchmesser von 1,5 cm, am Ende bis 5,0 cm allmählich stärker werdend. Ich wollte nun beobachten, auf welchem Teil der Stange der Vogel (bei verschiedener Drehung des Käfigs) am liebsten verweilt und ihm dann Stangen von der betr. Stärke geben, die er sich ausgewählt hat. Der Erfolg war ein unerwarteter, wenn auch naturgemäßer: Der Papagei sitzt einmal da, einmal dort; stundenlang auf der dünneren Stelle (1,5 cm), dann ebenso lange in der Mitte und ebenso lange am starken Ende (5 cm), kurz, er will Abwechslung haben. Das ist ganz begreiflich; in der Natur hat er auch verschieden starke Äste zum Sitzen, und wenn die Muskeln von einer Stellung ermüdet sind, so bringt er sie in eine andere und ruht so am besten aus. Wir wollen in unseren Muskelspannungen ja auch Abwechslung. Ich glaube daher, daß die konische Sitzstange mit einem steigenden Durchmesser von 1,5 bis 5 cm die anzuempfehlende Sitzstange, das Normale sein dürfte. Hierdurch schafft man dem gefangenen Tier vielleicht eine große Wohltat und verhindert Fußerkrankungen. Ich beobachte es oft, wie mein Vogel langsam und behaglich auf der Stange weiterrutscht, namentlich wenn er gerade verdaut. Das Behagen ist zweifellos zu bemerken.«

Heute haben die Käfige meistens schon eine sogenannte Käfigwanne, worin der Käfig steht. Das Material ist aus starkem Kunststoff. Ist dieser aber nicht dick genug, wird es dem Graupapagei nicht schwerfallen, eines Tages ein Stück davon herauszubeißen. Sonst sollte der Käfigsockel auch rundherum Kunststoffscheiben haben, zumal, wenn die Futternäpfe unten angebracht sind. Es gibt Käfige mit einer Art Roste, welche einige Zentimeter oberhalb der Schublade hineingeschoben wird. Diese Roste soll bezwecken, daß der Kot und die leeren Hülsen oder Futter hindurchfallen. In der Praxis sieht es aber so aus, daß eben auch die doch recht starken Metallstäbe beschmutzt werden. Diese Roste dann zu säubern ist mühsamer, als die

Ein großer Zimmerkäfig auf einem Gestell mit Lenkrollen kann leicht an die frische Luft geschoben werden. Foto: Lobback-Voliere.

glatte Käfigschublade. Da Sauberkeit höchst wichtig ist, sollte man den Käfigboden nach alter herkömmlicher Weise mit Sand bestreuen und diesen jeden zweiten Tag erneuern. Im Kapitel »Ernährung« wird noch gesagt werden, warum Sand so wichtig ist. Auf den Türverschluß eines Käfigs muß besonders geachtet werden. Dieser muß raffiniert ausgeklügelt sein, denn sonst hat unser Graupapagei diesen eines Tages selber geöffnet. Die Tür darf nicht zu klein sein, und muß seitwärts zu öffnen sein, damit man mit der Hand gut hineinkommt und der Graupapagei das ebenfalls tun kann. Auf dem Käfig steht am besten eine flache Schublade, auf welcher ein Kletterbaum befestigt ist. So kann der Graue aus dem Käfig heraus und der Kletterbaum wird sein Stammplatz werden. Von dort aus kann er dann gut und schnell wieder in seinen Käfig zurück.

Viel Vergnügen und Beschäftigung kann einem Jako eine grobe kurze Kette bereiten. Er klettert daran hin und her und es klirrt dabei noch. Auch ein ganz dicker Strick kann den gleichen Zweck erfüllen. Unermüdlich wird daran gezerrt und diese Beschäftigungstherapie ist gut, wir kommen unter dem Thema »Rupfer« noch darauf zurück. Wer handwerklich geschickt ist, kann sich aus starkem Draht eine Art Schirm flechten, den man zur Nacht über den Käfig stülpt. Über dieses Drahtgeflecht wird ein dichtes, schwarzes Tuch gespannt. Es darf dem Vogel nicht möglich sein, das Tuch zu erreichen, da er sonst Löcher hineinbeißen würde. Zur Nacht oder wann man es sonst will, wird und kann der Vogel zugedeckt werden (Fernsehen, Nachtruhe usw.). Ein Nachteil bei dieser Einrichtung ist, daß der ganze Drahtaufsatz groß ist und seinen Platz bei Nichtgebrauch finden muß. Großkäfige, Zimmervolieren und die im nächsten Kapitel besprochenen Freivolieren fertigt z. B. Firma Theiling, Am Zwickenbach 262, 4520 Melle 1, Tel.: 05422/3684; Firma R. K. Lobback, 3138 Dannenberg/Elbe, Tel.: 05861/2564; S. Wünning, 5439 Hahn bei Bad Marienberg / Westerwald, in verschiedenen Größen an. Die großen Zimmerkäfige stehen auf Lenkrollen und können somit leicht an die frische Luft geschoben werden.

Volieren

Eine Voliere kann man auch als Flugkäfig bezeichnen. In einer Veranda oder einem Zimmer kann man sich solche nach Maß gefertigte Voliere aufstellen. Es gibt einige Firmen, die nach Wunsch oder Zeichnung so etwas herstellen. Aus dünnen Rohren oder Metallschienen (die es in Bastel- oder Hobby-Geschäften gibt), kann man solche Flugkäfige auch selber bauen. Es ist darauf zu achten, daß die Volieren praktisch sind. Eine große Tür oder ein Eingang zum Säubern ist unbedingt erforderlich. Das Drahtgeflecht muß so stark sein, daß es nicht zerbissen werden kann. Der Autor empfiehlt viereckiges verzinktes Netzgewebe von entweder 19 mm oder besser noch 25 mm Maschenweite, damit die Sicht für die Vögel besser ist. Auch ist das zuletzt erwähnte Geflecht stärker, denn es könnte ja einmal sein, daß man dem Graupapagei noch einen Kakadu zugesellt und dieser hat einen sehr kräftigen Schnabel. Keinesfalls darf das Geflecht oder die Eisenteile mit Kunststoff ummantelt sein, da dieses recht bald zerbissen wird. Solche Volieren eignen sich natürlich zur Zucht am besten, worauf wir noch unter diesem Kapitel zu sprechen kommen.

Selbstverständlich kann man sich auch auf dem Balkon eine kleine Sommervoliere einrichten. Man muß nur achtgeben, daß der Vogel beim Umsetzen nicht entweichen kann. So etwas ist eigentlich nur mit zahmen Vögeln zu machen, da ein gewaltsames Herausfangen sehr übelgenommen wird. Zumindest muß ein Graupapagei so vertraut sein, daß er vom Käfig aus von selber in seine Balkonvoliere »umsteigt«. Ideal wäre natürlich, wenn im Zimmer eine Art Kleinstvoliere oder Käfig so steht, daß der Vogel durch eine Klappe oder kleines Fenster allein in seine Balkonvoliere klettern kann. Genauso könnte es beim Übergang vom Haus in den Garten gemacht werden. Das sind Idealhaltungen, die leider nur wenige durchführen können.

Eine freistehende Gartenvoliere ist selbst für die wärmere Jahreszeit nur dann geeignet, wenn der Graupapagei einen Schutzraum (und sei er auch nicht groß) aufsuchen kann, wo er vor Regen, Wind oder Wetterumschlägen Schutz suchen kann. Viele Monate eingewöhnte Graupapageien sind nicht weichlich, sie können sogar einige Grade Frost vertragen, wenn sie schon in der Freivoliere gehalten wurden. Natürlich ist es nicht möglich, einen Vogel von 22 °C Zimmertemperatur plötzlich in die Freivoliere von 14 °C oder weniger zu setzen.

Eine Freivoliere im Garten muß ein Fundament haben, damit sich kein Raubzeug in die Voliere wühlen kann. Man nimmt am besten fertige Zementplatten (oder Eternit) 50 x 50 cm und gräbt diese 30–40 cm in den Boden ein. Auf diesen Sockel wird das Volierengerüst gestellt. Da das Geflecht 1 m Breite hat, sollte man sich mit dem Fundament nach dieser Breite richten. Es ist günstig, wenn die Voliere 1 m breit und 2 m hoch ist, um keinen Verschnitt bei dem teuren Geflecht zu haben. Es können T-Eisen (je nach Größe der Voliere) von 2–3 cm Breite genauso verwendet werden wie verzinkte Wasserleitungsrohre von 1–1 1/2 Zoll. Die Eckverbindungen der Rohre müßten dann mit Fittingen verschraubt werden. Bei den T-Eisen müssen viele Löcher gebohrt werden, um alles zu verschrauben und das Geflecht mit Bindedraht zu befestigen.

Natürlich läßt sich solch eine Voliere einfacher aus Holz bauen. Man nimmt dazu sogenannte Dachlatten von 4 x 6 cm, entweder gehobelt oder ungehobelt, das ist eine Preisfrage. Es ist dabei nur darauf zu achten, daß das Geflecht nicht von außen, sondern von innen mit größeren Krampen befestigt wird. Auf diese Weise hat der Graupapagei kaum Gelegenheit das Holz stärker zu benagen. Hier wäre natürlich eine Maschenweite von 16 oder 19 mm besser, wenn das Geflecht 1 mm oder stärker ist.

Nach mindestens einem halben Jahr sollte das Netzgewebe am besten schwarz übergerollt werden. Dazu eignet sich Bitumenlack, welcher billig beim Klempner zu bekommen ist. Das Übermalen alle zwei Jahre lohnt sich aus zwei Gründen: Erstens blinkt das Geflecht nicht mehr und zweitens ist es ein guter Schutz, da das Geflecht auch in späteren Jahren nicht rosten wird. Das Übermalen von innen und außen genügt alle zwei Jahre. Man erledigt das am besten mit einer Rolle, die man an einer kleinen Stange befestigt. Auf diese Weise bespritzt man sich nicht. Nach Gebrauch wird die Rolle in Petroleum gelegt, damit sie nicht hart wird. Das Holz wird mit Karbolineum oder Xylamon haltbar gemacht. Alle zwei Jahre sollte dieser Schutzanstrich wiederholt werden. Wer keine Geduld hat, nimmt eine Zink- oder Kunststoff-Farbe, womit das Geflecht sofort angemalt werden kann.

Auch auf dem Hausboden kann man eine Voliere errichten, wenn die Vögel züchten sollen. Sonst ist es nicht zu empfehlen, da der Kontakt vom Mensch zum Tier verloren geht und die Vögel scheu werden. Ebenfalls zur Zucht wäre ein Abstellraum, den man entbehren kann, gut zu gebrauchen. Der Kontakt geht aber auch hier verloren! Näheres unter dem Abschnitt »Zucht«.

Freiflug

Über zahme und im Freiflug gehaltene Graupapageien ist dem Verfasser nichts bekannt. Lediglich am Flügel beschnittene Vögel hatten einen beschränkten »Ausgang«. Selbst ganz zahme entflogene Tiere kamen meistens nicht direkt zu ihrem Pfleger zurück. Bei den bekannt gewordenen Fällen flogen fast alle fort! Nur wenige Graupapageien hielten sich in der Nähe auf und konnten nach längerer Zeit, da sie der Hunger trieb, wieder eingefangen werden. Auch aus folgenden Zeilen eines Liebhabers ist das in ähnlicher Art zu entnehmen:

Eine solche freistehende Gartenvoliere läßt sich auch gut für einen Graupapagei verwenden. Foto: Theiling-Voliere.

»Mein Freund Mäuerle hatte schon im Laufe der Jahre gegen 30 Graupapageien und Amazonen im Besitz, sie gepflegt und sprechen gelehrt. Aber das, was ihm im Sommer 1959 passierte, hat ihn in Schrecken versetzt. Sein bisher bester Jako suchte bei hellem Sonnenschein, anscheinend durch hastige Bewegungen aufgeschreckt, durch das offene Fenster das Weite. Er flog in die höchsten Baumwipfel, gesellte sich zu Krähen, unterhielt die unten vorübergehenden Menschen durch seinen reichen Wortschatz, war vier Wochen hindurch immer wieder gesichtet und ließ sich durch süßeste Lockungen auch von seinem Herrn und Meister nicht bewegen, wie vordem auf dem ausgestreckten Finger zu sitzen.

Jako fühlte sich offensichtlich in der ihm doch sicherlich ungewohnten Freiheit sehr wohl. Kein Anzeichen deutete darauf hin, daß er Hunger oder Not leiden könnte. Die ganze Bevölkerung Sigmaringens nahm, durch eine Zeitungsnotiz aufmerksam gemacht, Anteil an dem Geschick dieses seltenen Ausreißers. Erst, wie gesagt nach vier Wochen, wurde Herr Mäuerle wieder einmal von Nachbarn verständigt, daß sein Jako ganz in der Nähe auf einem niederen Baum sitze. Und nun konnte er dem ihm auf der Hand hingestreckten Futter nicht widerstehen und ließ sich wieder ›Köpfchen kraulen‹ und auch heimtragen. Mein Freund hatte Tränen der Freude, denn dieser gute Vogel war ein kleines Vermögen wert.«

Leider kommt es vor, daß durch Unachtsamkeit ein Graupapagei entfliegt. Folgendes ereignete sich in meiner Heimatstadt Hamburg und wurde wie folgt wiedergegeben:

»Wir haben einen Graupapagei, den wir Koko nennen; er ist liebenswürdig und zärtlich bis zum Übermaß gegen meine Frau; gegen alle anderen aber ist er ein Erzracker. Meine Frau kann mit ihm machen, was sie will; von ihr läßt er sich nicht nur das Köpfchen kraulen, sie kann ihn streicheln nach Herzenslust, ihn in die Hände nehmen, auf den Rücken legen, ja sozusagen ihn kneten. Kurz, sie tut mit ihm was sie will. Komme ich aber oder unser Neffe Fritz (und er sieht uns beide täglich), so hält er anscheinend ganz harmlos das Köpfchen zum Kraulen hin, und plötzlich, ehe man sichs versieht, hackt er mit Blitzesschnelle nach dem kraulenden Finger, und man kann von Glück sagen, wenn kein Blut fließt.

Eines Tages, da meine Frau ganz allein in der Küche hantierte, und der Koko wie gewöhnlich auf seinem Lieblingsplätzchen, ihrer Schulter, saß, sah sie auf einmal zu ihrem Schrecken, daß das Fenster offen stand. Anstatt nun zuerst den Vogel in seinen Käfig abzusetzen, ging sie mit ihm ans offene Fenster, um dieses zu schließen. Wie es nun gekommen, weiß sie bis heute nicht. Auf einmal flattert Koko durchs Fenster hinaus in die weite Welt. Zunächst zwar läßt er sich auf dem gegenüberliegenden Dache nieder. Meine Frau, starr vor

Schrecken, ruft ihm in den ängstlichsten und zärtlichsten Tönen zu. Vergeblich! Koko hört und sieht nicht mehr. Er ist wie ausgewechselt. Er erhebt sich und fliegt weiter. Sie sieht ihn im Nachbargarten, und mehr fliegend als laufend gehts in größter Hast die Treppen hinunter ins Nachbarhaus, in den Garten, und so nach und nach durch die ganze Nachbarschaft. Alles wird alarmiert; bald hier, bald da bekommt man den Ausreißer zu Gesicht; aber jedesmal wenn man ihm nahekommt, fliegt er weiter, statt sich fangen zu lassen. Zuletzt ist er ganz verschwunden.

Welch eine schreckliche Überraschung für mich und unsern Neffen Fritz, als wir am Nachmittag aus dem Geschäft heimkommen und die Trauer vernehmen! Jetzt wird nochmals auf die Suche gegangen, allein alles vergebens: Von Koko keine Spur mehr! Selbstverständlich hatte ich sofort eine Anzeige an ein Dutzend Zeitungen für Hamburg und Umgebung aufgegeben: ›Zehn Mark Belohnung demjenigen, der unsern entflogenen Graupapagei zurückbringt.‹ Jetzt war es wirklich interessant, wie viele herrenlose Graupapageien anscheinend in Hamburg umherfliegen und eingefangen werden. In den nächsten 8 Tagen kam die Klingel an unserer Wohnung fast nicht zur Ruhe; alle Augenblicke kam jemand ›mit dem entflogenen Graupapagei‹, natürlich um sich meine 10 Mark zu holen. Bei allem Elend unserer Lage mußten wir fast lachen über all diese Angebote. Ob sie denn wirklich alle entflogen und eingefangen waren, diese guten Tierchen, die uns so teilnahmsvoll gebracht wurden? Leider war eines nur zu gewiß: Der unsere war nicht dabei, und so sank mit jedem Tage immer tiefer das Barometer unserer Hoffnungen, bis wir nach 8 Tagen jeden Gedanken an Wiedererlangung unseres Lieblings aufgaben. Aber was geschieht? Am 14. Tage nach dem Verlust unseres Koko geht die Klingel an unserer Wohnung, und vor der Türe stehen zwei Bauernfrauen, deren ganze Kleidung, namentlich aber das Schuhzeug, deutlich von einer langen Fußreise Zeugnis ablegt. Die eine, welche ein plumpes Holzkistchen unter dem Arm trägt, fragt sofort meine Frau: ›Haben Sie nicht eine Anzeige in der Zeitung erlassen, daß Ihnen ein Vogel fortgeflogen ist? Mein Mann hat einen gefangen, und da wollten wir einmal hören, ob das vielleicht ihr Papagei ist.‹ ›Woher kommen Sie denn?‹ fragt meine Frau. ›Von Volksdorf‹, war die Antwort. ›Aber das ist ja fast vier Stunden von hier‹, erwidert meine Frau, ›soweit kann das Tier unmöglich geflogen sein; lassen Sie den Kasten nur zu, unser Koko ist das sicher nicht.‹ Meine Frau war sogar etwas erzürnt über die, wie ihr schien, unnötige Belästigung; sie dachte, den Frauen geht es wohl nur um die 10 Mark Belohnung, wie all den anderen, die in den Tagen vorher sie umsonst in Aufregung versetzt hatten. Darin wurde sie noch bestärkt, als die Frauen auf die Frage, ob denn das Tier auch gesprochen habe, — ›unser Koko nämlich‹, fügte sie stolz hinzu, ›spricht ganz großartig‹ — die Antwort erhielt:

›Nein, gesprochen hat der Vogel nicht, auch nicht gefressen, sondern nur ge-
schrien und gebissen! Meinem Mann hat er ein Stück aus dem Finger gebissen.‹

Allein – ich lasse jetzt meine Frau das weitere selbst erzählen – die Frauen ließen nicht nach mit ihrem Drängen und sagten zu mir: ›Aber wollen Sie denn
nicht nachsehen? Vielleicht ist es doch Ihr Vogel.‹ Damit hatten sie auch
schon eine Ecke des Kistchens etwas gelüftet, und mehr um Ruhe vor den Zu-
dringlichen zu haben, als auch nur mit einem Funken von Hoffnung, sehe ich
durch die kleine Lücke in das Kästchen hinein, und was erblicke ich? Einen
Graupapagei, dessen Kopf mich allerdings etwas an unsern Koko erinnert,
der aber im übrigen so elend, so abgemagert, so schmutzig, ruppig und struppig aussieht, daß ich ganz energisch mit vollster Überzeugung ausrufe: ›Nein,
das Tier ist niemals mein Koko!‹ Kaum aber hat der Vogel meine Stimme gehört, da ertönt aus dem Kasten die kläglich matte, aber deutliche und für mich
unendlich süße Stimme: ›Mein allerbester Zuckerjung!‹ Wie mir da zumute
wird, wie schnell ich die Kiste vollends öffne, wie mein Koko aus derselben
herauskommt, an mir heraufklettert, das weiß ich wirklich nicht mehr zu sagen. Mir liefen die hellen Tränen über die Wangen vor Freude und die beiden
Frauen weinten mit und riefen ein über das andere Mal aus: ›Ja, das ist Ihr
Vogel, das ist Ihr Vogel!‹ –

Mit welcher Seligkeit brachte ich ihn nun in seinen seit 14 Tagen verwaisten
Käfig! Jetzt sah man erst recht, wie er in der Zeit seines unglücklichen Aus-
flugs heruntergekommen war. Und wie fiel er über den Wassernapf, wie über
das Futter her. War er doch fast zum Skelett abgemagert. Der Vogel habe sich
nur mühsam auf ihrem Kirschbaum bewegt und ist mit Leichtigkeit herabge-
schüttelt worden, wo er dann mühelos mit den Händen ergriffen werden
konnte, allerdings nicht ohne den Mann blutig zu beißen. Die Leute haben
dem ausgehungerten Tier Brot und Hanf zum Fressen vorgesetzt, allein er hat
nichts angerührt. Dafür hat er aber auch bei uns drei Tage lang nichts getan
als gefressen und geschlafen.

Als ich mit meinem Neffen Fritz nach Hause kam, wollten wir anfangs gar
nicht glauben, daß das elende, struppige Vieh im Käfig wirklich unser Koko
sein solle. Erst als er, nachdem er kaum unsere Stimmen gehört, seine Verbeugung gemacht und gesagt hatte: ›Morgen, Herr Fischer‹, war aller Zweifel
geschwunden und der Jubel allgemein.

14 Tage später reiste meine Frau an den Rhein. Ich mußte in Hamburg zu-
rückbleiben; aber um keinen Preis mochte meine Frau sich von ihrem verlorenen und wiedergefundenen Koko trennen. Nach seiner aus eigener Dummheit unternommenen und so unglücklich ausgefallenen Ferienreise durch die
Umgebung Hamburgs, mußte Koko daher nun eine unfreiwillige, aber sorg-

fältiger vorbereitete, durch menschliche Intelligenz geleitete und von menschlicher Sorgfalt und Liebe behütete Rheinreise unternehmen. Er wurde in einem Versandkäfig gesteckt, um diesen dann sorgsam noch ein Tuch geschlagen und so nahm meine Frau ihn mit in ein Abteil des Hamburg-Kölner-Schnellzuges, wo sie ihn im Gepäcknetz unterbrachte, nachdem sie einen Zipfel des Umschlagtuches zurückgeschlagen, damit das Tierchen Licht und Luft erhalten und auch unterwegs ein wenig Umschau halten könne und während der Fahrt sich nicht zu sehr langweile. Unterwegs stiegen zwei Damen ein. Eine Zeitlang arbeiteten die weiblichen Zungen recht geschäftig in ihrer mehr oder minder wichtigen Unterhaltung. Da, als die Zungenmühle einmal eine Pause machte, erscholl plötzlich ein feines Stimmchen, das allerlei liebe, zärtliche Worte sprach. Ganz verwundert horchen die Damen auf, schauen sich gegenseitig an, schauen auf meine Frau schauen durchs ganze Abteil, bis ihnen auf einmal klar wird, daß die Stimme oben aus dem Gepäcknetz kommt. Aber die Entrüstung! ›Wie, Sie bringen es über sich, Ihr armes Kind dort oben ins Gepäcknetz zu legen, statt es auf den Schoß zu nehmen? Wirklich, so was ist unerhört!‹ Meine Frau wußte sich fast nicht zu halten vor Lachen; aber auch die Damen stimmten herzlich ein, als das ›Kind‹ heruntergeholt wurde und sich als ein Papagei, als unser Koko, entpuppte.«

6. Eingewöhnung

Ein wichtiger Bestandteil der Haltung ist die Eingewöhnung, denn der Graupapagei ist ein intelligenter Vogel. Oft wird man ihn schon im endgültigen Käfig mit nach Hause nehmen. Ist das nicht der Fall, wird man diesen in einer Holzkiste oder ähnlich transportieren. Jedes unnötige Greifen sollte vermieden werden. Der Vogel ängstigt sich und wird immer mehr verschockt. Wie oft glauben Sie, lieber Leser, wird ein Graupapagei auf dem Weg von seiner Heimat bis zu seinem endgültigen Pfleger gegriffen? Man kann es nicht sagen, aber sicher mehr als man Finger an den Händen hat. Hieraus folgt, daß der Graue vor diesen gräßlichen »Fangwerkzeugen« große Furcht bekommen hat. Da sich besonders bei Großpapageien solche Handlungen einprägen und nicht so leicht vergessen werden, muß der Pfleger erst ganz neu das Vertrauen des Vogels gewinnen! Das muß man sich immer wieder klarmachen. Solch ein Vertrauen kann nur ganz allmählich kommen und vor allem die älteren und erfahrenen Graupapageien benötigen dazu manchmal eine lange Zeit. Wie oft mußte ich am Telefon hören: »Ich habe meinen Graupapagei *schon* drei Monate, aber er kommt noch immer nicht auf die Hand!« Das ist überhaupt noch keine lange Zeit!

Eine Eingewöhnung erstreckt sich manchmal auf ein Jahr; vielleicht dauert es länger oder aber es geht viel schneller. Jeder Vogel ist verschieden veranlagt. Man kann darum immer nur Durchschnittswerte angeben. Je älter ein Graupapagei ist, desto länger dauert die Eingewöhnung, denn ein junger Vogel fügt sich schneller ein. Ungeduld in irgendeiner Art und Weise bringt die Eingewöhnung nicht vorwärts, sondern rückwärts. Zugegeben, es gehört hin und wieder eine große Geduld dazu, zumal der Graupapagei in seiner Furcht ein Gegurgel und merkwürdiges Kreischen hören läßt, das sich fast wie eine schwere Bronchitis anhört. Die Vögel sind nicht alle gleich geartet und es gibt sehr störrische Graupapageien, so daß auch Glück dazu gehört, einen Vogel zu erwischen, der sich verhältnismäßig schnell eingewöhnt. Ein Pfleger sagte einmal sehr richtig: »*Man schenke ferner dem frischen Ankömmling in der ersten Woche gar keine Aufmerksamkeit, stehe nicht lange vor seinem Käfig und tue überhaupt so, als ob kein Vogel im Zimmer wäre. Er lernt auf diese Weise von selbst seine Umgebung ohne Furcht und Scheu kennen. Man wird schon in dieser Zeit leicht ersehen, ob das Tier talentvoll ist oder nicht. Ich habe nämlich die Beobachtung gemacht, daß alle Jakos, welche späterhin ein großes Sprachtalent entwickelten, in den ersten Wochen ihres Aufenthaltes sich sehr lebhaft zeigten und stets viel lärmten, schrien und pfiffen, besonders des Morgens und des Abends oder auch im Laufe des Tages, wenn ein anhaltendes Geräusch, Lärm, Musik oder auch der Gesang anderer Vögel sich vernehmen ließen.«*

Der zoologische Händler oder Importeur kann nur sagen, wie lange er den Vogel schon hat, und daran kann man dann etwa seine Fortschritte beurteilen. Man muß sich hier auf die Aussage des Verkäufers verlassen können. Es gibt auch Graupapageien, die zunächst sich gut eingewöhnen und mit ihrer neuen Umgebung abfinden, aber dann kommt eine Zeit, wo es so gut wie keinen Schritt in dieser Richtung weitergeht. Ängstliches Flattern erlebt man im Käfig seltener, ganz junge Vögel drängen sich in die äußerste Ecke und stecken oft nach der »Vogel-Strauß-Methode« den Kopf in eine Ecke. Wahrscheinlich in der Meinung, nun nicht mehr gesehen zu werden. Dabei stimmen auch sie ihr Kreischen an. Ältere Vögel machen das nicht mehr, sie weichen zurück und ihre Nacken- und Kopffedern plustern sie auf. Mutige Männchen hacken auch einmal nach dem vermeintlichen Gegner.

Man läßt Neuankömmlinge zunächst völlig in Ruhe und versorgt sie lediglich mit Nahrung. Mit Hast den Vogel vertrauter machen zu wollen wäre zwecklos. Der Graupapagei muß sich an seine neue Umgebung gewöhnen, denn er ist von Natur aus ängstlich und sehr mißtrauisch. Am ersten Tag wird er nicht an sein Futter gehen, vielleicht auch nicht am zweiten Tag. Den Pfleger sollte das nicht schon beunruhigen, wenn der Vogel vorher »gut im Futter war«. In der weiteren Zeit wird er nur zum Futter gehen, wenn völlige Ruhe herrscht und kein Mensch zu sehen ist. Diese Zeit muß der Vogel mindestens zweimal am Tage, besser dreimal haben (etwa je 30 Minuten). Beim Füttern oder Säubern ist es erforderlich, daß man ruhig auf den Vogel einredet. Der Graue weiß nicht die Bedeutung der Worte, aber es wirkt auf ihn beruhigend. Nach vielen solchen Fütterungen verbindet der Papagei das Gerede mit seiner Nahrung und so verliert er schneller seine Ängstlichkeit vor den »Greifern«, den Händen.

Ganz falsch wäre es, den Vogel schon in der ersten Zeit aus seinem Käfig zu lassen, es sei denn, man bekommt ihn schon zahm. Selbst dann aber muß er sich mindestens eine Woche an seinen Käfig und die Umgebung gewöhnen. Das Abdecken zur Nacht sollte sehr behutsam geschehen; ohne ein auf den Käfig gelegtes Drahtgestell muß man mit einem Durchbeißen der Zudecke rechnen.

Hat man noch eine zahme Amazone oder einen Kakadu im Zimmer, so wird sich der Graupapagei schneller eingewöhnen, schneller an sein Futter gehen und dem anderen Vogel so manches absehen. Allerdings wird er auch später die Stimme seines Nachbarn nachahmen; damit muß der Pfleger rechnen. Auch eine Art von Eifersucht gibt es nicht nur bei Hunden, sondern auch bei Papageien. Völlig »vermenschlichte« Papageien können beim Erscheinen eines anderen Vogels dem Menschen gegenüber plötzlich recht ungnädig werden. Es kann sich jedoch auch ein wunderbar friedliches Verhältnis zwischen dem eingewöhnten und dem neuen Tier entwickeln, woran man nur seine Freude haben kann. Das wird vor allem der Fall sein, wenn die beiden Papageien Männchen und Weibchen sind; sie verstehen sich dann besser. Ein zweiter Vogel wird meist erst in Frage kommen, wenn man den Grauen oft allein lassen muß oder eine Zucht beginnen will.

Nach der Eingewöhnungszeit und auch später ist es von großem Wert, dem Graupapagei Beschäftigung zu bieten, z. B. durch einen dicken Kokosstrick oder mit einer kurzen Kette, die im Käfig herunterhängt. Frische Zweige sind nicht nur zur Beschäftigung, sondern auch für die Gesunderhaltung vortrefflich, da sie u. a. Mineralstoffe enthalten. Ein Pfleger hat sich etwas anderes ausgedacht und es soll hier der genaue Wortlaut wiedergegeben werden:

»Um meinem Peter eine gesunde und ihn amüsierende Beschäftigung zu verschaffen, versuchte ich es u. a. auch mit Ton- und Glaskugeln, mit denen die Kinder auch auf der Straße spielen. Die Kugeln dürfen nicht zu klein sein, damit er sie nicht verschlucken kann und nicht zu groß, damit er sie mit dem Schnabel fassen und halten kann. Ich warf sie ihm in den Sand seines Käfigs, aus dem ich den Rost herausgenommen habe; er spielt erst im Sand damit, dann wirft er sie durchs Gitter auf die Erde, klettert ihnen nach und dann rollt und wirft er sie durchs ganze Zimmer. Das Hauptvergnügen ist ihm, wenn ich mich zu ihm an die Erde setze und ihm die Kugeln zukollere, mit Füßen und Schnabel schiebt er sie wieder zurück und tanzt ordentlich vor Vergnügen dabei. Man kann ihn auf diese Manier eine ganze Weile in Bewegung halten und verbindet so das Angenehme mit dem Nützlichen.«

Ein Beispiel, wie vorsichtig man bei der Eingewöhnung verfahren sollte, zeigt folgendes: Ein junger Graupapagei war besonders nervös und schreckhaft. Man vermutete Mäuse und stellte nachts eine Schlagfalle auf. Plötzlich gab es nachts einen Knall als die Falle zuschlug und einen Schrei des Vogels mit heftigem Flattern. Als der Pfleger vorsichtig und langsam in das Zimmer ging, lag der Graue in den letzten Zügen am Käfigboden und atmete nur noch schwach. Am nächsten Morgen war er tot. Hieraus ersieht man, welche Folgen solch ein Schreck haben kann. Auch in seiner Heimat wird er durch plötzliche Ereignisse, wie z. B. durch einen Schuß völlig aus der Fassung gebracht. Diese Eigenschaft liegt tief verwurzelt in diesem Papagei. Wäre dem nicht so, wären alle Graupapageien schneller vertraut. Sehr oft werden den Graupapageien schon in Afrika die großen Schwungfedern mehr oder weniger beschnitten. Dies hat seine Vor- und Nachteile.

Der Vorteil ist, daß die Vögel beim Importeur schneller gegriffen und auch später nicht fortfliegen können. Dadurch werden sie meist eher vertraut. Demgegenüber ist es ein unnatürlicher Zustand, denn zu einem Vogel gehören auch die Schwungfedern. Der Verfasser meint, daß man einem zahmen Vogel die Flügelfedern wachsen lassen sollte, wenn er sonst nicht entfliegen kann. Eine unschöne Sache ist es, dem Vogel mit einer Zange die Federkiele mit Gewalt auszuziehen. Gewiß wachsen die Federn dann schneller nach, aber die Kiele sitzen oft recht fest und ein Tropfen Blut ist manchmal nicht zu vermeiden. Außerdem verängstigt man wieder den Vogel. Grundsätzlich ist es immer vorteilhafter, wenn nur ein Flügel beschnitten ist, da das Tier dann höchstens einen ganz kurzen Bogen fliegen kann. Ein Beschneiden der Schwungfedern sollte aber stets von einer fremden Person gemacht werden und ferner möglichst so, daß der Graupapagei die Hände dabei nicht sehen kann. Neu wachsende Federn können bei einem noch wilden Vogel schnell wieder beschädigt werden, so daß sich die Feder dann nicht normal entfalten kann.

Die erste Zeit sollte man (ca. 8 Wochen) ein Abbrausen oder ähnliches vermeiden. Der Graupapagei ist ängstlich und muß sich erst einleben. Später nimmt man verschlagenes Wasser mit einem Schuß Rum dazu und sprühe ihn behutsam ab (altes Rezept). Danach soll der Vogel allein bleiben, um sich in Ruhe putzen zu können. In späterer Zeit verstärkt man das Abspritzen und sollte es bis dreimal in der Woche tun. Es sei aber davor gewarnt, den Graupapagei bei niedriger Temperatur oder im Zugwind zu brausen. Eine Erkältung oder Lungenentzündung kann die Folge sein.

Vogelpfleger berichten...

Da die Papageien wie auch die Menschen verschieden sind, so hält der Autor es für richtig, Artikel und Briefe über die Erfahrungen einiger Züchter mitzuteilen. Normalerweise hat man nur einen oder zwei Graupapageien und diese Erfahrungen reichen meiner Ansicht nach nicht aus, um weit gestreut verschiedene Typen von Graupapageien bekanntzumachen. Der Leser wird dann auch bald merken, was man mit ihnen erleben kann, Gutes und Schlechtes. Zunächst verschiedene Ansichten und Erfahrungen über die Haltung und Eingewöhnung. Es soll E. Perzina zu Wort kommen, der über seine Graupapageien recht ausführlich schrieb. Wenn sich auch heute manche Dinge geändert haben (z.B. die Preise), so sind doch die Beobachtungen recht aufschlußreich und werden nie veralten:

»Als ich mich vor nun 24 Jahren einmal einige Tage in Hamburg aufhielt, um größere Affen für Dressurzwecke anzukaufen, trieb ich mich viel im Hafen herum, um gleich bei der Hand zu sein, wenn die von den Schiffen kommenden Händler Geeignetes an Land brachten. Bei dieser Gelegenheit begegnete

mir eines Tages ein Matrose, der, na sagen wir, alles Blau in Blau, aber schon in intensivster Farbenauswirkung sah. Jan Maat taumelte von einer Seite der Straße nach der anderen, fiel auch mal nieder und raffte sich fluchend, unter den ungeheuerlichsten Körperverrenkungen wieder auf, aber bei allem Taumeln hielt er einen kleinen runden Blechkäfig, dessen Stäbe auch aus zusammengerolltem Blech bestanden, wie man sie früher oft aus überseeischen Ländern herüberbrachte, fest und treu im Arme. In dem Käfig saßen zwei ganz junge, kaum vollständig befiederte Graupapageien. Der eine pfiff ersichtlich schon aus dem letzten Loch und sagte gar nichts mehr, dafür schrie und jammerte der zweite, als ob er am Spieße steckte. Etwas Ähnliches war ja auch tatsächlich der Fall: Der junge Vogel war, wohl bei einem der Plumpse auf den Boden, mit dem einen Flügel zwischen das Gitter gekommen und hing nun durch diesen, der natürlich schon gebrochen war, festgeklemmt, an denselben. Also wohl ein Grund zum Schreien. Als Tierfreund taten mir die armen Papageien natürlich leid, und ich trat daher mit dem Matrosen in Unterhandlung, die Tiere anzukaufen. Leicht war das aber nicht, aber schließlich wurde unter kolossaler Beteiligung einer Anzahl von Hamburger ›Hafenlöwen‹ der Kauf perfekt, für ganze 22 Mark waren die beiden Vögel, mitsamt ihrem luxuriösen Käfig, mein Eigentum geworden. Ich mußte mich nun noch mit schwerer Mühe der Einladung, die 22 Mark mit ›zu versuupen‹ entziehen. Am nächsten Morgen war der kranke Jako tot, der mit dem gebrochenen Flügel lebte und schrie, sobald man sich ihm näherte, derart, daß man mich überall anderswo als in der Gegend des Hamburger Hafens mit meinem Papagei hinausgeworfen hätte, aber in dieser Gegend war man damals eben an junge, wilde Papageien und ihre Lautäußerungen gewöhnt. Nun bin ich überhaupt kein großer Freund von Maisfütterung. Meiner Ansicht nach schwemmt der Mais wohl auf, gibt aber wenig Kraft und Widerstandsfähigkeit. Dazu kommt noch, daß der angekochte Mais zuviel Wasser enthält und auch sehr leicht in Verderben übergeht. Ich versuchte es also, besonders da das Tierchen sehr mager war, mit Sonnenblumenkernen und gab ab und zu abgekochtes Wasser, welches mit wahrer Gier genommen wurde, zu trinken. Die Sonnenblumen wurden sofort angenommen, aber nicht besonders gut vertragen, Jako erbrach sich ein paarmal darauf und bekam – ob nun von den Sonnenblumen oder dem Wasser, sei dahingestellt – schließlich ziemlich argen Durchfall. Gegen diesen rückte ich mit meinem alten Hausmittel heran – Spitzsamen. Der Spitzsamen hat meiner Erfahrung nach bei allen Vögeln eine vorzügliche, stopfende Wirkung bei Durchfall. Zunächst wollte der Jako nicht an den ihm wohl unbekannten Spitzsamen herangehen, nach einigen Stunden probierte er aber, vom Hunger getrieben, doch davon und bald hatte er den ganzen Napf ausgefressen und der Durchfall war verschwunden.

Ein Graupapagei kann sich mit anderen Haustieren gut anfreunden und sich auch selbst beschäftigen. Der Autor sah einen Jako, der sogar seine Freude daran hatte, auf dem Rücken eines Hundes zu reiten. Fotos: W. de Grahl.

Ich reichte nun wieder etwas Sonnenblumen, die jetzt auch gut vertragen wurden und dachte nach, was ich dem abgezehrten Vogel wohl noch geben könne, um seine Kräfte zu heben. Ich kam dabei auf abgekochte Milch, mit welcher ich schon einmal bei sehr heruntergekommenen Kakadus glänzende Erfahrungen gemachte hatte, und probierte, zunächst dreimal am Tage, solche zu geben. Da sie gut vertragen wurde, gab ich sie dem Vogel bald in seinen Trinknapf und achtete sorgsam darauf, daß sie immer erneuert wurde, bevor sie sauer werden konnte. Nebenbei sorgte ich dafür, daß der Vogel soviel Sonne, wie nur möglich, erhielt. Bei dieser Pflege erholte sich der Jako in kurzer Zeit völlig, seine Brust begann sich zu runden, die Federn wuchsen und der Flügel, den ich gleich, nachdem ich den Vogel erhalten, hochgebunden hatte, heilte. Er ist etwas schief gewachsen, doch hat er seine volle Beweglichkeit und der Vogel ist sogar ziemlich flugfähig. Das entsetzliche Schreien ließ auch etwas nach, sobald der Vogel mich kennengelernt hatte; kam jemand Fremdes an das Bauer heran, dann ertönte es allerdings in seiner ganzen Klangfülle, ich aber konnte mich bald nähern, ohne in dieser Weise begrüßt zu werden. Also bereits dem Vogel bekannt, versuchte ich denselben zu zähmen und zunächst das Köpfchen zu kraulen. Die ersten Versuche fanden nun freilich entrüstete Abwehr mit Schnabelhieben und Gezeter, bald hatte aber ›Jako‹, so war er selbstverständlich getauft worden, erkannt, daß es ihm dabei nicht um Kopf und Kragen ging, die Geschichte sogar ganz angenehme Gefühle erweckte. Als sich der Papagei ruhig an Kopf und Hals anfassen ließ, versuchte ich, ihn auf die Hand steigen zu lassen. Ein kräftiger Biß war die Antwort, dabei brüllte Jako, als ich ihn an den Beinen festhalten wollte, aus Leibeskräften und schlug derart mit den Flügeln um sich, daß er sich losriß und auf die Erde plumpste. Ich versuchte nun, ihn auf eine vorgehaltene kurze Stange steigen zu lassen, und nach anfänglichem Widerstreben entschloß sich der Papagei endlich, darauf zu fußen, und nun wurde fleißig probiert, aufsteigen – absteigen, bis es ganz tadellos und ohne weiteres ging. Nachdem ich dies noch zwei Tage geübt hatte, probierte ich es wieder mit dem auf die Handsteigen; zuerst zögerte der Vogel eine Weile, aber schließlich stieg er doch, ohne dabei den Schnabel in Anwendung zu bringen, auf die Hand, und nun hatte ich gewonnenes Spiel, der Jako war fingerzahm geworden. Nun ging es mit dem Zahmwerden sehr schnell. Der Vogel wurde von Tag zu Tag vertrauter, bald konnte ich ihn anfassen wie ich wollte, auf den Rücken legen, er nahm, vorausgesetzt, daß die Bewegungen nicht zu jäh geschahen, was ihn in der ersten Zeit noch immer ängstlich werden und sogar aufkreischen ließ, nichts mehr übel in dieser Beziehung. Bis jetzt hatte der Jako, außer dem mordsmäßigen Geschrei der Anfangszeit, nur Pfeif- und Schnalztöne produziert, nun mischten sich in dieses Naturgeplauder auch

Töne, welche an die menschliche Sprache erinnerten, und eines schönen Tages sagte Jako sehr schön und deutlich das Wort ›Lora‹, den Namen einer Amazone, die seine Käfignachbarin war, und den er dadurch natürlich so und so oft gehört hatte. Wenige Tage darauf überraschte er mich mit einem kräftigen ›Kakadu willst du mal‹, ein Zuruf, den der uralte Molukkenkakadu Marco immer zu hören bekommt, wenn er wieder mal – was bei ihm so ziemlich andauernd der Fall ist – irgendeinen Unfug anstellt. Von einer Amazone lernte er das Putt-Putt-mein-Hühnchenlied, das heißt dessen erste Strophe, aber leider unvollständig, er läßt dabei Worte aus und spricht andere wieder falsch aus. Von mir lernte er in wenigen Tagen ›Wir halten fest und treu zusammen, hipp hipp hurra, hipp hipp hurra!‹ und die erste Strophe des ›Hupf mein Mäderl‹, dazu von selbst ohne Anleitung allerhand Geräusche, wie Räuspern, Husten, Niesen, den Ton, den eine Flasche beim Aufziehen von sich gibt, und hatte bald sein ganzes Repertoir beieinander, denn merkwürdigerweise hat dieser Jako, nachdem er zwei Jahre alt geworden war, fast gar nichts mehr zugelernt.

Er ist als Sprecher nicht sehr vielseitig, reicht an die Kanonen seiner Art, die man ja häufig hat, und die ich auch, Hunderte von Worten sprechend, selbst besessen habe, nicht im entferntesten heran, aber er hat einen Vorzug, den diese alle nicht haben, ein Vorzug, der mir ihn geradezu unschätzbar macht: er spricht jederzeit und unter allen Umständen auf Kommando, flötet auf Befehl und beantwortet eine Anzahl Fragen in völlig sinngemäßer Weise. Das Besondere dabei ist, daß in der Fragestellung auch nicht das geringste ist, was auf die Antwort beeinflussend wirken könnte, z. B. der Beginn der Antwort. Ich frage den Vogel, wie heißt du? ›Lora‹ – das mit Anführungszeichen Versehene stellt die Antwort des Jakos dar –, wie macht die Katze? Da bellt der Jako und lacht gleich darauf, ich sage nun, aber Jako du blamierst mich ja, mache es doch mal richtig, worauf sofort ›miau‹ ertönt. Wie macht der Kukkuck?, worauf Jako mit den ganz gleichen Worten antwortet, was ich ihm mit den Worten verneine: aber du sollst doch nicht die Frage wiederholen, du sollst sie doch beantworten! trotzdem sagt der Papagei nun noch zweimal: ›Wie macht der Kuckuck‹, was immer großes Gelächter seitens des Publikums auslöst. Auf die Frage, wie sagt man denn, wenn ein Fremder kommt, ist die Antwort ›wie heißt du denn‹, und auf die Erkundigung wie alt er sei: ›Drei Jahre, oh Gott, oh Gott.‹ Kannst du zählen? ›Eins, zwei, drei Hurrah!‹ Alles dies antwortet Jako so prompt, wie aus der Pistole geschossen, mit überaus klarer und deutlicher, richtiger Menschenstimme, die, trotzdem sie nicht allzulaut ist, auch in dem größten Theater gut verstanden wird. Da die Präzision, mit welcher meine Papageien bei ihrer Kabarettvorstellung arbeiten, in der Tat unglaublich ist, so ist manchmal jemand im Publikum der

Meinung, ich sei ein geschickter Bauchredner; um dieser irrigen Ansicht entgegenzutreten, begebe ich mich mit Jako oft mitten ins Publikum, und auch da, umgeben von lauter fremden Gesichtern, versagt der Vogel niemals.

Auch pfeifen kann Jako sehr schön, er pfeift auf direkte Aufforderung sofort die Melodie von ›Zwei dunkle Augen‹ und verschiedene Signale, beherrscht aber auch die Weisen von ›Dort unt' im Böhmerwald‹ und des alten Hamburger Liedes ›Morgen kommt die Tante‹, welche er, meist gewissermaßen improvisiert, zum besten gibt, wenn sie die eigentliche Eignerin des Kunstpfeiferberufes, eine stattliche Goldnackenamazone, zum besten gibt; überhaupt liebt er es, in gegebenen Momenten, wo es gewissermaßen gar nicht hinpaßt, loszupfeifen, was immer wahre Lachsalven hervorruft. Seine zwei und ein halbes Lied – denn das Hühnchenlied kann er ja nicht richtig – singt er nur zu seinem Privatvergnügen, ich habe ihn dazu nicht ausgebildet, weil ich in den Amazonen ja bessere und lautere Sänger besitze. Ein Graupapagei ist, trotzdem er ganz sicher intelligenter ist als eine Amazone, unendlich schwerer als diese auf Kommando zum Sprechen zu bewegen. Ich habe bei manchem mich damit jahrelang umsonst bemüht oder, wenn ich Erfolg hatte, erlebt, daß der betreffende Jako wohl auf Kommando sprach, so lange er mit mir allein im Zimmer war, aber sofort versagte, sowie andere Menschen Zeugen seiner Leistungen sein sollten, oder er auf die Bühne kam. Es ist schließlich auch viel von einem Vogel verlangt, der in einem dunklen Käfigkasten auf die Bühne gebracht wird, wo alles drunter und drüber geht, wo Leinwandkulissen in der Zugluft flattern, wo dann der Vorhang, welcher bis dahin wie eine flache Wand vor den Vögeln hing, auf einmal emporgerissen wird, auf einmal nach dem Halbdunkel der geschlossenen Bühne das grelle Licht der Scheinwerfer angeströmt kommt, die Musik spielt; Hunderte von fremden Menschen werden mit einem Male sichtbar, die alle möglichen, oft störenden Bewegungen von sich geben, sich Zigarren anzünden usw. usw., dann ungestört durch all dieses sofort Rede und Antwort zu stehen, ohne sich um das ganze Tohuwabohu zu kümmern! Jedes Vogels Sache ist das nicht, und die der viel beobachtenden Graupapageien schon gar nicht, Amazonen und Kakadus, die mehr Temperament als Überlegung besitzen und leicht in Rage zu bringen sind, kommen darüber leichter hinweg.

Ich besitze meinen Jakob nun seit 24 Jahren; seit er die Kinder- bzw. Einführungskrankheiten überstanden, hat ihm nichts von Bedeutung gefehlt; er ist prachtvoll und aalglatt im Gefieder, allerdings wird er auch alle Wochen einmal mit der Blumenbrause mittels lauwarmem Wasser gründlich abgespritzt, was er sehr gerne hat, und alle Tage zweimal setze ich ihn auf die Hand und fahre langsam mit derselben hinauf und hinunter, so daß er mit den Flügeln schlägt, Flugbewegungen macht, und damit den gerade bei dieser Art reichlich vorhandenen Federstaub los wird, es ist dies meiner Ansicht nach das beste Vorbeugungsmittel gegen das Selbstrupfen. Ein dösiges Dahinsitzen kennt mein Jako gar nicht, er ist den ganzen Tag in Bewegung, klettert hin und her oder scharrt auf dem Boden, ›macht Nest‹, denn ›er‹ dürfte ein Weibchen sein. Ich schließe dies daraus, daß er gerne füttern will, wenn man mit ihm freundlich ist, und dann vor allem daraus, daß er nie einen Transportkasten schmutzig macht, selbst wenn er stundenlang im Hellen hocken muß, und dann die Exkremente in der bei Bruthennen üblichen Weise in einem großen Fladen von sich gibt. Gegen Kälte ist mein Jako gar nicht empfindlich, allerdings ist er sehr abgehärtet, denn im Vogelzimmer wird bei mir im Winter niemals geheizt und die oberen Fensterflügel stehen, solange die Kälte nicht gar zu grimmig ist, den ganzen Tag offen; auf diese Art hat mein Jako schon bei bloß 3° Wärme gesessen und ist schon bei 28° Kälte im ungeheizten Bahnwagen unterwegs gewesen, dann allerdings in einem kleinen Transportkäfig, den er sich durch seine Eigenwärme selbst heizt, in einer größeren, mit Lichtzulassungs-Vorrichtung versehenen Kiste mit seinen Kollegen zusammen möglichst gut verpackt.«

Aus Altersgründen mußte ein Graupapagei abgegeben werden. Der neue Besitzer schreibt:

»Als der Vogel in seine neue Heimat kam, wollte er in der Erstzeit, außer mit seinem Herrn, mit keinem der Hausleute nähere Bekanntschaft machen; wer sich seinem Käfig näherte, auf den wurde gehackt, und dies Los traf auch den Schreiber dieser Zeilen. Erst nach einiger Zeit, nachdem er sich an sein neues Heim gewöhnt hatte, gestattete er gelassen den Aufenthalt vor seinem Käfig und nahm, nach weiterem Verlaufe erst Huldigungen, wenn sie ihm in einschmeichelndstem, sanftesten Tone gemacht wurden, ruhig auf.«

Ein anderer Liebhaber fütterte viel Hanf und mußte feststellen, daß sich der Vogel zu rupfen anfing. Größere Gaben von Mais machen einen Papagei fett. Dr. med. Otto erregte großes Aufsehen mit seinen Fütterungsmethoden, denn man sollte dem Papagei Kaffee geben, da dieser den Vogel belebe. Von dieser Einstellung ist man zum Glück abgekommen.

»Von Jugend auf habe ich Hühner und Tauben, auch oft Kanarien gezüchtet und gehalten und so kam ich auf den Gedanken, mir einen Papagei anzuschaffen. Ohne mich näher unterweisen zu lassen, wendete ich mich, da mir ein Graupapagei als gelehrig empfohlen wurde, brieflich an eine Vogelhandlung und schon am zweiten Tage war ich im Besitz eines solchen Vogels, welchen ich nun, da ich durchaus nichts von Pflege der Papageien verstand, nach Vorschrift des Händlers mit Hanf, Mais und in Kaffee geweichtem Weißbrot füttern wollte, indem ich den Futternapf mit Hanf füllte, halbweich gekochten Mais zeitweise und täglich frisches Wasser gab. Hanf und Mais fraß er, vom

Weißbrot wollte er jedoch nichts wissen; dabei schrie er gewaltig. Um ihn zu beruhigen, bzw. zum Sprechen zu bewegen, schaffte ich mir sofort noch eine Portorico-Amazone an, welche ziemlich zahm war und schon einiges sprechen konnte. Wenn letztere ihre Künste übte, so wurde das Schreien nur ärger, so daß ich die Vögel trennte, aber immer wieder zusammenstellte, damit Jako wenigstens mal ein Wort sprechen sollte, trotzdem half alles Vorsagen nichts. Nach kurzer Zeit fing Jako an, sich die Flügel- und Schwanzfedern abzubeißen und andere auszurupfen, obgleich ich nicht wußte, daß dies Krankheitserscheinungen sind, ärgerte ich mich nicht wenig, gab der Fütterung mit Hanf die Schuld (nach früheren Erfahrungen bei Kanarien und dadurch verursachtem Fettwerden), entzog letzteren gänzlich und verabreichte, sobald er schrie, einige Walnüsse. Dabei gewöhnte er sich nun auch an Weißbrot. Das Rupfen ließ überrraschend schnell nach. Bald nach Einführung der Weißbrotfütterung fing Jako zu sprechen an und da mir geraten wurde, beide Vögel zu trennen, wenn ich etwas erzielen wollte, so ist er im Wort- und Satzsprechen ganz tüchtig geworden; daß Jako küßt, Pfötchen gibt, sich gern auf meine Finger setzt und alles dieses durch Sprechen kund gibt, versteht sich bei seinen Fähigkeiten von selbst. So sagt er z. B. ›Papa komm her, gib mir ein' Kuß, na komm doch, mußt artig sein!‹ Geht er in den Käfig: ›Geh nach Haus, adieu!‹ usw. Neues lernt er noch immer, manchmal schnell; zuweilen spricht er erst undeutlich, dann gebe ich mir Mühe, es zu ergründen oder Wörter anzupassen und nachdem ich es ihm einigemal richtig vorgesprochen, hat er es inne und zwar wenn sein Bauer mit einem Tuche verhängt ist, leichter als sonst. Von Zeit zu Zeit gebe ich ihm eine Wiederholungsstunde, wobei ich ihm alles, was er kann und mir augenblicklich einfällt, vortrage, wozu der Abend am geeignetsten ist, weil er dann fast wörtlich wiederholt. Auch der Portorico-Papagei hat durch die Trennung gewonnen, spricht aber nur einzelne Worte. Mit ihm gebe ich mich freilich nur wenig ab, dagegen mit Jako den größten Teil des Tages. Zweige zum Benagen verschmäht Jako, beschäftigt sich aber viel mit eisernen Fingerhüten, die ich ihm angeschafft habe und welche er, wie auch die Nußschalen mit Weißbrot füllt, ehe er frißt; mit Wasser macht er es ebenso. Erwähnen möchte ich noch, daß Jako noch grauäugig ist, wie beim Empfang und daß er sich das Schreien immer mehr abgewöhnt hat, seitdem ich ihn aus dem Käfig lasse.«

Ein Lehrer schrieb vor längerer Zeit von seinen Erfahrungen, vor allem mit ganz jungen, noch dunkeläugigen Graupapageien. Seine Beobachtungen kann man durchweg teilen, wenn auch die Trinkbedürfnisse heute anders gesehen werden:

»Unter allen Vögeln, die ich bis jetzt kennengelernt habe – und die Anzahl derselben ist nicht gering – ist und bleibt mir der Graupapagei der liebste und

wichtigste. Ich kann es gar nicht leugnen, ich bin in diesen Vogel ganz ver-
narrt. Manche Stunde, bei Tag und Nacht, sitze ich vor meinem grauen Stu-
denten, verfolge mit Vergnügen seine feine Beobachtungsgabe, seinen
Scharfsinn, sein Gedächtnis und seine Überlegung. Schon große Summen
habe ich für Graupapageien ausgegeben und so mancher Todesfall hätte
mich entmutigen können, wenn ich nicht gerade diese Art so sehr bevorzugte.
Schon über hundert Exemplare sind im Laufe der Zeit durch meine Hand ge-
gangen und haben meine Erfahrungen, die anfangs auf schwachen Füßen
standen, erweitert und gereift; man lernt bei jedem Vogel Neues, denn jeder
hat wieder andere Eigenschaften. Früher, als ich die Sache noch nicht ver-
stand, erhielt ich auf meine Bestellungen meist alte Exemplare, bei denen es
auch heißen konnte: ›Viel Geschrei und wenig Wolle‹. Alle wurden mir zwar
angepriesen: ›Fängt an zu sprechen‹ oder ›spricht schon etwas englisch (oder
spanisch)‹ – ich hegte einige Zeit die Hoffnung, daß es wirklich der Fall sei,
indessen beschränkte sich die ganze Kunst auf Schreien, welches dem
menschlichen Ohr keineswegs angenehm klingt. Zum Zähmen der wilden
Gesellen besaß ich auch weder Geschick noch Erfahrung und so hatte ich
stets Mißerfolge. Nun wollte ich mein Heil mit den gepriesenen dunkeläugi-
gen Graupapageien versuchen; aber auch bei diesen mußte ich teures Lehr-
geld zahlen und erst durch Erfahrung klug werden. So groß meine Freude
über die frisch angekommenen, dunkeläugigen Jakos war, immer währte sie
nur kurze Zeit; die meisten von ihnen trugen bereits den Todeskeim in sich,
und wenn sie auch noch so munter und unverdächtig aussahen, nach 2, 3 oder
4 Wochen starben sie mir bis auf einige jedesmal hinweg. Ich war oft ganz rat-
und trostlos, las alle ornithologischen Bücher und Zeitschriften, fragte man-
chen Doktor und probierte sämtliche Mittel, die mir angeraten wurden; aber
alle Mühe war vergebens. Müde und der Sache ziemlich überdrüssig, ver-
suchte ich es nun mit dem Ankaufe von schon eingewöhnten Jungen, und jetzt
hatte ich mehr Glück. Ich brachte diese durch, obwohl sie auch immer ver-
schiedene Krankheitsstadien zu überstehen hatten, und wurde so nach und
nach umsichtig in der Pflege und Behandlung der Graupapageien. Ich be-
merkte jedes Unwohlsein, erkannte aus ihren Entleerungen, ihrem Nah-
rungsbedürfnis usw. ihren Zustand und beobachtete dann gewisse Vor-
sichtsmaßregeln. Auch von den jungen noch nicht eingewöhnten Vögeln
ziehe ich jetzt die meisten glücklich auf. Nachdem sie erst an eingeweichtes
Brot gewöhnt sind, gebe ich nach und nach einige Schluck abgekochtes und
wieder erkaltetes Wasser, nehme aber das Wasserglas wieder fort, damit sie ja
nicht zu viel trinken. Allmählich werde ich freigiebiger mit dem labenden
Trunke, nach dem sie immer begierig sind. Wenn nun ein unkundiger Bestel-
ler seinen frisch angekommenen Jako, ohne an eine Gefahr zu denken und

ohne vom Händler darauf aufmerksam gemacht worden zu sein (die meisten Händler tun es zwar redlich), so wird der Vogel gierig saufen und zwar oft und viel, und nun werden sich bald die schlimmen Folgen zeigen. Der Magen ist krank, die Exkremente werden wässrig und dünn (bei einem recht gesunden Jako sind die Exkremente kompakt und wurmförmig und meist zweifarbig dunkelgrün, hellgrün, grau oder braun und weiß), der Patient zeigt matte Augen, verliert den Appetit und es ist gerade, als könnte er mit dem Schnabel nichts mehr zerbeißen, schläft viel, macht sich mit dem Schnabel in den Rückfedern hier und da zu schaffen und man sieht es ihm wohl an, daß es ihm recht übel, elend und schlecht sein muß. Der Vogel wird immer schwächer, er will keine Nahrung mehr zu sich nehmen, setzt sich betrübt auf den Boden, klappert viel mit dem Schnabel und ist nach kurzer Zeit tot.

Es ist bei den Papageien überhaupt wie bei allen Vögeln gefährlich, wenn sie die Nahrung unregelmäßig, d.h. bald zu viel, bald zu wenig bekommen. Läßt man sie hungern, und sie fressen dann auf einmal zu hastig und zu viel, so werden sie bestimmt angegriffen und traurig, wenn nicht krank. Sehr gefährlich ist es, den Papageien etwas Verdorbenes, weich oder sauer Gewordenes oder Angefaultes zu geben, da sie den Magen im Augenblick verdorben haben. Den Papageien alles zu geben, was auf den Tisch kommt, also Fleisch, Wurst, Speck, Gemüse u.a.m. ist nicht ratsam.

Die Verfärbung der Augen macht übrigens nicht bei allen Exemplaren in der gleichen Zeit die gleichen Wandlungen durch. Ich habe immer genau auf die Augenverfärbungen bei meinen Jakos geachtet und erfahren, daß alle nach dem 3. Jahr gelbäugig sind oder werden.

Ebenso genaue Beobachtungen habe ich gemacht in Beziehung auf das Gefieder. Bei dem jüngsten Jako ist das Gefieder bräunlichgrau, der Kopf mehr weiß und fein bereift; das braungraue Gefieder wird immer mehr hellgrau und dann immer mehr blaugrau. Je blauer und gleichfarbiger die Jakos sind, desto älter sind sie auch. Ebenso ist die rote Farbe des Schwanzes vom Alter bedingt. Je blasser und matter rot der Schwanz ist, desto jünger der Jako; je schöner und tiefer rot aber der Schwanz ist, desto älter ist er. Aus der Gestalt, aus der Stellung und aus dem Gefieder auf das Geschlecht schließen zu wollen, ist nicht zuverlässig. Ich habe schon viele Beobachtungen darüber angestellt; aber noch keine sicheren Anhaltspunkte finden können. Viele Vogelhändler behaupten, die Männchen hätten um den After rote Federn, die Weibchen nicht; aber ich halte solche Färbungen für zufällige Erscheinungen. In Beziehung auf die Größe der einzelnen Jakos kommen Schwankungen vor, die von Pflege, Klima und anderen Einflüssen bedingt sind. Manche ganz junge Jakos sind bei mir noch gewachsen, andere nicht mehr. Die kleinsten Jakos sind aber gerade durchaus nicht immer die jüngsten und die größten durchaus nicht immer die ältesten. *Jakos, die unausgewachsen in kümmerliche, notdürftige menschliche Pflege kommen, sind im allgemeinen kleiner als solche, welche im Freileben bei normaler angemessener Nahrung aufwachsen.*

Ob Männchen lieber als Weibchen sprechen lernen, ist noch ungewiß, und ich konnte es bis heute noch nicht feststellen (kein Unterschied, Verfasser). Je jünger die Jakos sind, desto mehr ist Hoffnung vorhanden, daß sie sprechen lernen. Ich trachte immer nach den jüngsten, am meisten dunkeläugigen Jakos zum Abrichten; alte Wildfänge lernen selten mehr sprechen. Werden junge Jakos zuvor gezähmt und zutraulich gemacht, so ist mehr Hoffnung für Sprechenlernen vorhanden als bei scheuen, wilden Exemplaren. Ein zahmer Jako, der gegen den menschlichen Pfleger anhänglich und ergeben ist, lernt lieber und eher sprechen als ein anderer, der sich vor den Leuten zurückzieht und verbirgt. Vor allem trachte ich deshalb immer danach, meine Papageien zuerst zu zähmen, wozu allerdings viel Erfahrung gehört. Ein gezähmter Papagei, der sich des Umgangs mit den Menschen freut und die menschliche Nähe sucht und liebt, lernt viel eher und leichter sprechen. Ein zahmer Jako ist bemüht, sich in die Gunst seines Pflegeherrn zu setzen; er ist aufmerksam gegen diesen, merkt auf jedes Wort und jeden Wink und beachtet sorgsam, was der menschliche Lehrmeister sagt. Um die Gunst seines Pflegeherrn fortlaufend zu erhalten und zu steigern, probiert er alle möglichen Gunstbezeugungen, er gibt Fuß und Kuß, streckt den Kopf her, um sich auf demselben kraulen zu lassen und schwatzt, was er nur weiß und kann. Bei einem scheuen, ungezähmten Jako fallen alle nützlichen Veranlagungen weg, er scheut sich zu sprechen und probiert es nur, wenn er unbeachtet bleibt und nicht verängstigt ist. Pfeifen mag ein scheuer Jako häufiger und lieber als sprechen, weil es ihm wohl viel leichter wird. Die sichersten Kennzeichen, daß ein junger Jako Anlage und Talent zum Sprechen hat und sprechen lernen wird, ist mir immer dieses, wenn ein Vogel mich viel und aufmerksam anschaut, wenn er sprechen hört, aufhorcht und stutzt, wenn er bei meiner Annäherung das Gefieder sträubt, den Hals in die Höhe reckt, in Aufregung kommt und mit dem Schnabel am Käfig auf und abwetzt und streicht. Sodann regen sich die talentvollsten Jakos bei Nacht zuerst, sobald sie etwas hören. Wie groß das Gedächtnis und die Fassungskraft mancher sprechenden, singenden und pfeifenden Jakos ist, wurde in dieser Zeitschrift schon oft beschrieben und erzählt. Unter meinen selbst abgerichteten Jakos habe ich z. B. einen, der alles nachspricht, was er hört; ein anderer pfeift kurze Melodiensätze nach, wie ich solche absichtlich oder unabsichtlich vorpfeife, noch ein anderer spricht mit solcher menschenähnlichen Deutlichkeit, sogar mit richtiger Betonung und Aussprache, daß man nur staunen muß; wieder einer macht gar alle Laute nach und zwar so täuschend (Miauen der Katze, Bellen des Hundes, Krähen des Hahnes, Rufen meiner Schopfwachteln, Schlagen meiner Wachtel, Lachen, Weinen, Husten, Räuspern, Niesen), kennt alle meine einzelnen Kinder genau und wendet alles so richtig und passend an, daß sich jeder Besucher darüber ergötzt; ein anderer zeichnet sich durch seine außerordentliche Zahmheit und Anhänglichkeit aus und schmeichelt mir auf jede erdenkliche Weise, fliegt mir entgegen, sobald er meine Stimme hört, gibt mir bei Nacht jedesmal Antwort, sobald er den leisesten Laut von mir hört. Daß sehr gut sprechende Jakos und Papageien überhaupt sehr launisch und wunderlich sein können, habe ich dutzendmal erfahren. Gelangen Papageien in unkundige Hände, wo ihnen angemessene Pflege und Behandlung abgeht, wo sie erzürnt und gereizt werden, so kann es vorkommen, daß sie sehr traurig und mißmutig werden, nicht mehr oder nur selten sprechen und sogar wieder scheu und mißrauisch werden.«*

Viele Tierliebhaber kommen durch Vogelausstellungen auf »ihren« Vogel, den Vogel, den sie gern pflegen möchten. Erst hier wird oft der erste Kontakt hergestellt. »Der oder keiner«, so berichtein Aufsatz: »*Wenn auch erst ein Exemplar dieser begabtesten aller Vögel bis jetzt in meinen Besitz gelangt ist, ich also verhältnismäßig wenig habe beobachten können als diejenigen Liebhaber, durch deren Hände Dutzende gegangen sind. Ich war glücklich, einen jungen Jako zu erhalten, welcher recht bald und gut zu sprechen anfing. Er ist 1³/₄ Jahr in meinem Besitz – ein Original in seiner Art und vorzüglich in jeder Hinsicht.*

Mit dem Kauf eines Jako zögerte ich so lange, bis ich Gelegenheit fand, selbst zu sehen und zu beobachten. Ich studierte förmlich erst die Naturgeschichte desselben, beobachtete jeden gegebenen Fingerzeig, um die nötige Kenntnis und Sicherheit in der Pflege und Behandlung sowie in der Beurteilung der Arten, ihres Alters, ihres Gesundheitszustandes und ihrer Begabung zu erlangen.

Als nun die Ausstellung angekündigt wurde, beschloß ich, sie zu besuchen. Wie ich voraussetzte, hat diese großartige Vogelschau mit ihren seltenen und hochinteressanten Erscheinungen mir alles geboten, was ich zu sehen gewünscht.

Unter einer Anzahl ausgestellter junger Graupapageien erregten alsbald zwei in einem Käfig, äußerst lebhafte, tolle Burschen, die fast unausgesetzt, wie junge Hunde, sich spielend herumbalgten, meine besondere Aufmerksamkeit. Nicht mehr zu jung, bereits zahm, anfangend zu sprechen – alles dieses war nach meinem Wunsche. Gerne hätte ich beide genommen, doch glaubte ich mit einem allein bessere Ergebnisse im Sprechen erzielen zu können.

Im Käfig zuhause gebärdete sich der Vogel in der ersten Zeit bei jeder Annä-
herung noch ganz toll, fuhr mit gesträubtem Gefieder auf jede ihm nahe
kommende Hand los und schrie zuweilen noch entsetzlich. Nach kaum acht-
tägiger richtiger, liebevoller Behandlung und guter Pflege von meiner Seite
änderte er jedoch sein Betragen, namentlich gegen mich (von meiner Frau
und den Kindern will er heute noch nicht viel wissen, obwohl er von der erste-
ren fast immer gefüttert wird); ich merkte sogar bald, daß er mir besonders
zugetan war. Sicher hat ihn nur die Trennung von seinem Kameraden an-
fänglich so böse gestimmt.
Nachdem der Jako etwa drei Wochen in meinem Besitz war, durfte ich mir
schon mancherlei mit ihm erlauben; er ließ sich von mir, wenn auch noch wi-
derstrebend, aus dem Käfig ziehen, auf der Hand herumtragen, streicheln
und am Kopfe kraulen. Als ich später gar nichts mehr befürchtete, versuchte
ich eines Tages, ihm mit Hilfe einer kleinen Flachzange die Federstümpfe
auszuziehen, da hatte ich aber denn doch die Rechnung ohne den Wirt ge-
macht und ließ es daher beim ersten Versuche bewenden; sicher hätte ich ihn
mir ganz entfremdet, da er mir die kaum begonnene Marter lange nachtrug.
Eine Morgens, als er seinen anscheinend nicht geringen Appetit gestillt hatte
und jedenfalls guter Laune war, ließ er gurgelnde, menschenähnliche Laute
vernehmen, aus denen bei öfterer Wiederholung nach und nach das Wort
›Jako‹ immer deutlicher zu verstehen war. Sein Name und andere Worte wur-
den ihm viel vorgesprochen, er probte und studierte fleißig, machte über-
haupt von dieser Zeit an die überraschendsten Fortschritte im Sprechen; je-
den Tag fast brachte er etwas Neues. Augenblicklich hat er soviel gelernt, daß
ich kaum alles anzuführen vermag, was er tagsüber spricht. Zu jeder Zeit hört
er aufmerksam, gespannt zu, wenn ich zu ihm rede; einzelne Worte spricht er
schon am anderen Tage, jeden Satz nach 2–3 Tagen deutlich nach. Die feh-
lerfreie, deutliche und menschenähnliche Aussprache, sein Modulieren, das
täuschende Nachahmen aller Stimmen und die richtige Betonung, ferner
seine feine Beobachtungsgabe, seinen Scharfsinn und seine Klugheit sind be-
wunderungswürdig. Hat er z. B. wirklich Hunger oder Durst, so spricht er so
lange: ›Hab' Hunger! Will was haben! Jako will was haben! Wasser! Jako
Wasser!‹, zuweilen auch recht artig: ›Bitte Papa, gib mir was, ich habe Hun-
ger‹, bis er bedacht wird; sobald er nur merkt, daß er verstanden worden ist,
und die Vorbereitungen zur Fütterung sieht, sagt er schon befriedigt: ›Sooo!
Ei, wie schön!‹
Hört Jako, daß ich die vor dem Hause spielenden Kinder zum Essen rufen
soll, so fühlt er sich berufen, den Auftrag auszuführen; denn kaum hab' ich
das Fenster geöffnet, so ruft er die Kinder beide bei Namen und läßt auch re-
gelmäßig einen langgezogenen Pfiff folgen. Schelte ich einmal die Kinder

oder spreche nur etwas laut, befehlend zu ihnen, gleich fällt er zankend mit ein, spricht dann immer sehr schnell und unverständlich: ›Kriegst Haue! Mit'm Stock! Warte, warte! Du, Du!‹. Er läßt stets seinen warnenden Pfiff ertönen, wenn meine Kinder in Streit geraten. Seine Anhänglichkeit ist so groß, daß eine längere Trennung von mir ihm sicher nicht gut tun würde. ›Adieu, Papa!‹ spricht er, sobald er merkt, daß ich mich zum Weggehen rüste; komme ich zurück, so ist er außer sich vor Freude: ›Guten Tag, Papa! Komm zu Jako! Na komm doch!‹ und dergleichen mehr sagt er unaufhörlich so lange, bis ich seinen Käfig öffne und ihn auf meine Schulter spazieren lasse. Sein Gefieder ist prachtvoll; ziemlich leicht fliegt er durch mehrere Zimmer auf meine vorgehaltene Hand, wenn ich ihn rufe.«

Bei dieser Erzählung erkennt man deutlich die Nachahmung des Papageis in Verbindung mit der richtigen Situation.

Die Schreckhaftigkeit und das in einem Graupapagei festsitzende Mißtrauen wurde schon erwähnt. Es folgt noch eine Mitteilung, bei welcher der Schreck den Tod nach sich zog:

»Daß die Graupapageien sehr leicht aufgeregt werden und namentlich leicht bei der geringsten Veranlassung erschrecken, dann wie unsinnig im Käfig umhertoben und dadurch Schaden nehmen können, werden alle Besitzer solcher Papageien schon erfahren haben und wissen. Ich suche deshalb mit ängstlicher Sorgfalt jede Störung bei meinen Graupapageien zu vermeiden und von ihnen fernzuhalten. Sind solche leidigen Störungen dagegen unvorhergesehenerweise wirklich einmal eingetreten, so beschwichtige ich meine aufgeregten Lieblinge sofort durch freundliches Zureden, durch Liebkosungen, um den gehabten Schreck abzuschwächen und vergessen zu machen. Da kann eine plötzlich eintretende Erscheinung, eine Henne, eine Katze, ein fremder Hund oder ein grellfarbiges Tuch, eine Fahne, eine Trommel, ein schnell bewegter Gegenstand innerhalb des Zimmers oder durch das Fenster gesehen, oder auch ein plötzlicher Lärm, ein Schrei, ein lautes barsches Rufen, Hundegebell, namentlich während der nächtlichen Ruhe, für die empfindlichen Jakos verhängnisvoll und gefahrbringend werden. Ganz unbeschädigt kommt ein Vogel bei derartigem Schrecken selten davon. Mindestens wird er sich durch Umhertoben im Käfig äußere Verletzungen zuziehen und gar oft werden die viel gefährlicheren Krämpfe eintreten, welche – wiederholt – den Tod herbeiführen können. Ich kann in dieser Beziehung wieder einen neuen Beleg und triftigen Beweis liefern.

Am 4. September v. J., nachts 2 Uhr, hatten wir ein furchtbares Gewitter; es folgte Blitzschlag auf Blitzschlag. Ganz in unserer Nähe schlug der Blitz in mehrere Bäume und in eine Kirche. Die zuckenden Blitze, das gewaltige Donnern hatten einen meiner Lieblinge, Jako, der am Abend vorher noch mit mir geplaudert, das Leben gekostet. Wahrscheinlich hat er infolge des Schreckens einen Schlaganfall bekommen; zu meinem nicht geringen Schreck hing er, als ich am andern Morgen früh ins Zimmer trat, tot am Aufsitzstab im Käfig. Hätte er während des Gewitters in unserer Schlafstube gestanden, wo ein Licht brannte und wo er uns reden gehört hätte, so wäre er vielleicht nicht so plötzlich und arg erschrocken und hätte wahrscheinlich sein Leben nicht eingebüßt.«

Folgender Pfleger hatte Erfolg, das Kreischen dem Grauen abzugewöhnen: *»Das beste Verfahren, um dem Graupapagei das lästige Kreischen und häßliche Pfeifen abzugewöhnen, ist das Verdecken des Käfigs. Freilich muß dabei mit Ruhe und sehr viel Geduld vorgegangen werden. Strafen, wie Schlagen des Vogels, Klopfen auf den Käfig, Anschreien, Drohen mit dem Stock, sind erfolglos und verschlimmern das Übel. Das Verdecken des Käfigs hat anfangs keinen Erfolg, weil der Vogel, wenn er auch einige Minuten schweigt, doch bald wieder unter dem Tuch mit dem Schreien usw. beginnt. Man verfährt auf folgende Weise, die sicherlich zum Ziel führt. Ein schweres, dickes, dunkel gefärbtes Tuch liegt vor dem Käfig und wird über den Käfig gelegt, so daß der Vogel völlig im Finstern sitzt. Beim Zudecken schilt man ihn. Nach einigen Minuten nimmt man die Decke wieder ab, schmeichelt dem Vogel, ruft ihn mit Kosenamen, gibt ihm auch ab und zu einen Leckerbissen. Wird jedesmal in dieser Weise verfahren, so erkennt der Vogel allmählich, daß das ihm unangenehme Bedecken eine Strafe für das Schreien ist und wird die Ungezogenheit lassen. Die Fortschritte in der Erziehung bemerkt man ganz gut. Schon sehr bald wird der Vogel, wenn das Tuch unter scheltenden, drohenden Worten etwas hochgenommen wird, mit dem Lärmen aufhören. Man muß sich um Erfolg zu haben, natürlich sehr viel mit dem Vogel beschäftigen und Sprachunterricht geben. Je mehr der Papagei lernt, desto weniger lärmt er.«*

Ein Österreicher hatte einen Graupapagei gekauft und berichtet: *»Moko, so hieß der Auserwählte, wußte jedoch gleich von allem Anfang an den Vater zu respektieren und ließ alles mit sich machen. Es ist ein auffällig großer, ca. 3–4 Jahre alter, taubenzahmer, sehr viel sprechender Bursche gewesen, als ich ihn erwarb. Er lernt alles, was er im Hause hört, sofort, jedoch einem planmäßigen Lernen war und ist er stets abhold gesinnt. In der Nacht steht sein Käfig neben dem Bette des Vaters, und damit er letzteren stets sehen kann, hat er sich auf dieser Seite ein kleines Loch in seine über dem Käfig hängende Decke fabriziert. Sobald er durch sein Guckloch früh merkt, daß sein Herr munter, erschallt schon seine kräftige, klare Stimme mit einem ›Guten Morgen, Papa‹. Auf das hin will er sofort aus dem Käfig, fliegt dann* *aufs Bett, wo er sich einige Zeit in köstlichen Sprüngen und Herumkugeln auf den Polstern ergötzt, unter die dicke Decke kriecht, um dann unter dieser mit den Worten ›Papa, wo ist dein Moko, kuckuck, such' schön‹, den Vater zum Spielen aufzufordern. Zum Frühstückskaffee wandert der Moko mit ins Speisezimmer, wo er auch tagsüber verbleibt und nur ein reizender, gutsprechender, kleiner Gelbhaubenkakadu, der Liebling meiner Mutter, hatte die gleiche Ehre, und nahm die andere Fensternische in Besitz; die übrigen meiner Freunde befanden sich nebenan in einem Zimmer. Wenn Moko nicht sofort jetzt seinen in Milch getauchten Zwieback bekommt, ruft er mit lauter Stimme: ›Na, was ist's denn, Moko will auch was haben‹. Natürlich bekommt er auf diese Frage nichts, worauf er in schmeichelndem Tone anfängt: ›Bitte, bitte, Jackerle möchte auch was haben‹, worauf er dann sein Stückchen bekommt und mit einem ›danke schön, Papa‹, schnell verzehrt. Seine Sonnenblumenkörner und Hanf frißt er bloß mittags und abends, wenn er uns essen sieht, nachher muß ihm sofort sein Napf herausgenommen werden, da sonst alles am Boden liegt. Dies ist seine einzige Untugend, schreien und pfeifen tut er niemals, bloß im ersten Jahre zeigte er diese den meisten Jakos anhaftende Gewohnheit. Legt sich mein Vater nach dem Mittagessen eventuell kurze Zeit auf das Sofa, so hört Moko sofort zu sprechen auf und bloß einigemale ruft er: ›Pst, pst, ruhig sein‹, wenn ein Kollege im Nebenzimmer gar zu laut wird. Mit den andern Vögeln hat er niemals Freundschaft geschlossen, bloß den Goko will er nachmittags, wenn er allein ist, stets haben und auch den bloß aus rein egoistischen Gründen. Der Goko ist nämlich ein zahmer, mächtiger Molukkenkakadu, der ihm jetzt sehr abgeht. Dieser Spaßmacher, den selbst die großen Damenhüte und Handschuhe nicht aus seiner Gutmütigkeit bringen, kommt dann vom Vogelzimmer hereingewatschelt, setzt sich zum Ergötzen seines grauen Freundes auf die Lehne des Schaukelstuhles und beginnt jetzt ein heilloses Theater. Mit aufgestellter Haube und gespreizten Flügeln setzt er den Sessel in immer schnellere Bewegung, wobei er durch das fortwährende Zurufen Mokos: ›Hoh-hopp, hoh-hopp, bravo, hurrah‹, immer mehr angespornt wird und sich oft ganz überschlägt mit dem Stuhl. Während dieser Episode hängt Moko an seiner Käfigdecke und betrachtet so seinen Zimmernarren verkehrt. So einzig schön dieses drollige Bild ist, so kann man es bloß stets kurze Zeit andauern lassen, da nämlich das Geschrei des lieben Molukken, die Erbsünde seines Geschlechts, doch etwas zu heftig wird, obwohl er sonst selten schreit.*

Kommt abends mein Vater nach Hause, so erkennt Moko ihn schon am Läuten, nämlich schnell zweimal hintereinander, und ruft sofort: ›Hurrah, Herrli ist da‹. Nach dem Abendessen sitzt Moko stets einige Zeit frei auf der Tischkante neben dem Vater, hat ein Hölzchen in dem Fuß, führt es dann öfters

56

zum Schnabel und sagt: ›Moko auch einmal‹, wobei er nachher das Ausbla-
sen des Rauches imitiert. Auch läßt er sich gerne eine Papierkrause über den
Kopf stecken und stolziert dann gravitätisch auf dem Tisch herum, dabei stets
leise lachend. Kommt er dann wieder in seinen Käfig, spricht er noch weiter
bis 10 Uhr, dann aber wird er auf einmal ganz ruhig, zieht die Schultern in die
Höhe und sagt nach geraumer Zeit: ›Herrli, Jako will schlafen‹. Daraufhin
wird er zugedeckt, was er mit einem ›Gute Nacht‹ beantwortet und wandert
ins Schlafzimmer wo er beim Eintreffen seines Herrn durch sein bekanntes
Guckerl sieht, ohne mehr zu sprechen. Sein Tagesleben ist beendet.

Vor einigen Tagen zeigte er wieder einmal eine Glanzleistung seiner Intelli-
genz. Meine Mutter nahm ihn auf die Hand, um ihn in der Küche mit lau-
warmen Wasser, in welches etwas Franzbranntwein kommt, anzuspritzen,
ein Hochgenuß für ihn. Da kam sie mit ihm am Nebenzimmer vorbei, wo ge-
rade mein Vater mit seinen Waldvögeln beschäftigt war und Moko bemerkte
ihn durch die angelehnte Türe. Auf einmal machte er einen Ruck auf der
Hand und rief mit verwunderter Stimme: ›Ah, der Papa!‹ Wie er dann in die
Küche kam und dort das Mädchen sah, mit gleicher Stimme: ›Ah, die Anna!‹
In solchen Fällen steht man sozusagen im Zweifel, wo die Intelligenz ihre
Grenzen gezogen, um dem Verstand Platz zu machen. Außer diesen drei Per-
sonen sieht er bloß noch mich, und wenn ich komme, finden seine Liebko-
sungen fast kein Ende.

Ich selbst besitze seit Weihnachten ein ähnlich begabtes Exemplar in meiner
Kollektion, welches infolge seiner Jugend zwar noch nicht das sogenannte
Verständnis für die Anwendung der einzelnen Sätze zeigt, denn manchmal
kommt das ›guten Morgen‹ auch erst am Abend, aber dafür lernt er alles bin-
nen 3–4 Tagen, was man ihm öfters vorsagt. Ich kaufte den Vogel, Aura ist
sein Name, von einem hiesigen Geschäftsmann, welcher demselben binnen
einem Jahr 500 Worte in schönen, originellen Sätzen nebst 6 Liederstrophen
beigebracht hatte. Seitdem er bei mir ist, geht sein Sprachschatz schon ins sie-
bente Hundert.«

Herr L. schreibt, was sicher auch andere Liebhaber empfinden. Hier wird
auch noch einmal das frühere ›Märchen‹ über den Wasserentzug und die
größere Empfindlichkeit ganz junger Vögel erwähnt:

›Trotz bester und aufmerksamster Pflege kommen Todesfälle bei unseren ge-
fiederten Lieblingen vor. Ganz besonders schmerzlich treffen sei einen Besit-
zer eines sprechenden anhänglichen Papageis, speziell eines Jakos, der viel-
leicht schon jahrelang in seinem Besitz ist, liebevoll und sorgsam gepflegt
wird, und plötzlich unverhofft das Zeitliche segnet.

*Stirbt uns irgendein kleiner Prachtfink oder Kanarienvogel, so ist, ganz abge-
sehen von dem pekuniär geringerem Verlust, der Tote bald vergessen und Ersatz da, anders aber ist es mit einem Jako. Hier hängen wir seelisch an dem
Tier und sein Verlust schmerzt uns häufig nicht weniger, wie der eines treuen
Hundes. Aus diesem Gesichtspunkt heraus entstand auch die Ansicht über
die große Hinfälligkeit der Graupapageien, da uns in Wirklichkeit der Verlust eines Jakos mehr schmerzt, als der von einem Dutzend kleiner.*

*›Ich schaffe mir nie wieder einen jungen Jako an‹, schrieb mir einmal ein be-
kannter Liebhaber, ›weil ich die Tierchen nicht sterben sehen kann.‹ Wie ich
wiederholt in der ›Gef. Welt‹ sagte, ist ein junger Jako absolut kein hinfälliges
Geschöpf, wenn er gesund in unsere Hände gelangt. Wenn man allerdings
von einem gewissenlosen Verkäufer ein schon kränkliches Tier erhält, oder
einen sonst gesunden Vogel völlig falsch behandelt und pflegt, darf man sich
nicht wundern, wenn dieser bald in die seligen Maisgründe eingeht.*

*Daß junge, d. h. schwarzäugige Jakos, gegen falsche Behandlung und Pflege
empfindlicher sind, als manche andere, besonders ältere Vögel, kann nicht
geleugnet werden. Man bedenke, daß die Tierchen drüben, kaum flügge, in
meist völlig falsche Pflege kommen, dann in engen Käfigen herübergebracht
werden, hier für ihre schwachen jungen Mägen meist auch nicht die richtige
Nahrung erhalten und infolgedessen natürlich leicht zu Magen- und Darm-
krankheiten neigen. Kein menschliches Baby würde bei gleicher Behandlung
gesund bleiben. Beim Tode seines Jakos wird sich der Besitzer immer wieder
fragen, was er in der Pflege versäumt hat. Der anscheinend kerngesunde Vogel liegt eines Morgens tot im Käfig. Eine Sektion ergibt häufig gar keinen
Aufschluß und der Liebhaber steht vor einem Rätsel. Wir müssen hier vor allen Dingen die häufig anzutreffende, äußerst nervöse und sensible Natur des
jungen Jakos berücksichtigen.*

*Man decke deshalb jeden jungen Jako abends sorgsam zu, damit irgendwel-
che Ereignisse im Zimmer ihn nicht beunruhigen. Ist man im Besitze eines
jungen Jakos, so muß man zweierlei berücksichtigen: richtige Pflege und
richtige Wartung.*

*Über richtige Pflege habe ich mich schon in diesem Blatte ausgelassen. Spitz-
samen, geschälten Hafer, Reis in Hülsen, erweichter (nicht gekochter) Mais,
Sonnenblumenkerne, etwas Erdnuß, abwechselnd mit Walnüssen sei das
Stammfutter des Jako. Dazu reichliche Obstfütterung. Selbstverständlich
müssen die Körner die Hauptnahrung bilden, doch darf Obst an keinem Tage
fehlen. Man reiche abwechselnd Banane, Weintraube, Apfel, Apfelsine
(Kerne entfernen). Die Kerne der Weintrauben schaden dem Vogel nicht.
Alles muß natürlich tadellos und darf nicht ›mulschig‹ sein.*

58

Ich habe mit reichlicher Obstfütterung speziell bei jungen Jakos die besten Erfolge gehabt. Manche jungen Vögel verzehrten bei mir am Tage eine halbe Banane, ein viertel Apfel und noch 5–6 Weintrauben, ohne den geringsten Nachteil. Im Gegenteil waren die Vögel in prachtvoller Verfassung. Vögel mit starkem Fettansatz sollen mehr Apfel und Weintrauben, magere Tiere mehr Bananen erhalten.

Daneben sollen alle jungen und alten Vögel reichlich Nagematerial in Gestalt frischer Holunder- oder Weidenruten bekommen. Licht, Luft, ein geräumiger Käfig, mit täglichem Flügelausschlagen, sind zur Gesunderhaltung ebenfalls erforderlich.

Wiederholt trat ich der irrigen Ansicht entgegen, daß Jakos in hoher Stubenwärme gehalten werden müßten. 18–20°C genügen völlig. Ein besonderes Kapitel ist das Getränk, welches junge Graupapageien erhalten sollen. ›Junge Jakos sterben, wenn sie Wasser erhalten‹, so oder ähnlich liest man in vielen Büchern über den Jako. Ein junger Jako, welcher nach Darreichung von Wasser eingeht, ist sowieso ein Todeskandidat. Kein gesunder Vogel stirbt, wenn er einwandfreies Wasser als Getränk erhält. Bei reichlicher Obstfütterung ist der Jako überhaupt kein ›Trinker‹, und es genügt vollkommen, wenn er abends einmal den Trinknapf erhält. Es muß endlich einmal mit dem alten Glauben oder Aberglauben gebrochen werden, daß ein junger Jako kein Wasser erhalten soll. Ebenso unsinnig und unnatürlich ist es, den jungen Vögeln starken Kaffee, leider bei vielen Händlern üblich, zu reichen. Die guten Leute verfahren nach dem Prinzip, daß Kaffee die Lebensgeister auffrischt, und hoffen dadurch den Vogel, solange er in ihrem Besitz ist, munter zu erhalten. Ein kranker Vogel kann durch Kaffee niemals gesund gemacht werden, ein gesunder aber sehr wohl krank. Ich habe nie einem Jako einen Tropfen Kaffee gegeben, und habe bei der Aufzucht ganz minimale Verluste gehabt.

Die Hauptsache ist, daß das gereichte Wasser einwandfrei ist. Das Wasser unserer Großstädte ist es wohl stets. Ist man des Wassers nicht sicher, so gebe man den Vögeln ein Gemisch von Pfefferminz, Kamille und Baldriantee. Man koche dieses Gemisch als Essenz und mische einen Teelöffel davon in einen halben Trinknapf abgekochten Wassers.

Das sind in großen Zügen die Pflegevorschriften, welche ich jahrzehntelang ausprobiert und mit bestem Erfolg angewendet habe.«

Einen ausführlichen Bericht sandte mir Frau H. Schmidt 1976 über ihre Erlebnisse mit einem Graupapagei. Aus diesen ausgezeichneten Beobachtungen können angehende Graupapageienhalter etliche interessante Dinge entnehmen:

»Aus gegebenem Anlaß erfüllten mir meine Kinder einen lang gehegten Wunsch: Einen Graupapagei zu besitzen. Aufgrund einer fachkundigen Beratung suchten wir uns das Tier in der Quarantänestation einer Zoo-Handlung am Tage der Freigabe durch die Kontrollbehörde selbst aus.

In dem Raum waren ca. 80 Graupapageien in Stahldrahtkäfigen zu dritt und viert untergebracht. Die meisten Tiere hingen am Gitter, vielfach mit dem Kopf nach unten und schrien, sobald wir den Raum betraten. Nur ein Papagei kletterte entlang dem Gitter von der Wand zur Decke zwischen den schreienden hindurch und zurück, ohne einen Laut von sich zu geben. Dieser eine Graupapagei sollte es sein, denn ich wollte keinen Schreier haben.

Er war von allen so ziemlich der kleinste, sein Gefieder war grau mit einem Braunstich und die Iris war hellgrau gefärbt. Durch die Kletterei waren alle roten Schwanzfedern abgebrochen, die Kiele zog der Verkäufer später mit Hilfe einer Zange aus, damit die neuen Federn schneller nachwachsen würden. Das Gefieder sah damals zerzaust und struppig aus.

Als wir zuhause mit dem Tier ankamen, stülpten wir den Papageienkäfig über den geöffneten Transportkäfig und warteten ab. Es dauerte nicht lange bis – von der Neugierde getrieben – unser Grauer in seine neue Behausung einzog. Wir hatten schon vorher die künstliche runde Stange durch eine Astgabel von einem Kirschbaum ersetzt, auf der er sich offensichtlich wohlfühlte und die er zu benagen begann. Überhaupt liebt er es Obstbaumzweige oder Weidenzweige zu benagen und die Rinde abzulösen. Nach der Übersiedlung in seinen Käfig setzte unser Grauer seine unentwegte Wanderung über Wand- und Deckengitter fort. Kamen wir dem Käfig zu nahe, dann flatterte er auch mal ängstlich auf den Boden, aber freiwillig hielt er sich dort nicht auf. Um ihm das Eingewöhnen zu erleichtern, stellten wir ihn dann so hoch, daß er immer auf uns herunterschauen konnte. Auf diese Weise beruhigte er sich sehr schnell und wurde immer zutraulicher. Tagsüber wurde sein Käfig dann auf einen kleinen Tisch direkt ans Fenster gestellt, das ebenerdig auf eine belebte Straße geht. Zu Anfang reagierte er auf neugierig vor dem kleinen Vorgarten stehenbleibende Passanten, auf vorbeifahrende Autos ängstlich, was durch seine rege Klettertätigkeit zum Ausdruck kam. Allmählich beruhigte er sich, so daß wir nun begannen, ihn an uns zu gewöhnen. Wir nahmen ihm dann den Futternapf für 2–3 Stunden weg und reichtem ihm die Sonnenblumenkerne mit den Fingern durch das Gitter. Mit viel Geduld und Liebe war er dann nach 5–6 Wochen so weit, daß wir ihn bei solcher Gelegenheit mit dem Finger das Gefieder oder die Füßchen streicheln konnten. Dabei bemerkten wir, daß er besonders schreckhaft und ängstlich war, wenn wir eine weiße Bluse oder Hemd trugen, wobei die Abneigung gegen Männer deutlich erkennbar war. Nach etwa 6–8 Wochen ließen wir das erstemal die Käfigtür of-

fen und er kam sehr rasch aus seinem Käfig geklettert. Er war auf den blanken Käfigstangen sehr unbeholfen, weshalb wir einen Holzrahmen bauten, der sich auf das Käfigdach auflegen ließ. Dieser Holzrahmen ist für ihn heute der liebste Aufenthaltsbereich. Holzrahmen mit Kletterbäumen lehnte er ab, flache Rahmen sind ihm am liebsten. Heute spaziert er entweder auf diesem Holzrahmen oder er hängt außen an den Gitterstäben, meist mit dem Kopf nach unten und versucht, Unfug zu treiben – sich selbst in den Flügel, ins Bein oder Fuß zu beißen und unseren Finger zu erwischen – oder er spaziert auf dem Fensterbrett erzählend oder schreiend auf und ab und klopft mit dem Schnabel so fest an die Fensterscheiben, daß man es weit entfernt hört. Das Beklopfen mit dem Oberschnabel ist Ausdruck für vieles. Er beklopft den Finger, der ihn krault bzw. mit dem er spielt und den er dann auch aus dem Kropf füttern möchte, er beklopft etwas, was er untersuchen will, wenn er es nicht kennt oder auch seinen Trinknapf und Futternapf.

Wenn er erschrickt oder müde wird, geht er in den Käfig, der für ihn Schutz bedeutet. Er mag es keinesfalls, wenn man ihn im Käfig streichelt, krault oder anfaßt. Wir respektieren das auch in vollem Umfang, damit er stets weiß, wohin er sich zurückziehen kann. Er schläft aber auch auf seinem ›Dachgarten‹ (Holzrahmen) und mit ihm kann man ihn heute – nach 1 1/2 Jahren zu sich holen und abends läßt er sich sein ›Köpfchen kraulen‹, wie er es selbst nennt, was ihm sichtlich Freude macht. Dabei legt er u. U. seinen Kopf ganz weit zurück oder auch auf die Seite, damit ja alle Stellen – auch unter dem Flügel – nicht vernachlässigt werden.

Was seine Schreckhaftigkeit betrifft, so müssen wir besonders aufpassen, denn er fliegt blindlings darauf los. Am Anfang flog er einmal vom Balkon in einen Baum, obwohl seine Flügel geschnitten waren. Mit Hilfe des ›Dachgartens‹ und des dargereichten Käfigs ließ er sich wieder fangen. Wir schneiden daher seine Flügel nach der Mauser wieder nach. Mit dem Beschneiden nur eines Flügels haben wir immer noch Angst, da er noch zu gut fliegen kann. Auf dem Boden hält er sich höchst ungern auf. Er klettert zwar an seinem Käfig außen bis auf den Tisch hinunter und klettert auch an den Tischbeinen nach unten bis er mit dem Schnabel den Boden erreichen kann, aber nicht weiter. Früher hat er sich um das, was in seinem Käfig auf den Boden gefallen ist, nicht mehr gekümmert. Heute angelt er sich das eine oder andere – Körner, Obst oder Spielzeug – wieder hoch, aber ohne auf den Boden zu gehen. Als Nahrung bekommt er Sonnenblumenkerne, Obst, Kartoffeln, Gemüse und Salat. Wenn er sieht, daß wir essen, dann hängt er sich an seinen Käfig und reckt seinen Hals soweit er nur kann in Richtung unserer Teller, wobei er die nächstmögliche Position sucht. Wenn wir nicht reagieren, bettelt er regelrecht, indem er einen kläglichen Ton von sich gibt. Er hat gelernt zu unter-

scheiden, was er gerne nimmt und was nicht. Im letzteren Falle kümmert er sich kaum um den Essenstisch. Wenn wir aber Ei auf dem Tisch haben, dann klettert er bereits in Wartestellung und ruht nicht, bevor er nicht seine Portion Eigelb (Eiweiß mag er nicht) in seinem Futternapf im Käfig hat. Der Körnernapf, aus dem er abends ausgiebig frißt, muß tagsüber entfernt werden, da er nicht ruht, bis er am Boden liegt, denn er hat längst gelernt, wie man die Verriegelung öffnet. Auch mit der Käfigtür spielt er gerne und öffnet und schließt sie, wie er es will, wenn sie nicht verriegelt ist. Sehr gerne zernagt er Tannenzapfen, aus denen er die Samen herausholt. Er entblättert sie bis zum Stiel. Als Trinkwasser bekommt er nur Mineralwasser. Sehr gerne wirft er Apfelsinen hinein und trinkt dann nach einiger Zeit das Wasser; auch reinen Apfelsinensaft trinkt er gerne.

So relativ schnell – ca. 8 Wochen bis 3 Monate – wie der Vogel handzahm geworden ist, um so länger dauerte es, bis er die ersten Sprechlaute von sich gab; etwa 11 Monate, obwohl er vorher schon gelernt hatte, kleine Melodien nachzupfeifen. Seinen Namen ›Filou‹ ahmte er als erstes mit Ju nach und ergänzte es bald mit ›Junge-Junge‹, ›Quatschkopf‹ u.ä. Heute verfügt er über einen Wortschatz von etwa 35 Worten, von denen er allerdings etwa 10–15 fast nicht mehr spricht. Eine Reihe von Worten benutzt er möglicherweise situationsbezogen. So ruft er morgens beim Wecken, wenn es ihm mit dem Abdecken seines Käfigs zu lange dauert: ›Na komm schon‹ oder sagt ›Guten Morgen Filou‹, oder er ruft, wenn er mich mit der Einkaufstasche sieht, ›Tschüss, Schatzl‹. Mit dem gleichen Grußwort ›Tschüss‹ begrüßte er einmal einen Besuch, dem er nie besonders zugetan war. Auf die Frage ›Wie ist mein Herzilein‹ antwortet er mit einem langgezogenen ›Gut‹, will man es nochmals hören, ist das ›gut‹ nur noch kurz und beim dritten Mal pfeift er nur noch. Wenn er mit uns spielen will, lockt er des öfteren mit dem Ruf ›Kuckuck‹, das er beim Spielen an einem Brett gelernt hatte, wo die Hand immer wieder verschwand. Er weiß also genau, daß ein gewisses Suchen damit verbunden ist. Beim Spielen unterscheidet er durchaus zwischen den Spielpartnern. Bei mir und meiner ältesten Tochter weiß er, daß er einen Klaps bekommt, wenn er zu fest zubeißt. Bei meiner jüngsten Tochter und meinem Mann langt er kräftig zu. Wenn er im Spiel sich selbst einmal zu fest erwischt, schimpf er ›Aua, schön zart, Filou‹, wie er es von uns hört. Er kann durchaus ›schön zart‹, wie eine Liebkosung sein.

Der Graue sitzt gerne auf der Schulter und läßt sich herumtragen, wobei ihn besonders die Brillen interessieren. Nur bei meinem Mann ist er so übermütig, daß er ihn sofort in die Ohren zwickt. Anfänglich hat er immer Löcher in die Kleidung gebissen, besonders wenn es die Treppe hinunterging. Das war offensichtlich Unsicherheit, denn heute hat er sich diese Unart abgewöhnt.

*Beim Sprechenlernen habe ich ihm immer die gleichen Worte abends vorge-
sprochen. Kaum eines dieser Worte hat er je gelernt. Dagegen spricht er Worte, die aus unserer Unterhaltung stammen. Vor allem die tiefere Stimme meines Mannes hat es ihm angetan – er hustet und lacht wie mein Mann und ge-
braucht manches seiner Worte, obwohl er ihn gut $^5/^4$ Jahr ängstlich abgelehnt
hat. Sein liebstes Spielzeug ist ein gelber Hartplastiklöffel; Metall-Löffel und
Schrankschlüssel läßt er nach kurzer Zeit fallen. Den Plastiklöffel nimmt er,
um sich damit unter dem Schnabel zu kratzen oder er haut ihn sich um den
Kopf. War es zu fest, schimpft er sich selbst aus: ›Aua, schön zart, Du, Du.‹
Im Laufe von heute fast zwei Jahren ist aus einem außerordentlich ängstli-
chen Tier ein lustiger, keineswegs mehr überängstlicher und geselliger Vogel
geworden.«*

Das Klopfen einiger Papageienarten auf die Sitzgelegenheit oder an die Kä-
figwand, konnte auch der Verfasser bei seinen Edelpapageien und Rüp-
pells-Papageien beobachten; ein anderer Liebhaber bei seinen Blauschei-
tel-Edelpapageien. Hierbei hatte es sich aber um ein Balzverhalten gehandelt.
Auch die Beobachtung mit Plastikgegenständen kann nur bestätigt werden.
So sind z. B. Plastikwäscheklammern das einzige, womit sich die Rüppells-
Papageien täglich beschäftigen können, auch in einer großen Freivoliere.
Sie holen sich diese sogar wieder vom Boden herauf, den sie sonst meiden.
Hat man die Gelegenheit, Nestjunge aufzuziehen, so wird ein Plastiklöffel
bei der Handfütterung schnell angenommen, aber ein Metall-Löffel dagegen nicht. Ein Gestell oder Kletterzweige auf dem Käfig, sind für schon
zahme Graupapageien von großer Wichtigkeit. Hier können sie sich aufhalten, fühlen sich frei und haben genügend Bewegung.
Das stärkere Beschneiden nur eines Flügels verhindert einen Geradeaus-
flug, da der Vogel höchstens kreisförmig fliegen kann.

7. Ernährung

Schon in verschiedenen Artikeln und Beiträgen dieses Buches wurde über das Futter der Graupapageien gesprochen. Vor etwa 100 Jahren gab es merkwürdige Ansichten über die Ernährung, die praktisch durch die damals große Sterblichkeit ausgelöst wurden. Heute sind die Verhältnisse ganz anders und über die richtige Ernährung kann es kaum noch Zweifel geben. Die Schwierigkeit liegt darin, das richtige Futter dem Graupapagei auch zuführen zu können! Wie auch bei anderen Großpapageien sind die Futtergewohnheiten der Grauen so stark ausgeprägt, daß es oft einer großen Geduldsprobe bedarf, die Futteraufnahme auf eine breitere Basis zu stellen. Das heißt praktisch, daß der Vogel möglichst verschiedene Futtermittel zu sich nehmen soll, um Körper und Gefieder gesund zu erhalten. Man kann den Papagei schließlich nicht zur Aufnahme derselben zwingen, und nur große Geduld und wiederholte Angebote führen zum Ziel. Papageienarten, die ihr Leben in den Bäumen verbringen, gehen sehr ungerne auf den Boden; ja sie sind oft so »stur«, daß sie eher verhungern, als nach unten zu klettern. Der Autor hatte Papageien, die an den Zweigen und Ästen angebrachte Nahrung sofort aufnahmen, aber genau dieses Futter am Boden unberührt ließen. Es ist darum zu empfehlen, wenn die Näpfe nicht oben angebracht sind, zunächst im oberen Käfigbereich Behelfsfutternäpfe anzubringen, bis der Graupapagei auch nach unten geht. Genauso verhält es sich mit der Anbringung eines Apfels. Es kann den Pfleger zur Verzweiflung bringen, wenn ein zwischen die Käfigstäbe geklemmter Apfel herausgerissen wird, um dann gleich auf den Boden zu fallen und dadurch für den Vogel wieder uninteressant wird. Man schlägt am besten einen Nagel am Ende einer hochgelegenen Sitzstange ein, um auf diesen einen halben Apfel zu spießen. Anderes Obst wie Kirschen oder Ebereschenbeeren, Mehlbeeren usw. befestigt man mit einer Wäscheklammer an den Käfigstäben in der Nähe der Sitzstange. Auch Vogelmiere oder Löwenzahn kann auf diese Art gereicht werden. Andere Früchte wie süße Birnen, Melone, Gurke oder ein Stück Maiskolben können ebenfalls aufgespießt werden. Es ist selbstverständlich, daß jegliches dargebotenes Futter einwandfrei sein muß. Leider kann man heutzutage präparierte oder gespritzte Nahrung äußerlich nicht erkennen. Das Obst wird meistens mit bestimmten Mitteln haltbar gemacht und vorher wird alles gegen Insekten mit Chemikalien behandelt. Aus diesem Grunde ist es zu empfehlen, zumindest alles gut abzuwaschen oder aber z. B. die Äpfel zu schälen, obgleich sich gerade unter der Schale die meisten Vitamine befinden. Gekauften Salat zu verfüttern ist

Dieser Graupapagei wurde nicht von seinen Eltern, sondern von Hand mit der Flasche aufgezogen. Fotos: W. de Grahl.

höchst riskant und sollte unterbleiben. Man kann sich im Winter in Töpfen etwas heranziehen, denn viel davon dürfen die Vögel sowieso nicht erhalten. Eine Tagesportion soll höchstens so groß wie die Fläche einer Obertasse sein (dreimal in der Woche).

Die zweckmäßige Ernährung des Graupapageis ist äußerst wichtig und sie muß vor allem vielseitig sein. Aus eigenen Erfahrungen bei Großpapageien ist mir bekannt, wie schwierig das oft ist. Die Vögel können in dieser Hinsicht eine Sturheit an den Tag legen, die den Pfleger manchmal zum Verzagen bringen kann. Man meint es gut und bietet dem Vogel viele schöne Dinge, die aber unbeachtet liegen bleiben. Viele Züchter geben es darum auf und reichen nur die Nahrung, die auch angenommen wird. Erstaunlicherweise gedeihen auch Graupapageien viele Jahre damit recht gut. Die negativen Fälle hört man zwar seltener, denn wer wird schon berichten, daß sein Graupapagei einseitig ernährt wurde, und nun ein schlechtes Federkleid bekam oder plötzlich gestorben ist? Untersuchungen an toten Tieren werden auch nicht häufig vorgenommen, so daß man oft die Todesursache gar nicht erfährt.

Wie wir Menschen benötigen auch die Graupapageien Anteile bestimmter Substanzen, die durch die Nahrung dem Vogelkörper zugeführt werden müssen. Dazu gehören unter anderem Kohlehydrate, Eiweißstoffe, Fette, Mineralstoffe und Vitamine. Die stickstoffhaltigen Verbindungen der Nahrung nennt man Rohprotein oder Roheiweiß; sie sind unentbehrlich. Es gibt Papageienarten, die mehr und andere wieder, die weniger darauf angewiesen sind. Auch der Graupapagei braucht in Maßen Rohprotein, ein Zuviel davon kann sich aber verhängnisvoll auswirken. Die Schwierigkeit liegt ferner auch noch darin, daß die einzelnen Vögel es verschieden verwerten. Es gab Graupapageien, die zu reichlich Kochfisch, Fleisch, Geflügel usw. bekamen und dennoch gesund blieben. Es sollen hier aber nicht die Ausnahmen behandelt, sondern die Regel dargestellt werden. Die Meinung des Autors ist, daß Fleisch, Fisch oder Geflügel nicht roh gereicht werden dürfen, sondern nur in gekochtem Zustand. Wenn man auch in England hin und wieder Fisch füttert, so ist das schon der Gräten und des Geruchs wegen abzulehnen. Gekochtes reines Hühnerfleisch oder Kalbfleisch (1 Eßlöffel) oder auch ein Knochen kann einmal in der Woche angeboten werden. Scharf gewürzte Kost sollte nicht gegeben werden, denn ein Zuviel an solchen Stoffen birgt immer die Gefahr des Rupfens und des Kannibalismus in sich.

Ein englischer Liebhaber machte sich bei seiner Zucht (hier ist der Bedarf an Rohprotein größer) große Mühe und ließ sich folgendes einfallen: Er nahm Halsknochen vom Hammel, die zunächst gebraten wurden, bis das

Fett ausgelaufen war. In kleinen Stücken kamen diese dann in die Gefriertruhe. Nach und nach wurden sie herausgeholt, im Backofen etwas überbacken und dann den Graupapageien gereicht. Die Vögel konnten die Stücke gut im Fuß halten und nahmen diese Halsknochen mit großer Gier. Ein anderer mir bekannter Liebhaber hält wertvolle Kakadus. Nicht nur der Nahrung, sondern auch der Beschäftigung wegen, wurden gekochte Knochen an den Zweigen in der Voliere befestigt. Meine Edelpapageien, die inzwischen 13 Junge großzogen, lehnten Knochen usw. völlig ab, aber sie nahmen gern in Würfel geschnittenen Käse oder ein Stück gekochtes Hühnerei. Die Fächerpapageien holten sich Mehlkäferlarven, wurden aber danach sehr krank. Sie verschluckten diese nämlich unzerkleinert und der harte Chitinpanzer der Larve ist gefährlich.

Meine Schwalbensittiche nehmen ebenfalls Mehlkäferlarven, aber sie walken diese aus und der Chitinpanzer fällt zu Boden. Bei stärkeren Gaben fingen sie an, ihre Jungen zu rupfen. Nach der Entziehung der Larven hörte es auf.

In Australien konnten wir bei den Rosakakadus beobachten, daß diese die Maden der Schmeißfliegen, die in ihrem Nest waren, ihren Jungen gaben, bis diese ihr Federkleid bekamen. Nach dieser Zeit interessierten sie sich nicht mehr für die im Nest reichlichen Maden. Man kann hieraus ersehen, daß der Bedarf zeitweise unterschiedlich ist. So kann der Verfasser immer wieder in seiner 20jährigen Haltung von Papageien feststellen, daß der Bedarf an bestimmten Substanzen zeitweise stärker und dann weniger stark oder auch gar nicht vorhanden ist.

Ein junger Edelpapagei, der nicht mehr von den Eltern gefüttert wurde, bekam als Zusatz frische Rasenameisenpuppen. Es zeigten sich bald Lähmungserscheinungen in den Beinen, und es dauerte viele Wochen bis sein Zustand sich gebessert hatte. Jedermann weiß, daß frische Ameisenpuppen das beste Futter für sämtliche Weichfresser sind, aber die Verdauungsfermente der Vögel sind verschieden. Es ließen sich noch mehr Fälle ähnlicher Art beschreiben. Sieht man die 100 Jahrgänge der »Gefiederten Welt« durch, so erlebt man gut gemeinte Ratschläge von Liebhabern, die einen oder einige Papageien hielten und nun im guten Glauben sind, ihr Rezept für alle anderen Papageienarten empfehlen zu können. Man sollte nur den guten und normalen Mittelweg in der Ernährung gehen.

Jegliche Nüsse sind ein gutes Futter, aber man bedenke, daß diese recht fetthaltig sind. So enthält die Walnuß etwa 35–50 %, die Erdnuß 30–55 % und die Palmnuß 60 % und mehr Öl! Am besten, wenn man diese angebrochen reicht, dann hat der Papagei gleichzeitig Beschäftigung den Inhalt heraus zu holen. Leider gibt es aber auch leicht oder sehr stark verdorbene

Nüsse. Diese muß man unbedingt entfernen, denn sie sind dann meistens ranzig und würden eine Magen- und Darmverstimmung nach sich ziehen. Dieses Problem tritt eigentlich nur bei Erdnüssen auf, da man diese am liebsten in ihrer Schale reicht. Den Papageien bringt es Freude, diese Schalen zu zerbeißen und den Nußkern herauszuklauben. Man kann auch die Erdnüsse nachrösten, so daß die Schale sehr knusprig ist und noch lieber genommen wird. Nach meinen Erfahrungen werden nicht gut schmeckende oder riechende Erdnüsse gar nicht oder kaum angerührt, aber leider kommt es eben doch vor, daß solche gefressen werden und der Vogel dann Beschwerden bekommt. Sicherer ist es darum, die Erdnüsse zu entschälen. Es gibt aber auch Nüsse, denen man ihren schlechten Geschmack nicht ansieht; die Erdnuß sieht gut aus, in der Schale sowohl wie im Kern. Nur beim Probieren merkt man einen üblen Geschmack. Sogenannte Futter-Erdnüsse, auch wenn ihre Schale gleichmäßig und gut äußerlich aussieht, sollte man nicht kaufen. Meiner Ansicht nach werden diese, wie z.B. auch die Kolbenhirse zu einem guten Aussehen präpariert. Es empfiehlt sich daher, immer nur kleine Mengen zu kaufen, da man sonst nur Ärger und Verluste hat und die Erdnüsse wegwerfen muß. Dem Vogel wird immer wenig Geruchsempfindung nachgesagt, aber woher kommt es, daß Papageienarten an Äpfel oder andere Früchte, die sie sonst gerne mögen, gar nicht erst herangehen bzw. nicht erst probieren. Hieraus kann man nur folgern, daß eben doch bei Papageien der Geruchssinn gut ausgeprägt ist.

Mais wird meistens gerne genommen, vor allem in einem frischen und möglichst milchigen Zustand. Diese Kolben sind nur im Herbst zu bekommen. Am besten, wenn man rechtzeitig mit einem Bauern spricht und ihm zur gegebenen Zeit 50 Pfund (je nach Vogelbestand) abkauft. Die grüne Umhüllung wird entfernt und die Kolben in eine Tiefkühltruhe gelegt. So kann man nach und nach das ganze Jahr frische Maiskolben bieten. Um den Kolben gut auszunutzen, sollte man diesen in 2–3 Teile schneiden. Das würde bedeuten, daß etwa zwei Kolben in der Woche genügen (ein Vogel). Mehr Mais zu geben ist falsch, da dieser im Körper zu Fettansatz führt. Mit rund 100 Kolben wäre man für einen Papagei das ganze Jahr versorgt. Dieses Tiefkühlen läßt sich natürlich auch mit anderer frischer Nahrung durchführen, soweit der Platz in der Tiefkühltruhe zur Verfügung steht.

An Obst kommen vor allem Kirschen, Äpfel, Birnen, Pfirsiche, Ananas, Aprikosen und Weintrauben in Betracht. Letztere müssen besonders gut gewaschen werden. Nur süße Früchte werden genommen. Die Fruchtkerne von Kirschen, Pfirsichen und Pflaumen enthalten Blausäure, und es ist nicht ratsam, daß die Graupapageien diese knacken. Äpfel, die beim Aufschneiden schnell braun werden, sind nicht beliebt. Diese müssen vor allem saftig

Zahme Graupapageien kommen oft aus ihrem Käfig heraus und haben auf dem Kletterbaum ihren Stammplatz. Foto: B. Roth.

sein und nicht überreif und mehlig. Nach meinen Erfahrungen werden am liebsten der »Golden Delicious«, »Ingrid Marie« und »Granny Smith« genommen. Bananen werden oft nur von jüngeren Graupapageien angenommen. Ferner werden Feigen und Datteln, die erst geweicht werden können, verzehrt.
Auch Beeren lassen sich gut verfüttern. Folgende kommen infrage: Johannisbeeren, Erdbeeren, Heidelbeeren, Kronsbeeren, Ebereschenbeeren,

Mehlbeeren, Mispelbeeren *(Cotoneaster)* und Feuerdornbeeren. Letztere haben meistens Stacheln an den kleinen Zweigen, deren Spitzen man besser entfernen sollte. Die Hagebutten (Früchte der wilden oder gezüchteten Heckenrose) stellen ferner ein vorzügliches Futter dar.

Grüne Erbsen in Schoten werden auch besonders gern genommen. Junge Vögel mit noch schwarzen Augen sollten nicht zuviel davon erhalten, da sie abführend wirken. Auch anderes halbreifes Futter, wie Hafer oder Weizen ist für die Gesunderhaltung sehr wichtig. Manchmal werden auch Unkräuter wie Wegerich, Vogelmiere oder Löwenzahn angenommen. Im Frühjahr reicht man Zweige mit Blattknospen, besonders von Weide, Linde, Pappel, Birke, Hollunder, Obst- und Nadelholz. In allen diesen Zweigen sind u. a Mineralstoffe enthalten, die der Vogel benötigt. Die Rinde wird nicht nur abgenagt, sondern auch aufgenommen. Die Nadelholzzweige sind besonders wichtig für das Wachstum des Federkleides.

Besonders junge Graupapageien nehmen natürlich auch gerne Biskuit oder altes geweichtes Weißbrot oder Zwieback, welches vor der Fütterung wieder ausgedrückt wird.

Das Hauptfutter in der Haltung werden Getreidearten und andere Samen sein. Hierzu muß man die Hauptbestandteile dieses Futters wissen, um es nach dieser oder jener Richtung regulieren zu können. Es sollen die am meisten verwendeteten Futterarten aufgeführt werden.

	Rohprotein	**Rohfett**
Sonnenblumenkerne	13,4 %	27,6 %
Hanf	21,0 %	31,6 %
Mais	10,6 %	4,4 %
Weizen	12,3 %	1,9 %
Glanz	17,5 %	5,5 %
Hafer	10,7 %	5,1 %
Kolbenhirse	13,5 %	3,8 %

Hanf hat den höchsten Rohprotein- und Rohfettgehalt. Er soll nur sehr bescheiden gereicht werden, da er auch aus anderen Gründen im Übermaß gegeben, nicht bekömmlich ist. Seine Schale soll Giftstoffe enthalten. Viele Vogelhalter haben Nachteiliges berichtet. Auch der Autor hatte Sittiche, die nach stärkeren Gaben auf dem Boden taumelten. Auch kann Hanf das Zupfen auslösen, es können Eier zerbrochen werden, auch das Zerfleischen von Jungen ist vorgekommen.

Das Körnerfutterangebot sollte etwa aus 60 % Sonnenblumenkernen bestehen und die restlichen 40 % teilen sich auf in Glanz, Hirse, Weizen, Hafer, Kolbenhirse, Paddy-Reis und Mais. Hanf sollten täglich per Kopf etwa zehn Körner gegeben werden, Tannen- oder Kiefernzapfen und deren Zweige haben durch ihren Harzgehalt einen günstigen Einfluß auf das Federwachstum.

Der Graupapagei wird sein Lieblingsfutter zuerst nehmen und man sollte dann nicht gleich den Napf neu füllen, denn auf diese Weise wird der Vogel nie anderes Körnerfutter nehmen. Ferner wäre es gut, wenn man möglichst mehrere Futternäpfe hat, und zwar einer für Sonnenblumen und Hanf, ein weiterer für Weizen, Hafer, Glanz und Hirse und möglichst ein dritter Napf für Mais. Letzterer sollte nur geweicht gegeben werden, wenn er nicht frisch ist. Es ist sehr gesund, wenn auch die Sonnenblumenkerne zweimal in der Woche angekeimt gegeben werden. Ebenso verfährt man mit Kolbenhirse, wobei das Korn gerade aufbrechen sollte, denn wird der Keim zu lang, so nimmt sie der Vogel nicht mehr.

Für Käfig- und Volierenvögel sind auch Mineralstoffe sehr wichtig. Besonders Käfigpapageien entbehren oft Chlor, Mangan, Schwefel, Kalzium, Phosphor, Magnesium und Jod. Die Spurenelemente werden durch Futterpflanzen aufgenommen. Durch Beigaben von Provitamin D werden die Knochen und das Gefieder gut erhalten. Auf den Käfigboden sollte jeden Tag, mindestens jeden 2. Tag, neuer Flußsand gegeben werden. Ferner gibt es Gritsteine, Jodsteine usw., die man an den Käfig hängen kann. Auch zerschroteter Muschelkalk oder zerkleinerte Eierschalen von gesunden Hühnern können gereicht werden. Eine dicke Grassode, in den Käfig gelegt, wird nach anfänglicher Scheu bald bearbeitet werden, so daß auch dadurch für Mineralstoffe gesorgt wird.

Eingewöhnte Graupapageien können unbedenklich Leitungswasser bekommen. Bei frisch importierten Vögeln sollte man besser abgekochtes Wasser nehmen. Die Aufnahme der Menge richtet sich nach der Art der Futteraufnahme. Bei starkem Obstverzehr verringert sich der Bedarf und bei der Aufnahme von Samen steigert sich die Trinkwassermenge. Eine Prise Traubenzucker ist bei normalem Kotabgang hin und wieder zu empfehlen.

Vitamine

Die Vitamine haben in der Ernährung eine hohe Bedeutung. Durch das Fehlen derselben und schon durch einen Mangel daran können Krankheiten entstehen. Nach meinen Erfahrungen ist es bei den vielen Papageienarten sehr verschieden, ob sie Vitaminpräparate gerne, mäßig oder auch so

gut wie gar nicht annehmen, zumal wenn diese einen starken Geruch abgeben, was bei einem Multivitamin immer der Fall ist. Man kann versuchen, die Vögel oder den Vogel zu überlisten, indem man einige Tropfen davon auf ihr Lieblingsfutter träufelt oder in das Trinkwasser gibt. Die wichtigsten Vitamine sind A, D$_3$, E$_1$, B-Komplex und K. Die Gaben sind desto wichtiger, je einseitiger das Futter ist. Bei vielseitiger Futteraufnahme braucht man weniger Bedenken zu haben. In der sonnenarmen Winterzeit sollte man dreimal in der Woche etwa drei Tropfen geben, in der warmen Jahreszeit dagegen weniger. Ein Zuviel ist nicht zu empfehlen, denn die Vögel kommen sonst häufiger und nicht zur richtigen Zeit in die Mauser.

Vogelpfleger berichten...

Aus den in alten und neuen Artikeln berichteten Erlebnissen sollen keine Schlußfolgerungen für die Fütterung empfohlen werden, sondern sie sollen lediglich zeigen, was man früher dachte und erlebte und wie verschieden die Erfahrungen sind. Was der eine Pfleger für gut hält, bestreitet ein anderer. Besonders junge schwarzäugige Vögel sind schwer zuerst an Nahrung zu gewöhnen. Es heißt darüber:

»Anfänglich reichte ich ihm Reis in Milch eingeweicht. Die Milch sog er begierig auf, wollte aber von dem Reis nicht viel wissen; Weißbrot zerpflückte er mehr als er fraß, wollte jedoch immer mehr saufen. Mir schien dies aber nicht recht zuträglich zu sein und ich gab ihm in größeren Pausen immer nur wenig Wasser. Von Anfang an hatte er ziemlich bedeutenden Durchfall, den ich durch einige Gaben kohlensaurer Magnesia, in Wasser eingerührt, bald stillte. Wie ich ihn ernähren sollte, war mir noch nicht recht klar, denn alles, was ich mich nur entsinnen konnte je über Futter für solche Vögel gelesen zu haben, oder was ähnlich war, wollte ihm nicht schmecken, mit Ausnahme von Hanf, den er auch vorher erhalten hatte. Aber gerade gegen Hanf hatte ich eine, mir selbst noch nicht ganz klare Abneigung, die wohl daher kam, daß der mir befreundete Baumeister Sachs in Altenkirchen, der ein bedeutender Ornithologe ist, stets warnte, viel Hanf an Vögel zu füttern. Sie, Herr Doktor, sind, wie ich jetzt aus Ihrem ›Handbuch für Vogelliebhaber‹ gesehen, auch kein großer Freund von Hanffütterung. Scharf gebackener Zwieback endlich behagte ihm, aber da immerhin viel beim Fressen verlorenging, so ver-

Dieser Graupapagei setzt sich im Garten am liebsten auf einen Apfelbaum. Foto: H. Stock.

brauchte er Massen, die erstaunlich waren. Etwas Hanf gab ich immer nebenbei. Gelegentlich wurde mir später Mais gerühmt; ich schaffte Mais an, setzte ihm denselben vor, ließ ihn erst einige Tage dabei schreien, dann bequemte er sich und fraß ihn bald sogar sehr gern. Dann habe ich es mit Buchweizen ebenso gemacht und er bekommt jetzt fast nur Mais und Buchweizen und befindet sich sehr wohl dabei. Gegen mich wurde er bald recht zahm, und den Ort, an dem die Zwiebacke standen, kannte er nach den ersten Tagen, denn sobald ich nur das Zimmer betrat und mich dem Aufbewahrungsort derselben näherte, kam er sofort von seinem Sitz herunter und meldete sich, seinen Kopf durch die Sprossen der Tür zwängend.«

Weiter heißt es an anderer Stelle:
»Ich nahm die mir dargebotene Gelegenheit wahr, einen noch ganz jungen grauäugigen Jako anzukaufen, den jemand mit noch zwei anderen Graupapageien aus Algier mitgebracht hatte. Der Verkäufer sagte mir, daß derselbe bisher hauptsächlich mit Hanf und Glanz gefüttert worden sei, doch nage er auch sehr gern an Knochen, namentlich an solchen von Koteletts. Ich erwähne das ausdrücklich, da man öfters in dieser Beziehung von gewissenlosen Händlern hintergangen wird, so daß der Vogel, wenn er sich schnell an ein anderes Futter gewöhnen soll, dann leicht stirbt oder bestenfalls doch längere Zeit ›maudert‹, wie ich nur zu bald an dem meinen erfahren sollte. Mein Jako war äußerst wild, zernagte alles, biß sogar die Drähte seines Käfigs durch, kreischte bei der geringsten Annäherung ganz jämmerlich und – was das Fatalste war – nahm auch nicht das geringste vonn all' dem Futter, an welches er gewöhnt sein sollte. Ich versuchte alles und hatte meine liebe Not und Angst um das schöne Tier, namentlich als ein Tag um den andern mit immer gleichem Mißerfolg verging. Erst nach einigen Tagen fiel mir ein, daß Papageien, die auf dem Transport sich befinden, mit Mais gefüttert werden, und siehe da – mit einer wahren Gier fiel er über diesen her, so daß ich nun um eine große Sorge leichter war. Mais ist auch bis jetzt seine Hauptnahrung geblieben und hat er namentlich das übrige Körnerfutter, wie Hanf, Hafer, Reis, Glanz und dergleichen ganz verschmäht, dagegen liebt er alle Arten Berren, wie Erdbeeren, Hollunderbeeren und Trauben, sowie alle Arten Obst, welch' letzteres er sowohl frisch, wie es die Jahreszeit bietet, als auch gedörrt, trocken oder aufgequellt erhält. Dabei fühlt er sich ganz wohl und behaglich. Überdies bekommt er jahraus, jahrein Knospen und Zweige von Obstbäumen, Hasel- und Hollunderstauden u. a., die er mit Vergnügen zernagt. Gegen meinen Wunsch wurde er auch an gekochtes und gebratenes Fleisch gewöhnt, da aber die Folgen davon, das leidige Federrupfen, nicht ausblieben, darf er längst keins mehr erhalten.«

Folgende Zeilen sollte man keinesfalls beherzigen, denn von irgendeinem Tier sich Nahrung aus dem Mund holen zu lassen, ist unhygienisch. Mit der Fütterung von Ameiseneiern hat der Verfasser z. B. bei Edelpapageien sehr schlechte Erfahrungen gemacht. Der Vogel bekam in den Beinen Lähmungen, was sich erst nach vielen Wochen langsam gab. Es besteht kein Zweifel, daß die frischen Ameisenpuppen die Ursache waren. Auch Mehlkäferlarven sind zuviel gereicht immer schädlich. Vor allen Dingen dann, wenn die ganze Larve verschluckt und nicht nur der Inhalt ausgekaut wird. Auch das Entziehen von Wasser ist unsinnig und hat in früherer Zeit die Gemüter erhitzt. Das Anbieten von Fleisch ist ebenfalls nur ganz bedingt richtig, da durch ein Zuviel davon das Zupfen entstehen kann. Eben durch die falsche Ernährung ist der Kot wässrig geworden. Allenfalls darf man gekochtes Kalbfleisch oder Hühnerfleisch in kleinen Gaben reichen. Dabei kann es überall Ausnahmen geben und falsche Ernährung kann von einzelnen Tieren zumindest eine Zeitlang vertragen werden.

»Die Verpflegung, welche ich meinen Graupapageien zuteil werden lasse, besteht aus folgendem: Wenn ich des Morgens beim Trinken meines Kaffees Brot mit Butter dazu esse, gebe ich hiervon jedem der Vögel einen Mund voll, recht gut durchgekaut ab; die zutraulichsten (Weibchen) fressen mir aus dem Mund, die anderen von der Hand. Dabei werden die Vögel zugleich schnell zahm und zutraulich. Des Mittags bekommt jeder von ihnen zwei große oder drei kleine aufgespaltene Walnüsse, außerdem auch von dem, was auf den Tisch kommt, also Eier, Klöße, gekochte Pflaumen, Rosinen, Möhren, Kartoffeln, Fleisch- und Fleischbeine, jedoch nur einen, höchstens zwei dieser Gegenstände für einen Tag. Abends verabreiche ich ihnen gute, saftige Birnen, Äpfel, Trauben und dergleichen; fehlen diese, dann gebe ich wieder einen Mund voll gekauten Butterbrots (Landbrot). Wasser bekommen sie bei großer Wärme jeden Tag soviel sie wollen, bei geringerer Wärme jeden zweiten oder dritten Tag, bei Kälte alle sechs bis acht Tage – immer aber nur solches, das bereits eine Stunde in der Stube gestanden hat. Auch Milch, ja sogar ein Gemisch von halb Wein und halb Wasser, wird mitunter gereicht und gern genossen. Das Fleischfressen hat bei mir durchaus kein Federausrupfen zur Folge gehabt; dagegen hatte ich dieses Übel bemerkt, wenn die Vögel in kleinen Käfigen gehalten werden. Ameiseneier und Mehlwürmer sind ihnen stets willkommen. Wird die Ausleerung wässrig, so gibt man mehr Nüsse, und gleich ist's wieder in Ordnung.« (Hier erkennt man die Folgen einer falschen Fütterung: so leicht sollte man es sich nicht machen! Verfasser)

So schön es ist, wenn man einen jungen und schwarzäugigen Graupapagei aufziehen kann, so groß ist auch das eingegangene Risiko. Wenn es gelingt, werden solche Vögel ungemein zahm und meistens auch sehr gute Nachahmer. Aus Briefen und Artikeln kann man aber früher wie heute ersehen, wie es den Pflegern solcher Vögel ergangen ist. Eine Eingewöhnung mit frischen Maiskolben ist zu vertreten, wenn die Vögel später auch an andere Futterarten gewöhnt werden. Eine Einfuhr von Nestjungen mit flaumigem Gefieder ist heute nicht mehr gegeben.

»Die größte Sterblichkeitsziffer fand ich bei solchen jungen Graupapageien, deren Gefieder noch sehr zart und flaumig war, also an Vögeln, welche kaum großgezogen und dem Nest entnommen waren. Dagegen beobachtete ich, daß grauäugige Jakos mit derberem Gefieder bei entsprechender Pflege sehr gut gediehen und fortkamen. Dieselbe wird in folgender Weise geleitet. Man trachte zunächst danach, sich die Vögel um die Zeit anzuschaffen, in welcher junge saftige Maiskolben zu haben sind, was in unserer Gegend von der zweiten Hälfte des Monats Juli bis anfangs November möglich ist. Der Vogel bekommt als Futter den ganzen Tag über junge saftige Maiskolben und des Abends ein wenig Hanf. Des Morgens kann man auch ein kleines Stückchen Semmel, in Milch aufgeweicht und nachher ausgedrückt, reichen. Bei dieser Fütterung nimmt ein Jako durch volle zwei Wochen oft gar kein Wasser an, da ihm solches in hinreichender Menge in dem saftigen Mais zugeführt wird. Solange junger Mais zu haben ist, wird ausschließlich solcher gefüttert, später aber erhält der Vogel ganz weich gekochte Maiskörner während des Tages und abends wieder etwas Hanf. Solange ein junger Jako nicht gehörig eingewöhnt ist, was nie vor fünf Monaten angenommen werden kann, darf er weder besprizt noch ihm Wasser zum Bade gereicht werden. Wie schon einmal erwähnt, ist das fast ausschließliche Los der jungen Jakos mit noch weichem flaumigen Gefieder ein jähes Absterben schon in den ersten Wochen oder Tagen.«

Die Ernährung war noch um 1900 umstritten. Viele namhafte Vogelpfleger hielten z. B. Sonnenblumenkerne für schädlich. Heute ist ihre Verfütterung für die meisten Papageienarten selbstverständlich. Ein Arzt sagte dazu folgendes:

»Was die Sonnenblumen anbetrifft, so füttere ich seit gut vier Monaten Papageien nur ausschließlich Sonnenblumen und ich habe nicht die geringste Schädlichkeit dabei entdeckt. Weshalb sollen Sonnenblumen schädlich sein? Da nun Fett gut und genügend verdaut wird, wenn hinreichend Kali in der Nahrung vorhanden ist und die Sonnenblumen wenig Kali enthalten, so lag es nahe, daneben möglichst viel Obst zu reichen; infolgedessen erhalten und fressen meine Papageien: Kirschen, Stachelbeeren, Johannisbeeren, Himbeeren, Aprikosen, Winterrüben, Melonen, möglichst viel, und diese Fütterung bekommt ihnen ausgezeichnet; sie sind jetzt Ende Juli mit der zweiten, der Herbst-Mauser, ziemlich leicht fertig geworden. Auch rohe Mohrrüben

erhalten sie mangels Obst ab und zu; ferner im Winter stets geröstete Kastanien. Es ist auch nicht einzusehen, weshalb ihnen vorgenannte Nahrungsmittel etwas schaden sollten, denn der Papagei ist in erster Linie Vegetarier, wie die Untersuchung seiner Verdauungsorgane ausweist.«

Der Verfasser warnte schon vor einer reichlichen Hanffütterung, da die Schale der Körner Giftstoffe enthalten soll. Es scheint auch, daß es verschiedene Hanfsorten gibt, da Liebhaber sowohl Schaden wie auch Erfolg bei der Aufzucht hatten. Der Hanf soll vor allem in unausgereiftem Zustand (grün) gefährlich sein.

Die nun folgenden Zeilen über die Ernährung sind vernünftig und entsprechen fast genau der Meinung des Verfassers. Gesunde Vögel werden auch ein normales Wasserbedürfnis haben. Ebenso über das Zupfen äußert sich der Pfleger. Es ist sicher, daß es viele Gründe des Zupfens gibt, die sowohl krankhaft, als auch eine Angewohnheit sein können:

»Als Stammfutter erhielten meine Vögel Spitzsamen, Hafer (geschält), Reis in Hülsen, wenig oder gar keinen Hanf, Sonnenblumen, Nüsse (Haselnüsse, Walnüsse knapp) und täglich ein bis zwei Erdnüsse. Ferner Obst: Apfel, Banane, Apfelsine. Wenn erhältlich frische Weiden- und Holunderzweige zum Nagen. Bei der Fütterung mit Nüssen achte man sorgsam auf die Qualität. Frische Walnüsse werden am liebsten genommen, alte, ölige Nüsse können Verdauungsstörungen und Darmentzündungen hervorrufen. An Mais gingen eigenartigerweise nicht alle Vögel. Mais sollte niemals zu reichlich gefüttert werden. Man weiche den harten Mais 12–16 Stunden in kaltem Wasser auf. Mit frischem Kolbenmais sei man vorsichtig. Er bekommt nicht allen Jakos und erzeugt seines Milchgehaltes wegen ab und zu Durchfall. Starke Hanffütterung ist absolut zu verwerfen. Dieselbe erzeugt Krämpfe und gibt Anlaß zu den ersten Rupfübungen der Vögel. Beginnt aber ein Vogel erst einmal zu rupfen, so ist er in den meisten Fällen unrettbar dieser Krankheit verfallen. Ob das scheußliche Rupfen der Jakos (unter den Amazonen findet man diese Gewohnheit seltener) nur falscher Pflege zuzuschreiben ist, bestreite ich, auch richtig gepflegte Vögel rupfen mit wahrer Wonne. Jedenfalls habe ich beobachtet, daß alle rupfenden Jakos außergewöhnlich intelligente Vögel waren.

Je nach der Jahreszeit reiche man seinem Jako frische Knospen von Obstbäumen und vor allen Dingen frische Schoten (Zuckerschoten) in der Schale. Bei dieser Fütterung wird man jeden Jako gesund und munter erhalten, wenn auch die sonstige Haltung den Bedürfnissen des Vogels entspricht.

Nach meinen Erfahrungen ist eine übermäßige Hanffütterung dem Jako unbedingt schädlich, ganz mäßige Hanfgaben schaden jedoch kaum. Die Fütterung muß, wie oben angegeben, unbedingt abwechslungsreich sein, dann

richtet auch eine kleine Zugabe Hanf keinen Schaden an. Tee und Hafer-
schleim sind Krankenkost für Vögel, die nicht ganz auf dem Posten sind.
Milch ist völlig unnötig, häufig sogar schädlich, da sie bei vielen Vögeln
Durchfall erzeugt. Wasser sollte man nur dreimal täglich reichen und das Ge-
fäß dann entfernen. Viele Vögel bilden sich sonst zu unnötigen ›Säufern‹ aus,
in der Freiheit trinken die Vögel auch nur selten und wenig. Übermäßiges
Saufen erzeugt Durchfall, besonders wenn der Vogel viel Obst frißt. Leichte
Durchfälle regelt man durch Haferschleim und reichliche Gaben von Apfelsine, schwere Darmkatarrhe erheischen Entziehung des Körnerfutters und
Darreichung von weichgekochtem Reis.
Mit Abspritzen und vor allen Dingen mit Dampfbädern sei man vorsichtig
(Erkältungsgefahr). Im erwärmten Zimmer und im warmen Sommer kann
man seinen Vogel unter genügender Vorsicht mit lauem Wasser tüchtig ein-
nässen, doch achte man sorgfältig auf gleichmäßige Temperatur des Zimmers. Ein Unsinn ist die Annahme, daß der Jako als Kind des ›heißen Erd-
teils‹ eine hohe Zimmertemperatur benötigt. Wer seinen Jako an den warmen
Ofen stellt, kann gewärtig sein, daß er ihm eines Tages an Krämpfen eingeht,
einer Krankheit, zu welcher Jakos neigen. Gewöhnliche Zimmerwärme von
18° C genügen dem Vogel völlig, meine Vögel selbst zeigten bei 15° C niemals Unbehagen.
Hat man für seinen Vogel keinen großen Käfig, so muß man für häufiges
Flügelschlagen außerhalb des Käfigs Sorge tragen. Entweder erledigt dieses
der Vogel alleine auf dem Käfig oder durch Auf- und Absenken auf dem Finger des Besitzers.«
Ein Graupapageienhalter teilt mit, daß sein Vogel 30 Jahre lebte und fast
nur Hanf und Sonnenblumen annahm. Sicher ist das auch eine sehr lange
Zeit, aber ein Graupapagei kann 100 Jahre alt werden und es ist bekannt,
daß es Papageien gibt, die auch bei unnormaler Kost ein gutes Aussehen
zeigen. Ein anderer Jako-Halter entgegnete darauf folgendes:
»Es ist absolut nicht selten, daß (nicht nur ein Jako) ein völlig falsch gefütter-
tes Tier trotzdem ein hohes Alter erreicht. Mir sind aus der Kriegszeit Jakos
bekannt, welche, als damals Körner nicht zu haben waren, mit z. T. menschlichen Nahrungsmitteln ernährt wurden und trotzdem prächtig aussahen.
Ausnahmen bestätigen die Regel, und ein am Leben bleibender, falsch gefüt-
terter Jako berechtigt uns noch nicht dazu, nun allgemein die Vögel unrichtig
zu ernähren. Höchstens berechtigen uns solche Fälle zu der Annahme, daß
der Jako ein harter und widerstandsfähiger Vogel ist. Manch anderes Tier
würde bei verkehrter Fütterung eher das Zeitliche segnen.
Nach meinen Erfahrungen ist eine Hanffütterung für den Jako, speziell für
die jungen Tiere, unbedingt schädlich. Auch für die härteren Amazonenpa-

pageien ist eine starke Hanffütterung zu verwerfen. Man beobachte einmal in den Käfigen der Liebhaber derartige Hanfvögel. Ruhig, häufig schlafend und nur beim Mittagessen besonders interessiert, da dort gewöhnlich etwas für den Magen abfällt, lebt der Vogel dahin. Meist sind die Tiere verfettet, da sie wenig klettern, das Gefieder ist unordentlich, das erste Zeichen zu starker Hanffütterung. Am besten sollte der Besitzer eines Jakos kaum Hanf zu füttern. Wir haben für den Graupapagei einen so großen zuträglichen Speisezettel, daß es absolut unnötig ist, den schädlichen Hanf zu geben.

Dringend davor warnen möchte ich, fertiges ›Papageienfutter‹ in den Handlungen zu kaufen und seinen Vogel damit zu füttern. Jeder Liebhaber muß unbedingt sein Futter selbst mischen, nur dann weiß er, was sein Vogel bekommt. Das fertige Futter enthält in den meisten Fällen Hanf, Erdnüsse, Zirbelnüsse und etwas harten Mais, ist also eine völlig unbrauchbare Futtermischung.

Nun wird der Liebhaber die berechtigte Frage tun, warum ist Hanf schädlich bzw. was enthält Hanf für schädliche Substanzen? Vor allen Dingen ist Hanf ein unnatürliches Futter, denn in Afrika wächst kein Hanf. Der starke Ölgehalt des Hanfes muß nach meinen Erfahrungen auf die Dauer den jungen Vögeln Schaden bringen. Hanfvögel waren bei mir viel hinfälliger als anders ernährte Jakos. Deshalb entwöhnte ich alle Vögel binnen zwei Wochen völlig von diesem.«

Auch die vielen Jahrgänge der »Gef. Welt« geben uns interessante Aufschlüsse über den Hanf. So berichtet Herr Lauer (Freiburg) von einem Brillenhordenvogel, der nach Hanffütterung schwere Darmbeschwerden und krampfartige Anfälle bekam, welche aber nach Fortlassen des Hanfes bald verschwanden. Herr Lauer sagt wörtlich:

»Die Tatsache ist auffallend, daß die Krankheit mit der Hanffütterung begann und abflaute, sobald ich die Hanffütterung einstellte.« Seine zum Schluß gestellte Frage: Ist Hanf schädlich? beantwortete Herr A. Adlersparre: ›Ja, besonders wenn von weniger guter Qualität‹, ›Völlig reif‹, fährt Adlersparre fort, ...›und aus möglichst nördlicher Breite dürfte er, bis auf etliche Ausnahmen, kaum schädlich wirken können.‹

Im skandinavischen Hanf können die giftigen Substanzen (welche also im Hanf vorhanden sind) ganz fehlen oder sie kommen nur spurenweise vor. Hanf enthält (ebenfalls Adlersparre) giftige Bestandteile, so ein Narkotikum (Haschisch), und ist nur in mäßigen Gaben nach sorgfältiger Prüfung der Qualität zu reichen (Adlersparre).

Nach meinen Erfahrungen empfehle ich, Hanf aus der Jakopflege ganz auszuschalten. Wozu ein Futtermittel verwenden, bei dem man Gefahr läuft, Schaden anzurichten, da wir doch genügende zuträgliche Futterarten für den

Jako besitzen. Kein Liebhaber ist in der Lage nachzuprüfen, ob sein Hanf »nördlicher« Herkunft ist, und nur ein Teil der Liebhaber kann überhaupt die mehr oder weniger gute Qualität des Hanfes feststellen. Alter verlagerter Hanf wirkt beim Jako geradezu tödlich, speziell wenn das Öl beim geringsten Druck herausquillt. Hanf erzeugt nach meinen Erfahrungen epileptische Anfälle, Fußgicht, Federrupfen und bei Amazonen vielfach chronischen Schnupfen. Deshalb empfehle ich nochmals allen Jakobesitzern, speziell den Besitzern junger Vögel: Gebt dem Jako keinen Hanf.«

8. Zähmung und Nachahmung

Zähmung

Nicht jeder, der einen guten Willen hat, besitzt ein gewisses Einfühlungsvermögen, das zur Zähmung nötig ist. Außerdem gehen scheinbar von einem Graupapagei zum Pfleger Sympathien oder Antipathien aus, die schwer ergründbar sind. Das Zahmwerden eines Vogels hängt auch hiermit zusammen. Es kann sich jemand noch soviel Mühe geben und trotzdem fühlt sich ein Graupapagei mehr zu einem anderen Menschen hingezogen. Zwar wird ein anderer Mensch akzeptiert, aber der Vogel schenkt sein volles Vertrauen einer bestimmten Person. Man weiß nicht, woran das liegen kann. An der Stimme? Äußerlich? An den Händen? Bis heute herrscht immer noch die Meinung der meisten Papageienpfleger, daß sich männliche Papageien mehr dem weiblichen Geschlecht und weibliche Papageien mehr dem männlichen Geschlecht anschließen. Es ist aber erwiesen, daß das nicht der Fall ist. Selbstverständlich kann es so sein. Ein männlicher Vogelpfleger zog einen weiblichen Papagei auf und fütterte ihn auch später täglich. Trotzdem gab der Vogel der Frau sein völliges Vertrauen. Man spricht darum immer vom »Herrenvogel« oder »Damenvogel«, da man gerade beim Graupapagei schnell merkt, ob dieser sich eher einer Dame oder einem Herrn annähert.

Prof. B. Grzimek beschäftigte sich 1944 mit dieser Überkreuzregel bei Papageien in der »Zeitschrift für Tierpsychologie« (6/1949), die der Verfasser wörtlich wiedergeben möchte:

»Wohl kaum eine Hypothese hat so weite Verbreitung gefunden und so oft zu Selbsttäuschungen geführt wie die ›Überkreuzregel‹, die meines Wissens Th. Zell aufgestellt hat. Danach sollen sich weibliche Tiere mehr an Männer anschließen und männliche Tiere mehr an Frauen und Mädchen.

In einer früheren Veröffentlichung konnte ich nebenbei nachweisen, daß dies für eine Wölfin, im Gegensatz zu der Behauptung ihrer Besitzer, nicht zutraf. Bei Vögeln, auf die man die Überkreuzregel mit Vorliebe hat anwenden wollen, scheint sie mir aus folgenden Überlegungen heraus von vornherein sehr unwahrscheinlich. Nach den Beobachtungen HEINROTHS und anderer erkennen Vogelarten, bei denen beide Geschlechter dasselbe Federkleid tragen, das Geschlecht eines Artgenossen erst an dessen Verhalten. Ausgestopfte oder tote Stücke können bei beiden Geschlechtern sowohl die auf das Männchen wie auch die auf das Weibchen gemünzten Instinktbewegungen auslösen. Vogelzüchter, besonders Taubenzüchter werden sich hüten, zwei Vögel mit Sicherheit für ein Männchen und ein Weibchen anzusprechen, weil sie

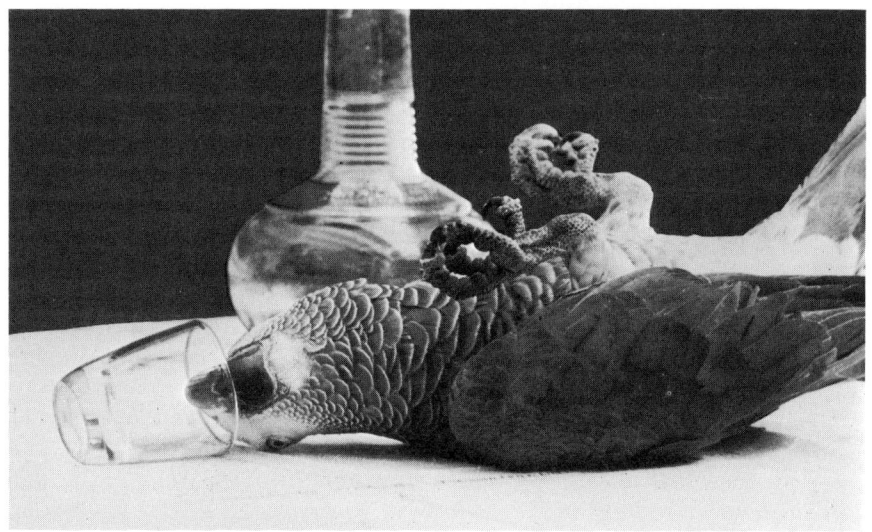

sich, allein gehalten, wie ein Paar benehmen. Es können durchaus auch zwei Weibchen, seltener zwei Männchen sein, von denen sich eines, in Ermangelung eines andersgeschlechtlichen Partners, geschlechtlich pervers verhält. Näheres über die sogenannte Ambivalenz bei manchen Fischen und Vögeln berichtet K. Lorenz. Derselbe Kolkrabe kann sich in allen Stücken wie ein Männchen verhalten und zu anderer Zeit durchaus wie ein Weibchen, je nachdem er sich in einen sozial unterlegenen oder überlegenen Artgenossen verliebt.

Nun behandeln allein gehaltene Tiere zweifellos den vertrauten Menschen oft als Ersatz für den fehlenden Geschlechtspartner. Warum aber sollen solche Vögel das Geschlecht beim Menschen besser erkennen als beim eigenen Artgenossen? Instinktmäßig kann ihnen die Kenntnis von Geschlechtsmerkmalen und -verhalten des Menschen nicht angeboren sein, und wie sollten sie in ihrem Leben eine solche Unterscheidungsfähigkeit erworben haben? Die an sich überaus vage Annahme eines von der Art unabhängigen, etwa wie die Hormone und Vitamine allen Wirbeltieren gemeinsamen, vielleicht geruchlichen ›Geschlechtsfluidums‹ hat gerade hier besonders wenig für sich, da die Vogelnase bekanntlich nicht viel leistet. Und wenn dieses ›Fluidum‹ schon gegenüber dem Artgenossen versagen kann, wie soll es dann das Geschlecht eines Menschen für einen Vogel deutlich machen?

Allerdings ist einschränkend zu bemerken, daß der Vogel, welcher sich beim lebenden Artgenossen über das Geschlecht täuscht, meist keinen andersgeschlechtlichen Partner zur Auswahl hat. Sehr wohl aber können einzelngehaltene Tiere unter mehreren Männern oder unter mehreren Frauen, die mit ihnen Umgang haben, einen bestimmten ›Busenfreund‹ wählen.

Im Rahmen einer Arbeit über die Rechts- und Linkshändigkeit von Pferden, Papageien und Affen standen mir ausgefüllte Fragebogen für 131 Großpapageien zur Verfügung. Die Frage, ob das Geschlecht bekannt sei, beantworteten überraschend viele Besitzer sehr zuversichtlich auf Grund der Überkreuzregel etwa: ›Ist ein Männchen, da er sich nur von meiner Frau kraulen läßt.‹

Bei diesem zahmen Graupapagei erkennt man seine große Verspieltheit und das Vertrauen zu seinem Pfleger. Fotos: H. Stock.

Von 13 der Papageien wurde bejaht, daß sie in der Gefangenschaft gelegt hätten. Es handelte sich um 7 Graupapageien (von insgesamt 51), 5 Amazonen (von insgesamt 72) und einen von insgesamt 4 Ara. Nimmt man an, daß die Hälfte der 127 Papageien Weibchen waren, so hätten also 20 % von ihnen bei Einzelhaltung Eier gelegt. Danach möchte ich vermuten, daß Großpapageien, bei naturgemäßer, geselliger Haltung in Flugkäfigen, auch gar nicht so selten züchten würden, wie es so gehaltene Wellensittiche und Agaporniden ja tatsächlich tun. Zu dem Graupapagei 51 schreibt der Besitzer: ›Er macht die Eiablage durch fortwährendes Kratzen im Sande bemerkbar.‹ Der Graupapagei 31 ›legt in den frühen Morgenstunden, in seiner Schublade sitzend. Die Wehen dauern etwa 20 Minuten, während welcher der Vogel drückend winselt, bis dann das Ei mit einem Ruck herausfährt. Er bleibt darauf sitzen. Nach einer Stunde darf ich es unter ihm wegnehmen; er geht dann unter Schnalzen gleich auf seine Stange und ißt, wobei er sehr munter ist.‹ Der Graupapagei 85 ›legte alle 2 Jahre ein Ei, das er sehr fleißig bebrütete‹.

Ich war also in der glücklichen Lage 13 Großpapageien zu kennen, deren Geschlecht schon bei Lebzeiten feststand. Deswegen fragte ich die Besitzer brieflich nochmals besonders nach dem Verhalten dieser Vögel zu Menschen verschiedenen Geschlechts. Das Ergebnis ist aus Tabelle 1 ersichtlich.

Als Lieblingsperson ist nach den Antworten der Befragten der Mensch bezeichnet, mit dem der Papagei vollvertrauten Umgang pflegt, während er andere nicht zuläßt, ja unter Umständen bösartig beißt. Wenn noch jemand anders aus der vertrauten Umgebung zugelassen ist, so ist das in der Säule ›zweite Lieblingsperson‹ vermerkt. Daß ein Großpapagei, der in einer häuslichen Gemeinschaft gehalten wird, von beliebigen Fremden Vertraulichkeiten duldet, das dürfte wohl kaum vorkommen; eher schon im Zoo, wo manch ein Großpapagei (insbesondere Kakadu) sich anscheinend von jedem gern krauen läßt, der es mit einigem Geschick versucht.

Die ›Beurteilung‹ (letzte drei Säulen) setzt natürlich voraus, daß genügend zahlreiche Beobachtungen vorliegen. Nicht jeder Besitzer dürfte festgestellt haben, ob und wie viele Fremde bei hinreichender Beschäftigung mit ihrem Papagei sich Vertraulichkeiten erlauben durften, ja nicht einmal alle Hausgenossen werden es ernstlich versucht haben, denn manch einer läßt sich nicht gerne beißen. Die Amazone 116 hatte ein weibliches Wesen zur Lieblingsperson, aber haßte die Hausfrau. Wegen dieses uneinheitlichen Verhaltens gegen das weibliche Geschlecht ist sie als neutral bezeichnet worden. Nr. 100 zählt zu den ›Damenvögeln‹, obwohl einer der Söhne des Hauses mit ihr vertraut ist. Schon diese Unstimmigkeiten zeigen, daß bei genauerem Zusehen die Einteilung ihre Schwierigkeiten hat. Und noch weitere kommen hinzu, von denen hier nur eine besonders erhebliche betont sei. Das Verhal-

Tabelle 1
Übersicht über 13 weibliche Großpapageien und ihre Lieblingspersonen

Art	Nr.	Jahre Besitz	Wieviel Eier gelegt	Lieblings-person	2. Lieblings-person	Händig-keit	Beurteilung		
							„Herren-vogel"	„Damen-vogel"	neu-tral
Graupapagei	31	1	3	♂	—	r	1	—	—
	51	18	3	♀♀ [1]	—	l	—	1	—
	71	31	46	♂	♂	r	1	—	—
	75	31	3 [2]	♂	—	l	1	—	—
	85	29	? [3]	♂	♀	l	—	—	1
	102	8	? [4]	♂	—	r	1	—	—
	111	14	2	♂	♀	l	—	—	1
Amazone	13	12	1 [5]	♀	—	r	—	1	—
	89	34	? [6]	♀	♂	l	—	—	1
	94	31	3	♂♂ [7]	—	l	1	—	—
	116	20	1	♀	[8]	l	—	—	1
	100	16	? [9]	♀	[10]	r	—	1	—
Ara	10	1	1	♀	—	l	—	1	—
							5	4	4

Antwort des Besitzers
[1] Abneigung gegen Männer, zutraulich zu Frauen
[2] mehrere
[3] alle 2 Jahre eines
[4] mehrere
[5] in 50 Jahren
[6] mehrere
[7] haßt jedes weibliche Wesen, zu Männern zutunlich
[8] haßt Mutter
[9] mehrere
[10] haßt Herren bis auf einen meiner Söhne

ten zur gleichen Person kann in der Zeit erheblich wechseln. So tritt nicht selten – genau so übrigens bei Affen (O. Heinroth)— bei Abwesenheit der Lieblingsperson eine andere in ihre Rechte; das Geselligkeitsbedürfnis will befriedigt sein.
Mein Graupapagei ›Agathe‹ z. B. läßt sich nur von mir auf die Hand nehmen, unter die Flügel fassen, nur mich ›küßt‹ er auf den Mund, steigt mir auf die Schulter usw. Alle anderen Menschen beißt er sehr bösartig. Bin ich aber für längere Zeit verreist, so darf meine Frau nach einiger Zeit das gleiche mit ihm tun. Sobald ich jedoch wieder ins Zimmer trete, wird er sofort wieder bissig und ablehnend zu ihr. Ich hielt dies erst für eine Besonderheit meiner Agathe, habe jedoch schon aus meiner Umfrage ersehen, daß es sich um einen arteigenen Wesenszug sehr vieler Großpapageien handelt. Auch bei den

Tieren, deren Geschlecht nicht durch Eiablage feststand, waren sehr häufig ›Lieblingsperson‹ und ›zweite Lieblingsperson‹ verschiedenen Geschlechtes, also der Papagei schenkte seine Zuneigung etwa der Hausfrau, bei deren längerer Abwesenheit aber nicht der Tochter, sondern dem Hausherrn. Überall war der plötzliche Stimmungsumschlag gegen die Ersatzlieblingsperson bei Rückkehr der Hauptlieblingsperson auffällig.

(Herausgeberanmerkung O. K.: Genau so bei meinem Graupapagei, für den ich der Hauptliebling bin. Meine Frau hat er stets gebissen, zwei weibliche Hausangestellte, die sich nacheinander um ihn bemühten, erzielten einige Vertraulichkeit, die jedoch stets in Grenzen blieb. Meine Tochter, die ihn mehrfach zu seinem großen Leidwesen mit Wasser bespritzt hatte, durfte sich nie heranwagen. Als ich aber einmal 3 Wochen verreiste, hat sie meine ›Zähl‹-Versuche mit ihm vom ersten Tag an vortrefflich weiterführen können; nur auf die Hand ist er ihr nie gestiegen, doch konnte sie ihn auf seiner Stange oder einem Kochlöffelstiel transportieren. Zuletzt durfte sie ihn überall krauen, genau wie ich. Aber als sie mir unmittelbar nach meiner Rückkehr diese Erfolge stolz vorführen wollte, hat er sie entsetzlich gebissen. — Als wir einmal alle verreist waren, gaben wir ihn zu einer befreundeten Familie. Dort, am neuen Ort, war er vom ersten Tag an mit dem Hausherrn ebenso vertraut wie mit mir, und auch mir ist er bei unserer ersten Begegnung sogleich in vollem Vertrauen auf die Hand gekommen und hat sich inbrünstig überall krauen lassen, rund herum. Der Hausfrau und Hausangestellten gegenüber war er in jener Familie ebenfalls zurückhaltend und blieb es. Als uns jener Hausherr später, etwa nach 6 Monaten besuchte, verhielt sich der Papagei ihm gegenüber in meiner Anwesenheit — ich stand etwa 4 m abseits — zurückhaltend, wenn auch nicht feindlich. Auch beim ersten langjährigen Besitzer, von dem ich den Vogel erhielt, ist dieser die Hauptperson gewesen, die Hausfrau wurde gebissen, so sehr sie ihn auch liebte, fütterte und sprechen lehrte. Endlich ist ein junger Mann, der sich 4 Wochen in meinem Haus aufhielt, zu einer Zeit, als ich tagsüber nur wenig zu Hause und endlich 2 Wochen abwesend war, sehr rasch in alle meine Rechte eingetreten. Jedermann würde meinen Graupapagei also auf den ersten Blick als typischen ›Herrenvogel‹ bezeichnen, und doch müssen wir ihn mit größerem Rechte neutral nennen, als die Amazone 116 der Übersicht. Genau wie es meiner Tochter glückte, so glaube ich, daß jede Frau, die einiges Geschick dazu hat, die Gunst auch des verschrieensten ›Herrenvogels‹ gewinnen könnte, wenn der Lieblingsherr ihr nicht durch seine Zwischenkunft alles verdirbt.)

Nehmen wir aber die Übersicht hin, wie sie ist, so sind auch diese 13 weiblichen Großpapageien keineswegs nach der ›Überkreuzregel‹ sämtlich ›Herrenvögel‹, sondern vielmehr zu gleichen Teilen ›Herrenvögel‹, ›Damenvögel‹

und neutral. Sicher ist es kein Anhaltspunkt für sein Geschlecht, wenn ein Papagei männliche oder weibliche Personen zu bevorzugen scheint. Wahrscheinlich ist auch die Zahl von ausgeprägten ›Herrenvögeln‹ und ›Damenvögeln‹ unter Papageien viel niedriger als man gemeinhin annimmt, da der verbreitete Glaube einer vorurteilslosen Prüfung auf breiterer Grundlage zuwider ist.

Immerhin läßt sich kaum bestreiten, daß manche Papageien, deren erste Lieblingsperson z. B. ein Mann war, auch im weiteren Leben und bei Wechsel der Besitzer sich leichter Männern als Frauen anschließen. Doch hat das, gemäß den Feststellungen dieser Arbeit, bestimmt mit dem Geschlecht der Menschen als solchem nichts zu schaffen. Worauf es beruhen mag, das könnte man z. B. durch Verkleidungsversuche auf breiter Basis zu klären versuchen. Vielleicht mag es an einer Beachtung der männlichen bzw. weiblichen Kleidung liegen, an der Stimmlage oder wer weiß woran sonst noch. Ebenso gibt es ja auch Papageien, die alle Kinder verabscheuen, und andere die ausgesprochene ›Kindernarren‹ sind. Das Geschlecht der Kinder ist dabei gleichgültig. Auch hier dürften frühere Erfahrungen mit einzelnen Kindern entscheidend sein, denen zufolge alle ähnlich aussehenden (hier also kleine) Menschen die gleiche feindliche bzw. freundliche Tönung erhalten wie das erste.«

Ein Liebhaber berichtet, daß in seiner Familie ein ausgesprochener »Damenvogel« sei, den nur die Dame des Hauses berühren durfte. Der Vogel legte aber 3 Eier und nach vier Wochen nochmals 2 Eier. Dieser weibliche Graupapagei würgt der Frau gegenüber Futter hoch. Auch hier liegt wieder der Beweis vor, daß es nur die »Lieblingsperson« ist, es aber mit dem Geschlecht nichts zu tun hat.

Ältere Graupapageien können ihrem »Günstling« mit hängenden Flügeln Futter hervorwürgen. Bei 4 Jahre alten Vögeln wurde es beobachtet. Es scheinen also nur geschlechtsreife Tiere zu tun. Der Vogel erblickt, egal ob es sich um Mann oder Frau handelt, in seinem »Günstling« ein Objekt seiner geschlechtlichen Zuneigung, wobei es gleich ist, ob es sich bei dem Graupapagei um ein Männchen oder Weibchen handelt. Wir wissen aus der Vogelhaltung, daß sich auch hin und wieder zwei Männchen füttern, wenn kein Weibchen vorhanden ist. Weibliche Papageien können auch einmal in bestimmten Situationen ihre Männchen füttern. Mein Hooded-Sittich-Weibchen fütterte stets das Männchen einige Tage, sobald die Jungen ausgeflogen waren. Man kann auch beobachten, daß sehr brutlustige weibliche Papageien ihr Männchen begatten wollen, so daß man denken könnte, man hätte sich in der Geschlechtsbestimmung geirrt.

Somit ergibt sich,daß bei den Graupapageien die Wechselwirkung des Geschlechts keine Rolle spielt. Andererseits glaubt der Verfasser aber, daß naturgemäß weibliche Vögel zurückhaltender und mißtrauischer als die Männchen sind. Es wäre möglich, daß eine Zähmung eines weiblichen Vogels etwas länger als die eines männlichen dauert. Es sieht so aus, daß im allgemeinen die Papageien den Frauen und Kindern mehr Zutraulichkeit entgegenbringen. Das mag natürlich ganz einfach daran liegen, daß erstere wohl mehr Geduld haben und sich mehr Zeit nehmen oder nehmen können.
Ob die »Vogelnase« nicht viel leistet, wie es in dem vorangegangenen Artikel heißt, dürfte nach anderen Berichten und Erlebnissen anders zu bewerten sein. So sagt z. B. Dr. Johann Schwartzkopff: *»Der Riechnerv wird von den Fortsätzen der Riechzellen selbst gebildet, sogenannten ›primären‹ Sinneszellen. Die Fortsätze treten in dem vordersten Gehirnteil, dem Riechlappen, zu etwa je 20 an je eine eigentümlich gestaltete sog. ›Mitralzelle‹ heran. Durch diese ›Schaltung‹, die den Verhältnissen bei gut riechenden Säugern gerade entgegengesetzt ist, muß ein Verlust an Feinheiten der Geruchsunterscheidung eintreten; möglicherweise wird aber die an sich geringe Geruchsempfindlichkeit gesteigert. Der Riechlappen ist bei manchen Papageien äußerlich kaum erkennbar«* (*»Die Naturgeschichte der Vögel«* aus *Berndt/Meise 1959*).
Rensch gibt an, daß die Papageien 300–400 Geschmacksknospen am Schnabel haben.
Bei meinen Beobachtungen konnte festgestellt werden, daß viele Papageienarten z. B. mit Vitaminen angereichertes Wasser oder Obst unbeachtet ließen, wobei sie nicht einmal den Versuch des Probierens machten. Auch gibt es Äpfel und Apfelsinen, die ebenfalls nicht angebissen werden. Man könnte hieraus folgern, daß ein Geruchssinn irgendeiner Art vorhanden sein müßte.
Es wurde schon erwähnt, daß der Graupapagei möglichst seinen gleichen Platz behalten und nicht höher als in Kopfhöhe einen ständigen Stand haben sollte. Ruhig und langsam füttern, keine Hast zeigen, auf den Vogel einreden und sich Zeit nehmen. Keine Experimente machen und den Papagei solange nicht aus dem Käfig herauskommen lassen, bis man wirklich das Gefühl hat, daß er nicht mehr wild gegen das Fenster stürmt. Bis dahin ist noch ein langer Weg und jede Heftigkeit oder Ungeduld kann das ganze Vorhaben um Monate zurückwerfen. Man darf niemals den Graupapagei necken, den Finger auf ihn zuschnellen lassen und schnell wieder zurückziehen (ein beliebtes Spiel der Kinder!), womit man sich schnell einen »Beißer« erziehen kann.
Ein einzelner Vogel wird selbstverständlich viel schneller vertraut als zwei

Tiere. Diese machen sich gegenseitig immer wieder ängstlich und können kleine Paniken auslösen. Erst nach vielen Wochen oder gar Monaten, wenn sich der Papagei beim Füttern völlig ruhig verhält und keine kreischende ängstliche Stimme mehr hören läßt, kann man versuchen, ihm durch die Stäbe Leckerbissen zu reichen. Vielleicht zuerst einmal nicht aus der Hand, sondern auf einem flachen Stück Holz.

Erst wenn dieses Experiment glückt, nimmt man später die Hand, aber so, daß der Kopf des Vogels dem Leckerbissen entgegen kommt und nicht die Hand immer weiter in den Käfig hineingeht. Manche Tiere kommen bald, bei anderen dauert es längere Zeit. In der Dämmerung und am frühen Abend sollten diese Versuche zuerst geprobt werden, da der Vogel zu dieser Zeit am zugänglichsten ist. Der nächste Schritt ist, daß man den Papagei mit einem Finger leicht am Gefieder berühren und kraulen kann. Läßt er sich erst das gefallen, dann hat man gewonnen und seine Zahmheit wird weiter vorangehen. Es ist nun Gefühlssache, wann der Zeitpunkt kommt, um erstmalig die Käfigtür zu öffnen, damit der Graupapagei herauskommen kann, um sich dann möglichst auf sein auf dem Käfigdach gebautes Gestell oder einen Zweig zu begeben. Es gibt auch Graupapageien, die einfach nicht aus ihrer »Wohnung« herauskommen wollen, da sie sich in dieser sicher- und wohlfühlen. Bei solchen Tieren hilft oft ein etwa 1 m langer Rundstab (Besenstil), den man ganz langsam durch die Käfigtür unter den Bauch des Papageien schiebt. Meistens klettern sie dann auf diesen und man muß nun ebenso langsam und geschickt den Rundstab wieder herausziehen und dann den Grauen auf den Zweig übersteigen lassen. So gewöhnt sich der Vogel am besten daran, seinen Käfig zu verlassen. Es gibt Graupageien, die völlig unkompliziert sind und andere sind es wieder nicht. Wenn das Zimmer völlig unbeobachtet bleibt, ist es besser, den Papagei wieder in seinen Käfig gehen zu lassen. Die erste Zeit, wenn er noch nicht ganz zahm ist, ist ebenfalls die Stockmethode am besten, so daß man das Tier nicht mit den Händen greifen muß.

Ein weiterer Schritt ist getan, wenn sich der Vogel ein Kraulen oben auf dem Käfig gefallen läßt. Am Rücken haben es die wenigsten Vögel gern. Man nimmt besser die Seite oder den Kopf. Es dauert meistens nicht mehr lange, bis der Graupapagei auf den am Bauch hingehaltenen Zeigefinger marschiert. Ist das erst gelungen, so kann jeder Pfleger recht glücklich sein, denn nun ist alles einfacher, auch wenn der Vogel nicht allein in seinen Käfig gehen will. Graupapageien, die auf dem Finger sitzen und dann noch gekrault werden können, haben das Ziel der Zähmung erreicht. Der Autor möchte wieder betonen, daß dieser Papagei von Natur aus mißtrauisch ist und das sollte man nie vergessen. Selbst ein zahmer Graupapagei kann bei ungewöhnlichen Dingen plötzlich »verrückt spielen« oder im Garten vor Schreck in den Baum fliegen.

Die Zeiten, wo ein Fuß an die Kette gelegt wurde, sind vorbei und zum Glück nur noch in Einzelfällen zu finden. Der Kettenring drückt allmählich auf das Bein und kann Druckstellen hinterlassen. Auch das Zähmen mit Gewalt ist eine unschöne Sache, die man niemandem empfehlen kann. Man hatte früher die Vögel mit sehr dicken Handschuhen ergriffen und sie zum Sitzen auf der Hand gezwungen. Der Vogel gibt nach mehr oder weniger langer Zeit den Widerstand auf und läßt sich mit der anderen Hand streicheln. Das kann natürlich auch etliche Tage oder eine Woche dauern. Es kann ebenfalls passieren, daß der Vogel vor Angst einen Herzschlag bekommt. Auch gibt es kaum Handschuhe, die den kräftigen Biß nicht doch merken lassen.

Nachahmung

Ausnahmen bestätigen immer die Regel, aber es ist in den meisten Fällen so, daß ein zahmer Graupapagei leichter und eher nachahmt als ein scheuer. Man sollte auch bei der ganzen Nachahmung nicht vergessen, daß nicht nur angenehme, sondern auch andere Geräusche nachgeahmt werden können. Läßt also z.B. eine Amazone ein dauerndes häßliches Geschrei hören, so wird unser Freund es bestimmt aufnehmen und wiedergeben. Darum ist es im Interesse des Pflegers, so gut es geht, unangenehme Töne oder Geräusche vom Vogel fernzuhalten oder aber abzulenken. Die heute immer noch verbreitete Annahme, daß der Vogel die Bedeutung seiner Worte weiß, soll hier nochmals wie folgt klargestellt werden. Der Papagei nimmt die Worte oder andere Dinge an und kann diese zur richtigen Situation wieder anbringen. Er behält, bei welchem Anlaß die jeweiligen Worte ausgesprochen wurden. Nehme ich ständig ein Bierglas in die Hand und sage »Prost«, so wird unser Grauer, sobald das Bierglas in die Hand genommen wird, entsprechend »Prost« wiedergeben. Würde der Pfleger einen Hut in die Hand nehmen und »Prost« sagen, so würde der Graupapagei das »Prost« auf den Hut beziehen. Es kommen natürlich unglaubhafte Dinge zusammen, so daß man in manchen Situationen geneigt ist, zu glauben, daß der Vogel von dem Inhalt seiner Worte weiß. Dem ist aber ganz gewiß nicht so.

Es gibt Graue, die schnell, gut und leicht lernen und somit wahre Genies in der Nachahmung sind. Umgekehrt gibt es Vögel, die lange Zeit brauchen, um Worte aufzunehmen, die wenig in Jahren lernen und schnell wieder vergessen. Wer sich einen Graupapagei zulegt, sollte wissen, daß nicht jeder Vogel ein Genie sein kann. Stellt man sich gleich darauf ein, so wird die Enttäuschung nicht so groß sein.

Kinder nehmen schneller auf als Erwachsene. Junge Graupapageien ahmen eher, schneller und mehr nach als Altvögel. Auch dabei kann es (wie bei den

Menschen) wieder Ausnahmen geben, denn selbst ganz junge Tiere lernen unterschiedlich. Bei allen diesen Zusammenstellungen kann man immer nur den Durchschnitt ermitteln und nicht die Ausnahmen. Das ist nicht nur bei der Nachahmung, sondern auch mit der Zahmheit, der Ernährung usw. der Fall. Auf diese Dinge habe ich auch in meinen anderen Büchern wiederholt hingewiesen.

S. Lichtenstaedt, Berlin, hatte seinerzeit 16 schwarz- und grauäugige (also ganz junge) Graupapageien. Zwei von diesen Tieren wurden hervorragende Sprecher und alle anderen waren Durchschnittsvögel (zwei starben später).

Man kann einem Vogel nicht anmerken, ob er Nachahmungstalent besitzt oder nicht. Es ist Glückssache und nur der Händler könnte eventuell Hinweise geben, daß dieser oder jener Vogel schon etliche Worte von sich gegeben hat. In diesem Fall ist man auf die Ehrlichkeit des Verkäufers angewiesen. Hinzu kommt, daß ein Vogel durch die große Umstellung vom Verkäufer zum neuen Besitzer, tatsächlich die ersten Tage oder sogar eine Woche nichts äußern wird. Ja, er wird den ersten Tag oder zwei Tage auch kaum oder wenig Nahrung zu sich nehmen. Ein Wellensittich verhält sich anders, denn ihm macht eine Umstellung nicht viel aus. Hieraus ersieht man bei den Großpapageien einen gewissen Grad der Intelligenz. Ein Finkenvogel oder ein Weichfresser wird sehr bald an sein Futter gehen, denn ihn stört es weniger, in eine neue Umgebung gekommen zu sein.

Bekommt man schon ganz zahme Graupapageien in die Hände, so werden sich diese selbstverständlich schneller an ihre neue Umgebung gewöhnen. Es gibt extreme Fälle, wo z.B. ein Jako erst nach etwa 20 Jahren anfing nachzuahmen und dann sogar noch eine Art Sprachgenie wurde, mehr als 200 Worte konnte und vieles noch in drei Sprachen. Noch um 1930 herum wurde darum gestritten, ob der Graupapagei den Sinn seiner Worte kennt oder nicht. Einige Auszüge von F. von Lucanus sollen wörtlich gebracht werden:

»Das Sprechen der größeren Papageien ist ja bekanntlich nicht nur eine rein äußerliche, phonetische Nachahmung der menschlichen Sprache, sondern die Vögel verbinden mit den erlernten Worten auch bestimmte Eindrücke, die sie beim Unterricht empfangen. So lernt ein sachgemäß unterrichteter Papagei des Morgens seinen Pfleger mit ›Guten Morgen‹ zu begrüßen, oder die Worte ›bitte, bitte‹ zu sagen, wenn ihm ein Leckerbissen gezeigt wird. Von einem wirklichen Verständnis des Wortes oder einer Überlegung ist hierbei natürlich nicht die Rede; denn das Wort ist für den Vogel weiter nichts, als ein Geräusch, das er nachahmt, mit dem er aber durch Assoziation einen be-

stimmten Vorgang verbindet. Ich hatte einem Graupapagei beigebracht,
›adieu‹ zu rufen, wenn man das Zimmer verließ. Nach einiger Zeit sagte der
Vogel sein ›adieu‹ bereits, wenn ich noch am Schreibtisch saß, aber gerade im
Begriff war, aufzustehen und fortzugehen. Ich hatte die Gewohnheit, vor dem
Fortgehen mit der Hand an den Griff eines Schreibtischfaches zu fassen, um
mich zu überzeugen, daß dies auch verschlossen war. Der Griff nach dem
Schreibtisch stellte für den Vogel gewissermaßen den Anfang zum Fortgehen
dar und infolgedessen rief er nun das ›adieu‹. Das Verhalten des Vogels gibt
einmal Zeugnis von seiner großen aktiven Aufmerksamkeit, denn es zeigt,
wie sehr er auf alles, was ich tat, aufpaßte. Anderseits zeigt es aber auch, daß
der Jako gar kein Verständnis für die Bedeutung des Wortes hatte, und daß er
nicht imstande war, eine nebensächliche Erscheinung, die rein zufällig dem
Fortgang vorausging, von der Haupthandlung, dem wirklichen Fortgehen,
zu unterscheiden. Er konnte also nicht abstrahieren. Das einsichtsvolle Den-
ken fehlte, es handelte sich bei dem Adieusagen nur um eine rein äußerliche
Assoziation ohne Sinn und Verstand. Wie die meisten Graupapageien hatte
auch dieser Vogel die Gewohnheit, vor Fremden schweigsam zu sein. Blieb
nun ein Besuch allzu lange, so rief Jako plötzlich adieu, was den Eindruck
hervorrief, als wolle er dadurch den Fremden zum Fortgehen veranlassen.
Für eine solch zielbewußte Überlegung reicht jedoch die geistige Begabung
eines Vogels nicht aus, denn durch zahlreiche Versuche, die ich mit meinen
vielen abgerichteten Papageien ausführte, konnte ich immer wieder feststel-
len, daß ein Papagei nicht versucht, durch Worte oder Gebärden sich mit sei-
nem Pfleger zielbewußt zu verständigen. So ruft z. B. ein Papagei sein ›bitte‹
vor dem geleerten Futternapf, auch wenn niemand im Zimmer ist, der ihm
seinen Wunsch erfüllen kann. Man darf daher das Adieusagen meines Jako
in Gegenwart eines Fremden nicht als eine zielbewußte Wunschäußerung
auffassen. Vielmehr läßt sich das Adieusagen auch in folgender Weise erklä-
ren: Dem Vogel war die Anwesenheit des Fremden unbehaglich. Er ersehnte
dessen Entfernung. Mit dem Fortgehen war aber durch Assoziation das Wort
›adieu‹ verknüpft. Wir sehen also, daß schon der Wunsch eines Geschehnis-
ses, mit dem eine Assoziation verbunden ist, diese zustande bringen kann,
was freilich ein komplizierter Vorgang ist, als die einfache Assoziation, aber
andererseits keine verstandesmäßige Überlegung erfordert.
Die größeren Papageien haben ein hervorragend guten Unterscheidungs-
vermögen. Ich besaß einen Graupapagei, der ein ausgesprochener Damen-
freund war. Betrat eine Dame das Zimmer, so wurde der Vogel sofort sehr
lebhaft, sprach und pfiff. Beim Erscheinen eines Herrn verhielt er sich
schweigsam und saß verärgert mit gesträubtem Nackengefieder still im Käfig.
Dieser Vogel konnte stets auf den ersten Blick unterscheiden, ob ein Mann

oder eine Frau das Zimmer betrat, ohne daß die betreffende, ihm unbekannte Person zu sprechen brauchte. Der Klang der Stimme konnte also nicht zur Unterscheidung dienen, ebensowenig wie die äußere Erscheinung, denn auch durch eine Verkleidung ließ sich der Jako niemals täuschen.

Das vortreffliche Gedächtnis der Papageien möge folgende Beobachtung charakterisieren. Unter meinen vielen Zimmervögeln befand sich einst auch ein sehr zahmer Wiedehopf, der mit dem Kosenamen ›Höpfchen‹ gerufen wurde. Dies Wort hatte mein Graupapagei bald erfaßt und wandte es auch auf den Wiedehopf an. Dieser starb nach wenigen Monaten, das Wort ›Höpfchen‹ wurde nicht mehr gerufen, auch der Papagei sagte es nicht mehr und schien es aus seinem Sprachschatz verloren zu haben. Nach zwei Jahren erhielt ich wieder einen Wiedehopf. Sowie der Papagei ihn erblickte, rief er sofort ›Höpfchen‹. Er hatte also in der langen Zeit von zwei Jahren das Wort in seinem Gedächtnis behalten und sogar den Wiedehopf wiedererkannt. Da ich in der Zwischenzeit stets viele Vögel gehalten hatte, die auch zeitweise freien Flug im Zimmer hatten, so geht daraus hervor, daß der Papagei einen Wiedehopf sehr gut von anderen Vögeln unterscheiden konnte, denn er hatte diese niemals mit ›Höpfchen‹ benannt. Für ein Vogelhirn, das ja dem Hirn der Säugetiere bedeutend nachsteht, ist dies eine recht bedeutende und sehr beachtenswerte Leistung, die freilich auch über das Reich der Assoziation nicht hinausgeht. Die Assoziation ist die einfachste geistige Tätigkeit, zu der ein verstandesmäßiges Denken nicht erforderlich ist. Sie besteht in der rein äußerlichen Verknüpfung zweier Geschehnisse in der Art, daß bei Wiederholung des einen das andere, ohne das dieses in Erscheinung tritt, automatisch mitempfunden wird. Der Anblick eines Wiedehopfes und das Wort ›Höpfchen‹ bildeten in diesem Falle die Assoziation. Eine Assoziation ist freilich auch ein Denkprozeß, aber ein Denken ganz primitiver Art, wozu keine verstandesmäßige Überlegung oder eine logische Schlußfolgerung notwendig ist.«

S. Lichtenstaedt, Berlin, hatte 12 Jahre einen Graupapagei, welcher drei Lieder richtig durchsingen konnte, was seltener vorkommt. Dieser Vogel ahmte rund 200 Worte nach und war unwahrscheinlich anhänglich. Besagtes Weibchen legte in dieser Zeit etwa 25 Eier ohne Männchen. Die Gesellschaft anderer Vögel in der Nähe des Pflegers wurden nicht geduldet. Ein anderer Vogel war ebenfalls recht nachahmungsfreudig und es wird wie folgt berichtet:

»Das Tierchen schnappt alles auf, was im Zimmer gesprochen wird, imitiert ein Telefongespräch, sobald der Apparat klingelt und ruft laut und schallend durch die Wohnung: ›Achtung, Achtung, Achtung, Berlin!‹, was er aus mei-

nem Radio-Lautsprecher gehört hat. ›Hier ist‹, läßt er vor dem ›Berlin‹ eigenartigerweise aus. Er imitiert eine Grammophonplatte hervorragend, bald eine Frauen-, bald eine Männerstimme, sogar das Kratzen der Nadel bringt er naturgetreu. Kraule ich ihm das Köpfchen, so sagt er immer wieder: ›Das ist schön, so schön‹, was ich ihm bei dem gleichen Vorgang mehrmals gesagt hatte. Unterhält man sich mit ihm, so hält er häufig das Köpfchen schief und unterbricht das Gespräch mit einen drolligen ›So, so‹.«

Es sollen noch einige besondere Erlebnisse erwähnt werden. So sagt Volker Wode, Hildesheim: »Gegen Mitte 1957 nahmen wir ihn zum ersten Mal an die See mit. Er nächtigte mit im Zelt und da es sehr kalt war, trabte er in der Nacht plötzlich auf meinem Schlafsack herum. Als er das Kopfende erreicht hatte, war er sehr zufrieden. Er kletterte und drängelte sich mit in den Schlafsack hinein und ich hatte eine ziemlich warme Wärmflasche. Er krabbelte bis hinunter zu den Knien, wo er den restlichen Teil der Nacht verblieb, ohne viel auf mein Drehen und Wenden zu achten. Atemluft schien er genügend zu bekommen und während der Nacht war er sehr ruhig. – Nach $^3/_4$jährigem Zusammensein durfte er in der Wohnung stets frei umherfliegen. Er kam hinter uns her, wobei er mich auffälligerweise stets bevorzugte. Jetzt war ich der Beste und meine Frau war nur dann gut, wenn ich nicht zu Hause war. Nachts setzte er sich auf sein Käfigdach zum Schlafen. Auf dieses Käfigdach setzten wir ein tunnelähnliches Gebilde aus Zement und Sand, an dem sich Koko Schnabel und Krallen selber abwetzte, was er sehr begeistert tat.«

Es gibt auch Graupapageien, die vor allen Dingen flöten können oder alle möglichen Geräusche nachahmen. Andere wieder lernen leichter Worte nachahmen oder aber sie können beide Dinge. Natürlich werden Fremdwörter ebenfalls aufgenommen; andere wieder singen ein oder gar zwei Lieder. Auch die Tonlage ist verschieden.

Im Fernsehen und im Hamburger Hansa-Theater ahmte ein vorgeführter Graupapagei, welcher »Lora Eston« hieß, sogar im Frage- und Antwortspiel nach. Dieser Vogel hatte eine außergewöhnlich tiefe Stimmlage, und es ist daher anzunehmen, daß ein Mann ihm das Gelernte beigebracht hat. Folgende Unterhaltung spielte sich etwa auf der Bühne ab:

Frau Eston hielt den Vogel und fragte: »Nun sag’ einmal Lora, bist du heute auch schön brav?« Der Papagei: »Ja!« »Lora, verstehst du die Frage auf französisch?« Es wurde ein französischer Satz ausgesprochen und der Vogel antwortete mit »Ou!« »Lora, du hast wirklich gut aufgepaßt?« Papagei: »Ja« »Du bist nicht böse?« Papagei: »Ja!« »Was du bist böse?« Vogel: »Nein!« »Kann ich mich darauf verlassen?« Graupapagei: »Ja!« »Bitte sag’ mir dann schön laut deinen Namen Lora, wie heißt du?« Vogel ganz deutlich: »Lora Eston!« »Ja Lora, du weißt doch auch meinen Namen? Wie

Im »Zweiten Deutschen Fernsehen«
gab es in dem »Großen Preis« mit Wim
Thoelke 4 Papageiensendungen (Nov.
75 – Febr. 76). Der »Graupapagei-Star«
war »Lora-Eston« und als Champion
wirkte Eckart Zimmermann. Über Lo-
ras Sprachtalent wird in diesem Buch
näher berichtet. Foto: ZDF/A. Grimm,
Berlin.

Dr. Joachim Steinbacher, Leiter der
Sektion Ornithologie im Forschungsinstitut »Senckenberg«, fungierte bei dieser ZDF-Sendung als Schiedsrichter.
Foto: ZDF/A. Grimm, Berlin.

Dr. Joachim Steinbacher

heiße ich?« Antwort: »Annelie!« »So, nun nicht spielen und sei lieb! Was bist du? Du bist mein…?« Lora antwortet: »Kleiner Papagei!« »Jetzt Lora möchte ich ein schönes Küßchen, gibst du mir das?« Antwort: »Ja!« »Bitte schön ein Küßchen!« Darauf ließ der Vogel ein knalliges Geräusch hören, als ob ein Korken aus der Flasche gezogen wird. »Das Küßchen hat sogar geknallt!« Papagei: »Ja!« » Na und was sagst du dann?« Der Vogel antwortet: »War das gut!« »Aber Lora, du kannst doch auch pfeifen!« Antwort: »Ja!« »Na, dann zeig das doch einmal! Bitte schön Lora pfeif mal!« Der Graupapagei flötet ganz klar und laut die Melodie: »Du bist verrückt mein Kind!« »Ja, da bist du ungezogen, da bist du böse!« Antwort: »Nein!« »Wohl, du bist böse!« Papagei: »Nein!« »Ja bitte Lora, dann sag doch einmal laut dem Publikum, was du bist! Gern sagst du das nicht?« Papagei: »Nein!« »Aber du wirst es jetzt sagen?« Papagei: »Ja!« »Na Lora du bist?« Antwort: »Frech!« »Jawohl, richtig! Lora du paßt weiter gut auf?« Vogel: »Ja!« »Sag' einmal wie weckst du mich morgens? Überlege gut Lora, was sagst du mir früh?« So sagt der Papagei: »Guten Morgen, aufstehen!« »Bitte nun passe gut auf, wie läutet mein Wecker?« Papagei: »Trtrtrtrtrtrtrtrtrtr!« »Das hast du sehr schön gemacht. Bitte noch einmal, wie läutet mein Wecker?« »Trtrtrtrtrtrtrtr!« »Nun Lora, was sagst du denn, wenn es klopft?« Papagei: »Herein!« »Herein, richtig! Weißt du denn auch wie der Hund bellt?« Papagei: »Ja!« »Wirklich?« Vogel: »Ja!« »Lora aufpassen, wie bellt der Hund? Lora, hast du das vergessen?« Papagei: »Ja!« »Nein Lora, das glaube ich dir nicht, bitte überlege, ich sage dir nichts vor!« Papagei: »Ja!« »Das mache ich nicht!« Papagei: »Nein!« »Bitte überlege selbst!« Vogel »Ja!« »Also bitte, wie bellt der Hund?« Man hört vom Graupapageien ein tiefes: »Wau, wau, wau!« »Machst du das noch einmal Lora?« Papagei: »Ja!« »Wie bellt der Hund?« Papagei: »Wauwauwauwau!« »Aber Lora, das war ein großer Hund!« Antwort: »Ja!« »Weißt du auch wie ein ganz kleines Hündchen bellt Lora?« Antwort: »Ja!« »Na bitte, wie bellt ein kleines Hündchen?« Nun mit ganz heller Stimme der Graupapagei: »Wauwau!« »Brav Lora, du kannst doch auch zählen, stimmt das?« Vogel: »Ja!« »Bitte dann gib jetzt acht und zähl bis drei! Aufpassen! Lora

Willy Mexiko mit seinen beiden zahmen Rassen der Graupapageien. Die verschiedene Schnabel- und Körperfarbe ist gut zu erkennen. Mit diesen und anderen zahmen Papageien zeigt Willy Mexiko in etlichen Ländern seine Künste als Zauberer. Foto: Wöllhaf.

Als einzige Rasse oder Unterart wird heute nur noch der Timneh-Papagei anerkannt. Er hat rostfarbige bis dunkelgraue Schwanzfedern und der Oberschnabel ist fleischfarbig. Foto: W. de Grahl.

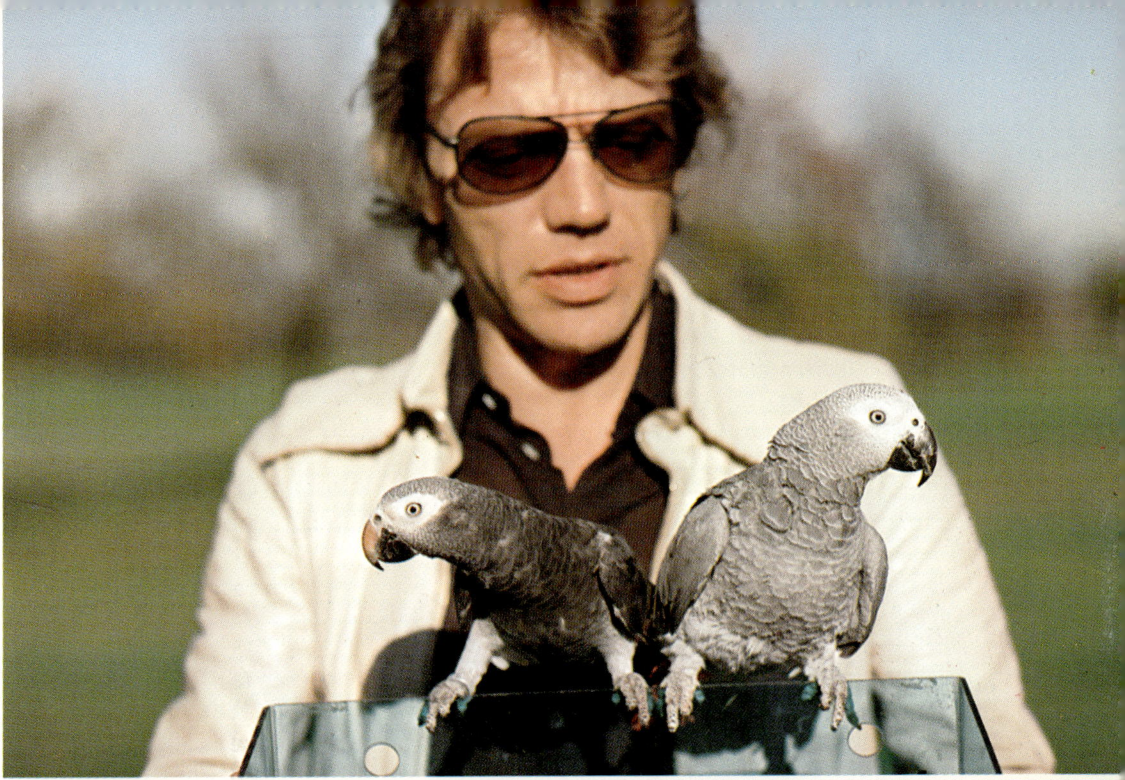

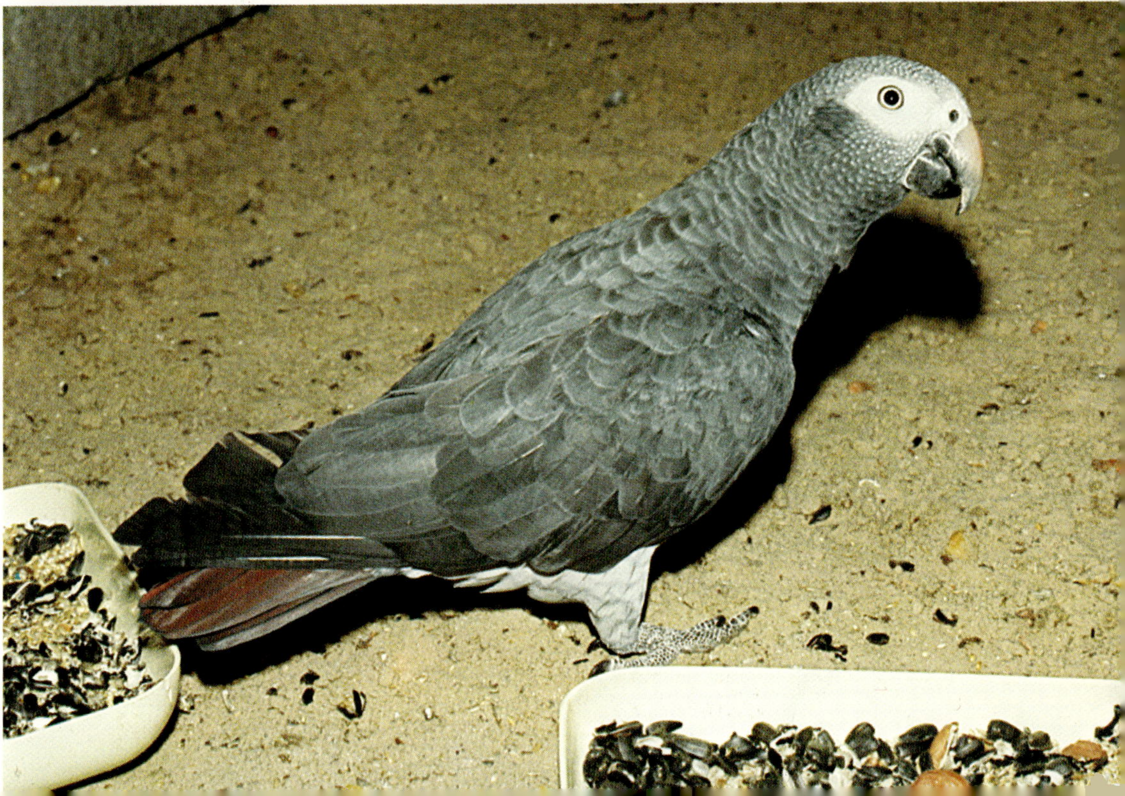

zähl schön!« Vogel: »Eins, zwei, drei!« »Fein gemacht, nun zeig doch dem Publikum einmal, daß du herzhaft lachen kannst! Das kannst du doch?« Vogel: »Ja!« »Aber schön Lora lache!« Papagei: »Hahahahahahaha!« »Mache das bitte noch einmal!« »Hahahahahahaha!« »So warst du brav, nun mußt du ganz besonders aufpassen, denn jetzt etwas ganz anderes! Du liebst doch Sport? Stimmt das?« Vogel: »Ja« »Kennst du denn auch den ›Sportpalast-Walzer‹?« Papagei: »Ja!« »Lora, kannst du ihn pfeifen?« Der Papagei antwortet mit »Ja«. »Dann passe jetzt besonders gut auf. Lora, bitte schön aufpassen! Pfeif den ›Sportpalast-Walzer‹!« Nun folgt die Melodie mit dem »pscht–pscht–pscht«. Frau Eston sagt: »Fein hast du das gemacht und nun pfeif ihn noch einmal mit Musik!« Vogel: »Ja!« »Und du paßt schön auf deine Einsätze auf?« Papagei: »Ja!« »Na, Lora, da bin ich jetzt aber gespannt!« Frau Eston sagt aufpassen und nun setzt das Orchester ein und zwischendurch gibt der Graupapagei sein »pscht–pscht-pscht-pscht–pscht«, was er vier Male wiederholen muß, um am Schluß zur Belustigung der Zuschauer ein »Pscht« zuviel hören zu lassen.

Diese Vorführung war für mich das bisher Großartigste, was ich je von einem Graupapagei gehört habe. Die Leistung war einmalig. Trotz meiner Bitte um ein Treffen mit Frau Eston, ist es dazu aus Zeitmangel nicht mehr gekommen. Wie gerne hätte ich noch den Lesern den Lebenslauf dieses Papageis geschildert.

Ferner zeigte Ende 1975 Willy Mexiko eine Schau im Fernsehen und in etlichen Städten mit seinen vielen zahmen Großpapageien, die jeden beeindrucken mußten, zumal alle Papageien in fabelhafter Kondition waren. Auch Graupapageien befanden sich in dieser Vorstellung. Kein Papageienfreund sollte solche Vorführungen versäumen.

Im Verlag »Deutsche zoologische Gesellschaft« erschien 1953 ein recht interessanter Artikel von Prof. Dr. Otto zur Strassen, der sich mit der Meinung des bekannten Wissenschaftlers im Max-Planck-Institut, Prof. Dr. Konrad Lorenz, in einem Artikel auseinandersetzt. Es geht hier um »Zweckdienliches Sprechen beim Graupapageien« und O. zur Strassen schreibt:

»Wenn Konrad Lorenz in dem liebenswürdig lustigen und doch wissenschaftlich ernsten Buche, dessen Hauptheldin das Gänschen Martina ist (1951), kategorisch erklärt: ›Auch die am besten sprechenden Vögel‹ – das sind natürlich die großen Papageien — ›lernen es merkwürdigerweise niemals, mit ihrem Können auch nur den einfachsten Zweck zu verknüpfen‹, dann ist dies Urteil von Schwergewicht, zu dem die Wissenschaft Stellung nehmen muß – so oder so. Lorenz setzt der Sprachbegabung der Papageien in strenger

Sparsamkeit eine obere Grenze. Und das war zweifellos dringend erwünscht; hat doch von jeher das staunenswerte Sprechvermögen der Papageien, vor allem des Graupapageis, die Gefahr einer argen Überschätzung ihrer ›geistigen Fähigkeiten‹ nahegelegt. Aber es fragt sich doch, ob die von Lorenz geforderte Grenze nicht gar zu niedrig liegt.

Warum empfindet denn Lorenz den von ihm angegebenen Sachverhalt als ›merkwürdig‹? Nun, weil einerseits das Sprechen der Papageien auch nach seiner Ansicht nicht immer leeres Geschwätz, sondern oft der ›Ausdruck bestimmter und beinahe sinnvoller Gedankenverbindungen‹ ist. Und weil andererseits die Papageien, wie er schreibt, im Stande sind, ›irgendwelche Bewegungen, die zur Erreichung eines Zweckes dienen, den der Vogel anstrebt, ohne weiteres zu erlernen, und zwar auch solche, die ausschließlich darauf abzielen, den menschlichen Pfleger zu einer bestimmten Handlungsweise zu veranlassen‹. Warum machen sie dann niemals von ihrer Sprache, die doch auch eine Bewegung ist, Gebrauch, um ihren Pfleger zu einer ihnen erwünschten Handlungsweise zu veranlassen? Das klingt zweifellos merkwürdig. Aber diese ganze Rätselhaftigkeit einer solchen Lage kommt doch erst dann zum Bewußtsein, wenn man den Sinngehalt der Papageiensprache in seinem Anstieg bis zu der Lorenzschen Grenze klar überschaut. – Dieser Anstieg läßt vier Stufen unterscheiden.

Im einfachsten Falle ist das ›Sprechen‹ der Papageien nichts weiter als bloße Nachahmung. Sie haben die Fähigkeit, sich Töne, Geräusche, menschliche Worte und Sätze einzuprägen und mit Hilfe von Kehlkopf, Zunge und Schnabel wunderbar getreu zu reproduzieren, und unterhalten sich damit, sinnlos plappernd und alles durcheinandermischend, stundenlang.

Die zweite Stufe ist die der Assoziation. Die Ton-Nachahmung wird mit optischen oder akustischen Eindrücken der Situation, in welcher die betreffenden Laute gehört worden waren, derartig verknüpft, daß die Wiederholung der Situation fortan zum ›Auslöser‹ wird für die Erzeugung der eingeprägten Laute. Die Nachahmung signalisiert dann den Wiedereintritt der Situation. – Jeder anständige Graupapagei hat gelernt, wenn an die Tür geklopft wird, ›Herein‹ zu rufen. Aber das ist noch gar nichts. Ein jung von mir aufgezogener lernte, auf meine Frage, ›Jako, was bist du?‹ zu erwidern: ›Ich bin ein Graupapagei‹, und auf ›Wie heißt du?‹: ›Psittacus erithacus‹; was ungemein komisch wirkte, weil er das Ps mit weit geöffnetem Schnabel aussprach, für uns eine Unmöglichkeit. Wenn er sich seiner Fäces entledigte, stöhnte er: ›Drück, drück‹, wie ihm früher bei solcher Gelegenheit ganz absichtslos zugerufen worden war; und dann erleichtert: ›sooo!‹

Bedeutend höher hinauf führt schon die dritte Stufe. Die Papageien besitzen, wie alle intelligenten Tiere, die Gabe der Abstraktion, d.h. die Fähigkeit,

das für eine ›Klasse‹ ähnlicher Dinge oder Vorgänge Gemeinsame, Wesentliche festzustellen, gleichsam den ›Begriff‹ der Klasse zu bilden, diesen sich einzuprägen und assoziativ zu verwenden. Und häufig erscheint nun ein solcher begriffsartig verallgemeinerter Klasseneindruck auch in der Sprache der Papageien, indem ihm ein Tonsignal, das bei früherer Begegnung mit Situationen der betreffenden Klasse zu hören gewesen war, zugeordnet wird. So nannte ein Amazonenpapagei, von dem Grzimek (1951) nach offenbar zuverlässiger Privatmitteilung berichtet, alle K i n d e r, kleine wie größere, Buben und Mädel, obwohl er sie individuell genau unterschied, ›Gregor‹, wie das erste Kind hieß, das er kennengelernt hatte. – Mein Jako hatte den ›Begriff‹ der F l ü s s i g k e i t gebildet und verkündete oft das Vorhandensein einer solchen, sei es nun Wasser, Tee, Suppe oder sonst etwas, mit einem Plätschergeräusch, das er vermutlich vom Waschtisch her kannte. – Der gleiche Graupapagei (und unabhängig von ihm ein zweiter, der meiner Schwester gehörte) bezeichnete alles, was aus G l a s bestand, auch eine Tintenflasche, mit dem scharf klirrenden Ton, der entsteht, wenn man einem harten Gegenstand an ein Glasgefäß schlägt. – Sogar noch feinere Abstraktionen und ihrer sprachlichen Bezeichnung sind Papageien fähig. Ein Jako, den Fr. v. Lucanus (1923) besaß, sagte oftmal, wenn in seinem Gesichtskreis irgendeine H a n d l u n g vollendet, z. B. die Käfigtür geschlossen, die Lampe auf den Tisch gestellt, eine Zigarre angezündet worden war, nach Menschenweise kurz: ›So‹. Die für uns weitaus bedeutungsvollste Stufe aber ist die vierte, die Stufe der A n t i z i p a t i o n. In den bisher genannten Fällen waren die Dinge oder Vorgänge, die mit ihrem individuellen oder begrifflich verallgemeinerten Tonsignal angesprochen wurden: ein Glas, ein Kind, ein gesprochenes Wort usw., a l s s o l c h e v o r h a n d e n. Sie wirkten unmittelbar auf die Sinne des Vogels. Ihr optischer oder akustischer Reiz löste das assoziierte Sprachsignal aus. Jetzt aber steigert sich der Inhalt der Papageiensprache vom Wahrgenommenen zum bloß ›Gedachten‹, vom Gegenwärtigen zum Künftigen.
Es ist längst bekannt, auch Grzimek (l. c.) teilt eine Anzahl glaubhafter Fälle mit, daß gut sprechende Papageien im Stande sind, das Tonsignal, das einen Vorgang oder ein Ding oder eine Klasse von solchen bezeichnet, i m v o r a u s zu produzieren, wenn das betreffende äußere Objekt noch gar nicht vorhanden ist, aber erfahrungsgemäß z u e r w a r t e n s t e h t. Die Amazone Lora sagte, wenn v. Lucanus (l. c.) das Zimmer verließ ›Adieu!‹, oft aber schon dann, wenn er den Hut ergriff, oder den Mantel anzog oder die Schreibtischschublade verschloß. Sie antizipierte also den erwarteten Vorgang des wirklichen Hinausgehens und verkündete ihn durch das ihm zugeordnete Tonsignal. – Wenn wir spät abends nach Hause kamen, geschah es zuweilen, daß meine Frau einem Schränkchen, dessen Tür früher einmal gequietscht hatte, eine

Likörflasche entnahm und zwei Gläschen einschenkte. Hierbei beschrieb Jako den ganzen Vorgang durch eine Folge passender Tonsignale, nur eben im voraus. Ehe noch meine Frau an das Schränkchen ging, quietschte er, dann gab er den klirrenden Glaston zum besten, hierauf das schleifende Geräusch des herausgezogenen Stöpsels und endlich das aufsteigende ›gluck gluck gluck gluck gluck‹, womit er allgemein das Ausgießen einer Flüssigkeit aus einer Flasche zu annoncieren pflegte. Es sah genau so aus, als lüde er uns ein, danach zu verfahren, als wünschte er, daß die vorweg signalisierte Handlung von uns vollzogen werden sollte, und bediente sich seiner Sprache, um dies herbeizuführen.

Allein zu einer solchen Deutung, mit der wir ja die Lorenz'sche Grenze sogleich überschreiten würden, haben wir durchaus kein Recht. Was hätte denn Jako davon gehabt, daß wir ein Schnäpschen tranken, wovon er nichts abbekam. Oder was lag der Lora daran, daß v. Lucanus das Zimmer verließ? Im Gegenteil: das war ihr vermutlich sehr unerwünscht. Die Produktion dieser Tonsignale trägt also immer noch den Charakter des, wie Lorenz sagt, ›absichtlos Spielerischen‹ und liegt nach wie vor unterhalb der Lorenzschen Grenze.

Was wir aber mit Sicherheit behaupten können und müssen, das ist, daß im Gehirn des Vogels eine durch frühere Erfahrung gewonnene geordnete Folge von Situationsbildern (eine ›Stimmungsgruppenfolge‹ [Zur Straßen 1908] bestand, jedes davon, oder doch manche, mit einem Tonsignal verbunden, und daß die ganze Folge in Aktion gerät, sobald ihr Anfang ausgelöst worden war. Auf eine der solchermaßen rein innerlich hervorgerufenen Erregungszustände, oft nur den letzten der ganzen Folge, reagiert dann der Vogel mit dem ihm zugeordneten Tonsignal, wie sonst auf den äußeren Sinnesreiz. Und damit führt die hier geforderte (und zweifellos vorhandene!) beträchtliche Erweiterung des der Papageiensprache zugrundeliegenden nervösen Mechanismus unmittelbar an die Lorenz'sche Grenze selbst. Ein winziger fünfter Schritt müßte sie überschreiten. Es brauchte nur an Stelle des ›Erwarteten‹ das ›Erwünschte‹ zu treten: der Eindruck einer Folgesituation, die sich bei früherer Erfahrung als wohltätig, als nützlich erwiesen hatte. Das aber ist an sich überhaupt nichts Neues. Die Gabe, ›irgendwelche Bewegungen‹, die den menschlichen Pfleger zu einer bestimmten, dem Vogel gewünschten Handlungsweise veranlassen können, zu erlernen, kommt ja, nach Lorenz, den Papageien zu! Und dann sollten sie niemals imstande sein, statt irgendeiner anderen, mit der erwünschten Endsituation assoziierten ›Bewegung‹ die Produktion einer ihr zugeordneten Lautäußerung zu erlernen? Das wäre nicht nur ›merkwürdig‹, sondern fast widersinnig. Dennoch glaubt Lorenz es annehmen zu müssen. Ihm selber sind

Fälle von zweckdienlicher Papageiensprache nicht vorgekommen. Und was in älterer Literatur über solche berichtet wird, erkennt er offenbar nicht als hinreichend gesichert an, gewiß zum größten Teil mit Recht. Wie denn auch die wunderbaren Geschichten, die früher im Brehm zu lesen waren, in dessen vierter Auflage beseitigt worden sind. Ich stütze mich deshalb, wenn ich im folgenden versuche, das Gegenteil zu beweisen, ausschließlich auf Beobachtungen an meinen eigenen, von Jugend auf kontrollierten Graupapagei.

Zweckdienliches Sprechen liegt meines Erachtens z. B. vor, wenn Jako, der frühzeitig gelernt hatte, beim Empfang eines Stückes Zwieback (notabene mit Butter auf beiden Seiten) ›Zwieback‹ zu sagen, in späteren Jahren unfehlbar sein ›Zwieback!!‹ schmetterte und immer wiederholte, sobald er nur den geliebten Leckerbissen von weitem zu sehen bekam, wobei er aufgeregt von einem Fuß auf den andern trat und an das Käfiggitter drängte. – Stand Obst auf dem Tisch, dann bettelte er niemals mit ›Zwieback‹, sondern mit ›Bitte Orange!‹.

Immerhin, in den genannten Fällen war wenigstens der Gegenstand, an dem sich der erwünschte Vorgang abspielen sollte (der Zwieback, das Obst), sichtbar vorhanden. Zuweilen aber fehlte diese Vereinfachung. Wenn unser Jako allein im Zimmer war und sich langweilte oder fand, es sei an der Zeit, den Tisch zu decken, rief er solange schallend ›Herein!‹, bis jemand kam; ohne daß doch geklopft worden wäre. Oft aber klopfte er vorher selber; was er sogar auf zweierlei Weise fertigbrachte: mit seinen Stimmwerkzeugen oder indem er mit dem Schnabel auf seine Sitzstange klopfte. – Bevor sich Jako die Sonderbitten um Obst und Zwieback angeeignet hatte, war er gelehrt worden, bei jedem empfangenen Leckerbissen ›Bitte, bitte‹ zu sagen, und tat dies auch späterhin, wenn zwar der Tisch gedeckt, aber weder Zwieback noch Obst darauf zu sehen war. Einmal aber verwandte er dieses unbestimmte Bedarfsignal mit sehr bestimmtem Ziel. Ich zitiere aus dem von meiner Frau geführten Protokollbuch über Jako: ›23. 3. 1928. Heute abend, lange nach dem Abendessen, antwortete er auf alles, was ich ihm sagte, nur hartnäckig ›Bitte, bitte‹. Als ich endlich hinging, sah ich, daß sein Teenäpfchen leer war und er offenbar großen Durst hatte. Als ich ihm Tee gab, trank er gierig. Nachher redete er alles mögliche.‹

Kurzum, der Grenzübergang zur zweckdienlichen Papageiensprache wird, wie ich glauben muß, wirklich getan.

Nun liegt wohl, rein tierpsychologisch gesehen, nicht allzuviel daran, ob die Papageiensprache ›beinahe‹ oder wirklich ›sinnvoll‹, nämlich zweckdienlich ist. In einem anderen Lichte aber, dem ökologisch-phyletischen, kommt dieser Frage grundsätzliche Bedeutung zu. Lorenz hat die hier auftauchende Problematik sehr wohl erkannt. Aber er steht ihr, von diesseits sei-

ner Grenze, ratlos gegenüber. Er schreibt: ›Der ganze komplizierte Apparat von Kehlkopf und Gehirn, der Nachahmung und Gedankenverbindung ermöglicht, scheint keinerlei uns verständliche Funktion für die Erhaltung der Art zu entwickeln. Man fragt sich vergebens, wozu er da ist.‹ In diesen Worten spürt man die ganze Qual des nach Klarheit und Sparsamkeit ringenden Forschers, der an entscheidender Stelle auf ein Hindernis stößt, das er nicht überwinden zu können glaubt. Das Dasein komplizierter Mechanismen kann eben nur dann auf sparsame, d.h. mechanistische Weise begriffen werden, wenn sie nützlich sind. Andernfalls droht die bedrückende Alternative des Vitalismus, der zielstrebigen Entwicklung!

Von jenseits der Grenze sieht das ganz anders aus. Wenn die Papageiensprache auf ihrer fünften und höchsten Stufe zweckdienlich, d.h. nützlich ist, dann erscheint mit einem Schlage die prinzipielle Möglichkeit, daß die zu ihrer Ausführung benötigten nervösen und sonstigen Mechanismen im Daseinskampf gezüchtet worden seien. Aber selbstverständlich hat hierbei die Beziehung zum Menschen oder gar zur menschlichen Sprache nicht die geringste Rolle gespielt. Der arterhaltende Nutzen muß innerhalb der Spezies – im Leben des Paares oder der Schwarmgemeinschaft – zur Geltung gekommen sein. Und zwar nicht bloß die fünfte Stufe, die dem Menschen gegenüber, als einzige, zweckdienlich wirkt, sondern auch die vier vorausgehenden Stufen, die uns wie absichtslose Spielerei, als eine Art ›Leerlauf‹ erscheinen können, während sie doch die physiologischen und phylogenetischen Vorstufen der fünften sind. Es muß bei den Papageien, vor allem dem Graupapagei, ein hochentwickeltes und vielgestaltiges akustisches Mitteilungswesen bestehen, das, wenigstens zum Teil, nicht einfach instinktiv gegeben ist, sondern auf Nachahmung, Assoziation, Abstraktion und Antizipation ›erwünschter‹ Ziele beruht und durch eben die komplizierten Mechanismen ermöglicht wird, deren Vorhandensein aus Sprachleistungen gefangener Papageien unweigerlich erhellt. Wem das zu viel ist, der gehe hin und bekenne sich zu Vitalismus und Zielstrebigkeit. Es bleibt ihm keine andere Wahl.

Gehört hat man freilich von solchen Gesprächen zwischen freilebenden Grau- und anderen Papageien bis jetzt noch nichts. Sie scheinen sich immer bloß anzukreischen. Aber darauf kommt nicht viel an. Wie wenig sind sie bisher in ihrem Zusammenleben in freier Natur beobachtet worden! Auch bei den Rabenvögeln, den Enten und Gänsen hatte man früher kaum mehr gehört als Krächzen und Schnattern. Bis dann K. Lorenz kam und ihre Sprache verstehen und reden lernte, wie mit dem Gänschen Martina.«

Nach diesen und anderen Erlebnissen und Feststellungen darf man nun wohl behaupten, daß Grau- oder eventuell auch andere große Papageienarten, nicht nur die Nachahmung der Assoziation (Verknüpfung von Bewußtseinsinhalten), sondern auch die der Antizipation (genial Vorgeahntes) gegeben ist.

Nachahmungen nicht stimmlicher Art

Die vielen Vogelhaltern bekannte Frau Ragotzi schreibt:
»Als Schulmädel hatte ich mehrere Jahre Gelegenheit, das Verhalten eines Graupapageis zu beobachten. Der ahmte nicht nur die einzelnen Stimmen der Familienmitglieder in wunderbarer Deutlichkeit nach, sondern äffte auch Bewegungen nach, so zum Beispiel wie die naschhafte Köchin mit hochgestrecktem Halse Flüssigkeiten hinunterschlürft. ›Schmeckt gut, schmeckt großartig!‹ sagte er nachher, wenn der lang gestreckte Hals wieder in Normalhaltung war.«

Der Verfasser selber sah schon mehrere Graupapageien, die wie der Pfleger vor dem Käfig ein Auf- und Abwippen des Oberkörpers mit dem Takt der Musik verbanden.

Dazu gehörte auch (und wurde in diesem Buch schon erwähnt), daß jemand stets beim Weggehen nach Soldatenart die Hand an den Kopf legte. Dieses hatte zur Folge, daß später der Graupapagei den Fuß zum Kopf hob, sich etwas verneigte und »guten morgen« oder »adieu« von sich gab. Der Autor meint, daß es kaum einen besseren Beweis dafür gibt, daß auch Papageien in beschränktem Maße Bewegungs-Nachahmungen vollbringen können.

Ein anderer Grauer klopft auf die Käfigstange und läßt dann »herein« hören. Der Vogel muß das Klopfen doch wohl abgesehen haben, denn es ist eine Tonwiedergabe, die mit einer Bewegung zusammenhängt.

Vogelpfleger berichten...

Veröffentlichungen rufen meistens neue Diskussionen und Anregungen bei den Liebhabern hervor, so daß ein großes Angebot an Berichten erscheint. Diese können aber auch durch Jahre ausbleiben. Solch eine Zeit gab es z. B. bei der »Gefiederten Welt« zwischen 1962 und 1972. In diesen 10 Jahren erschienen nur zwei Artikel über Graupapageien. So beklagte sich noch 1962 ein Liebhaber, daß es allgemein keine Literatur über Papageien gäbe. Inzwischen hat sich das sehr geändert, jedoch eine spezielle Schrift über den Graupapagei fehlt seit 1909.

Dieses Kapitel soll vor allem ein Sprachrohr vieler Graupapageienpfleger sein und auf breiter Basis verdeutlichen, was man mit einem solchen Papagei alles erleben kann. Auf diese Weise werden das Wissen und die Erfahrungen sehr vieler Graupapageien-Pfleger aus einem Zeitraum von etwa

100 Jahren den Lesern vorgestellt. Man könnte manchmal glauben, daß dieser oder jener Vogelhalter übertrieben hat, aber selbst wenn es so wäre, blieben immer noch sehr viele andere, die Ähnliches erlebt hatten. So soll jetzt die Nachahmung zu Wort kommen.

»Im Juli kaufte meine Frau einen jungen Jako. Dieser Vogel wurde uns sogar auf Probe übergeben, und dabei erwähnt, daß er recht gelehrig sei und etwas pfeifen und sprechen könne. In Kiel angekommen, gewöhnte der schöne Vogel sich leicht an seine neue Heimat und Umgebung. Sowie er sich in seinem Käfig wohlfühlte, fing er schon am nächsten Morgen an, wie eine Henne zu gackern, als er das Frühstück auf dem Tisch sah, rief er: ›Backe, backe Kuchen‹ und ›gib, gib Papagei‹. Dann sagte er ›Komm' Lora, komm, Köpfel krau'n – Eins, zwei, drei, Hurrah!‹ Wenn angeklopft wurde, ließ er ein kräftiges ›Herein‹ ertönen. Dies überzeugte uns, daß der Vogel für alles, was er sagte, Verständnis habe, wir beschäftigten uns nun viel mit ihm, und er lernte in ganz kurzer Zeit, zuweilen in einem Tage, folgende Redensarten: ›Major, was machst Du? Hast Du Geld, Du alter Schwede?‹ Wurde ihm hierauf ›Nein‹ erwidert, so rief er sehr bald das ihm einigemal vorgesagte ›Das paßt mir nicht‹. Die Hunde unterschied er sehr schnell und nannte ihre richtigen Namen, sowie sie in seine Nähe kamen. Sehr viel Spaß machte ihm das Dienern derselben, und auffallend schnell lernte er die darauf bezügliche Redensart ›Karo (oder Penny) schön machst Du!‹ und dabei stampfte er mit dem Fuß und nickte mit dem Kopf dazu (auch wieder eine nichtstimmliche Nachahmung, Verfasser). Zuweilen leistete der kleine Hund, zu Rosas – so benannten wir ihn – größtem Vergnügen, dem Befehle Folge. Ein Friseur, der täglich ins Haus kam, und sich sehr für den Papagei interessierte, klopfte an, der Vogel rief jedesmal ›herein‹, der Friseur trat nun an das Bauer heran, machte einen tiefen Diener und salutierte mit der Hand. In ganz kurzer Zeit machte das gelehrige Tier dies nach, hob den Fuß nach dem Kopf und machte, indem er das ›Guten Morgen‹ erwiderte, einen tiefen Bückling. Sobald Rosa bemerkte, daß das Frisieren beendigt sei, machte sie wieder eine Verbeugung und sagte ›Adieu‹. Dies führt sie überhaupt fast bei jeder Person aus, von der sie sieht, daß sie das Zimmer verlassen will, ja wenn wir abends spät in Gesellschaft gehen und der Jako schon träumerisch dasitzt, wird uns doch noch, wenn wir aus der Tür gehen, ein zärtliches ›Adieu‹ nachgerufen.«

Weiter heißt es bei diesem Jako-Halter: *»Ebenso hielt er anfänglich seine Sprachvorträge nur, wenn er niemand im Zimmer bemerkte; nach kurzer Zeit plauderte er aber schon ohne Rücksicht auf seine Umgebung, lachte im herzlichsten Tone mit, wenn gelacht wurde, und gegenwärtig bedarf es nur der geringsten Anregung, und er läßt seiner Zunge freien Lauf. Auf ein leises Pfeifen nach dem Hunde fällt er sofort mit dem Rufe ›Karo, wo ist der Karo?‹*

ein, den er dann selbst weiter herbeipfeift. Sein Pfeifen ist von seltener Kunst-
fertigkeit; er pfeift die verschiedensten Melodien im richtigen Takte. Täuschend ahmt er das Bellen des Hundes und das Miauen der Katze nach, so
daß anwesende Fremde den Ursprung dieser Töne überall eher als im Papa-
geien-Käfig suchen. Sobald die Tischglocke erschallt, ruft er so lange mit
immer höherer Stimme: ›Katti‹, bis die Gerufene erscheint. Ebenso beantwortet er jedes Klopfen an der Tür mit dem Rufe ›herein‹, läßt sich aber sehr
selten täuschen, wenn man ihm dies durch ein Klopfen im Zimmer ablocken
will. Wenn in seinem Beisein eine Flasche entkorkt wird, so tönt, lange ehe
der Pfropf aus der Öffnung dringt, ein so natürliches ›Suk!‹, daß die damit
Beschäftigte den Kopf bei Seite biegt, um vom Pfropf nicht getroffen zu werden, der dann erst eine ziemliche Weile später hervordringt. Am häufigsten
pflegt sein Gespräch mit der Nennung seines eigenen Namens zu beginnen,
›Jakerl, gutes Jakerl, gib's Kopferl her, laß Kopferl kratzen, du gutes, gutes
Jakerl‹, und dies geschieht in so sanftem, zärtlichem Tone, wie bei jemand,
der sich mit Wohlgefallen in Schmeicheleien gegen sich selbst ergeht.
Wie von kräftiger Menschenstimme tönt sein Ausruf ›Wach' heraus, der
Prinz fährt aus!‹ und darauf die vorgeschriebenen Trommellaute: ›Tra, ta,
tata, Tra, ta, tata‹, die er entweder ausstößt, oder mit dem Schnabel am Käfig
anschlägt. ›1, 2, 3, Bub!‹ ruft er oft in sanftem, oft in barschem Tone, wie er
dies beim Spiele erlauscht hat.
Irrt er sich im Zählen, oder spricht er sonst ein Wort undeutlich aus, so verbessert er sich so lange, bis es richtig und deutlich vernehmbar ist. In den verschiedensten Tonarten anfangs bittend, schließlich zürnend, wiederholt er
drei- bis viermal ›Johann Schnaps, Johann Schnaps!‹ bis er sich selbst die
Antwort ›Ja, ja, ja, ja‹ erteilt, wenn er sie nicht von anderer Seite erhält.
Wenn der in seiner Nähe sich befindliche grüne Papagei ihm durch Geschrei
lästig wird, oder es sonst allzulaut um ihn herum zugeht, erfolgt sofort der Be-
schwichtigungsruf ›Pst!, wart, wart, Du!‹, der, falls er nicht sofort wirkt, mit
Nachdruck wiederholt wird. Mit Frau Kastner, der er anfangs nicht hold war,
befreundete er sich bald, ruft ihr nun oft im liebreichsten Tone ›Marie, gute
Frau, wo ist die gute, gute Frau?‹ zu, erscheint sie dann bei seinem Hause,
oder antwortet sonst nur, da wirft er ihr noch einige ›Pussi, Pussi‹ zu.
Er pflegt häufig sich noch in der zehnten Abendstunde in ein Selbstgespräch
zu vertiefen, das er gewöhnlich mit dem Wunsche ›gute Nacht, gute Nacht,
Jakerl‹ schließt, und wenn sein Haus dann von Frau Kastner zugedeckt wird,
so sind es noch immer einige dankbare ›Pussi‹, die unter der Decke hervortö-
nen.
Über alles geht seine Neigung zu seinem Herrn. Herr Kastner wird von allen
bevorzugt, derselbe kann die Hand in den Käfig stecken, und werden die Fin-

ger nur vorsichtig benagt und beleckt, ebenso kommt Jako, wenn die Käfig-
türe aufgemacht wird, sofort auf dessen Hand, klettert auf die Schulter und
versteht sich zwischen Rock und Brust einzuschleichen und, sobald er fest
sitzt, seinen Kopf in die Achselhöhle einzuzwängen, wo er sich sehr gern so
lange als möglich aufhält.

Auf die Frage: ›Für welchen Preis überlassen Sie mir den Jako?‹ Die Antwort: ›Was für Sie Ihr Haus, ist für mich mein Jako, behalten wir jeder das
Seine.‹«

In den nächsten Zeilen werden die vielen Nachahmungen wiedergegeben
und so lesen wir z.B.: »Infolgedessen erlaube ich mir, Ihnen einmal eine
ziemlich umfangreiche, aber wahrscheinlich noch nicht vollständige Auf-
zeichnung der Redensarten meines, den Lesern schon einigermaßen bekannten Jakos beizufügen. Derselbe hat noch eine große Anzahl neuer Redensarten zu den damals mitgeteilten hinzugelernt, so daß er, wenn ich selbst auch
einiges vergessen haben sollte, doch wohl fast alle Gelehrten seiner Art übertreffen dürfte.

Er spricht also von einzelnen Namen: Mama, Papa, Großmama, Großpapa,
Bertha, Gustel, Rose, Marie, Heinrich, Jako, Jockerle, Rappo, Kitschel für
Kätzchen. Ganze Redensarten hat er in oft höchst komischen Zusammenstel-
lungen. Ich will jedoch hier wenigstens das Hauptsächlichste aufzählen. Rin-
gel, Ringel Kasten, morgen wollen wir fasten! Hansemann hat Hosen an!
Eins, zwei, drei, Hurrah! Adieu, Papa, komm bald wieder! Was willst Du?
Wie heißt Du? Du sollst nicht so pipschen! (Er hat nämlich leider einmal eine
Tür knarren hören und macht den Laut dann und wann nach.) Bitte, bitte,
Papa, eine Pflaume! Gib einen Kuß! Willst Du Wasser trinken! Na, da trink
Wasser! Wirst Du artig sein! Marsch aufs Stengel! Ich werde gleich mit dem
Stecken kommen! Du dummer Kerl! Du närrischer Kerl! Komm ’raus aus
dem Bauer! Komm her Papa, komm doch zum Jockerle! – Er ruft auch ›herein‹, wenn geklopft wird. Hätte ich seine eigenen oft höchst possierlichen Zusammenstellungen verzeichnet, so würde das Register wer weiß wie lang werden, so z.B. Mama, sag mal, was will der Papa? Großmama, wirst Du gleich
artig sein? Ich komme gleich mit dem Stecken! Jockerle, ruf doch das Kitschel! Er lacht, hustet, räuspert sich, bellt, schreit wie der Hund, wenn er getreten wird, er macht sogar das Händeklatschen nach. Kurzum jeden Laut, ob
angenehm oder nicht, versucht er sofort nachzuahmen, so daß wir gar nicht
genug aufpassen können, damit er nicht zu unangenehme Laute hört. Bei seiner Jugend (er ist nämlich noch nicht drei Jahre alt) ist jedenfalls sein Wort-
gedächtnis noch nicht erschöpft, so daß er gewiß noch viel sprechen lernen
wird. Jetzt, während des Schreibens, sagt er eben: Rappo komm her! Na, da
trink doch Wasser, Du dummer Kerl, Du! – Seine schönste Eigenschaft ist

seine fast unglaubliche Zärtlichkeit zu mir, denn selbe geht soweit, daß er mich unter Liebkosungen versucht aus dem Kropfe zu füttern. Leider kann ich mit seinen Liebkosungen nicht einverstanden sein, da er mich an den Haaren zieht, an den Ohren knabbert usw. und da er keine Ahnung haben kann, daß dies schmerzt, so ist er manchmal, wenigstens beim Ziehen an den Haaren, ziemlich rücksichtslos. Von mir läßt er sich in den Händen kraulen wie einen Handschuh, ohne daß er erhebliche Widerstandsversuche macht, ebenso bleibt er in der flachen Hand auf das Kommando, stell Dich tot! eine Weile ganz still auf dem Rücken liegen. Ich schließe mit der Versicherung, daß ich bestimmt nicht zu viel, sondern noch zu wenig erzählt habe.«

In einem anderen Bericht setzte nach acht Monaten erst die große Nachahmung ein. Es ist erstaunlich, was folgender Graupapagei von sich gibt: »Mit der Zähmung ging es anfangs auch sehr langsam, das mark- und ohrenzerreißende Kreischen wollte er eben trotz allen Schmeichelns gar nicht ablegen, bis ich ihn endlich auf das Geländer eines Gartensessels setzte. Hier hatte er keinen Rückhalt, konnte nicht vor- und nicht rückwärts und war schon nach wenigen Tagen soweit, daß er sich auf die vorgehaltene Hand setzte und sich bald auf diese Weise herumtragen, streicheln und am Kopf kraulen ließ. Das Schreien hörte nun auch auf. Ich führe alle diese Einzelheiten hier deshalb an, weil gerade bei der Zähmung oft am meisten gefehlt und gesündigt wird, indem wenige die Geduld und Ausdauer besitzen, einen Vogel, zumal einen Graupapagei, zu zähmen und zu erziehen. Schon in den ersten Tagen soll womöglich derselbe alles nachsagen können, gehts nicht, so heißt es gleich, der Kerl ist ein Stümper, er kann nur entsetzlich schreien. Es ist freilich bequemer, einen schon gezähmten Papagei zu kaufen, was sie aber noch sprechen lernen, ist eine andere Frage. Ein Beweis, wie wenig man die Geduld verlieren darf, ist gerade mein Jako. Ich mußte volle acht Monate zusehen, bis er nur das eine Wort ›Jako‹ sprechen konnte. Meine Frau, die sich eigentlich am meisten mit ihm abgeben konnte, und ich wurden aber auch reichlich für die Mühe belohnt, denn nun kam fast jeden Tag etwas Neues und heute, nach 4 Jahren, weiß er soviel, daß es mir zur Unmöglichkeit wird, alles das anzuführen, was er tagsüber spricht. Es gibt fast keinen Ausdruck der täglichen familiären Unterhaltung, den er nicht nachspricht. Und wie trefflich er alles gelernt hat, namentlich in Beziehung auf richtige Anwendung der Worte. Meine Frau unterhält fast den ganzen Tag eine Art Zwiegespräch mit ihm. Um nur einiges aus dem Vielen herauszugreifen, so nennt und ruft er z. B. alle sich im Hause befindlichen Menschen und Tiere mit Namen: ›Liebe Marie! Bist Du da? – So, das ist recht. – Wo ist denn mein Emili? – O, mein liebs, guts Emili! – Nero, Du gehst her! Marquise, Dein Herr kommt! (Dies sind zwei Hundenamen). – Ja, ja, Marquise, Du darfst mit!‹ Den beiden Katzen

ruft er: ›Peter! Iwanoff! Marsch 'naus, Ihr Rattenchor!‹ oder: ›Peterle, pst!
pst!‹ Er pfeift und lockt Hund wie Katzen gleich gut. Läßt mein Schwarzkopf
oder die Amsel das ›Tak, tak‹ hören, so heißts gleich: ›Pst! Wart, Schwarz-
kopf!‹ oder ›Wart, Hexe (so heißt nämlich die Amsel), bist still! wart, ich
komm! wart, Du kriegst Wix!‹ Und niemals verwechselt er die Namen, er
weiß ganz genau, welcher Vogel es ist, der da lockt. Er kennt auch sein ›Han-
serle‹ (Kanarienvogel), ›'s Rotkehle‹ und seine ›Papageile‹ (Wellensittiche)
und ruft ihnen zu.
Folgenden Vers sagt er oft vier- bis sechsmal hintereinander ohne Fehler her:

> *›Mit dem Pfeil, dem Bogen,*
> *Durch Gebirg und Tal,*
> *Kommt der Schütz gezogen*
> *Früh im Morgenstrahl.‹*

ebenso:

> *›Ein Mädchen oder Weibchen,*
> *Wünscht Papageno sich,*
> *Ja, so ein sanftes Täubchen*
> *Wär Seligkeit für mich!‹*

Macht er keinen Fehler, so lobt er sich selbst: ›So, mein lieb's, gut's Paperle,
mein Bijou! So ist's recht! Sing noch einmal!‹ worauf er nochmals anfängt;
macht er aber einen Fehler, so lacht er und sagt: ›'s ist nix! dummer Kerl!‹ –
Daß er grüßt: ›Grüß Dich Gott! – Adieu, leb' wohl! – Guten Morgen! – Gut'
Nacht, schlaf wohl!‹ versteht sich von selbst; er ruft die Grüße auch Fremden
zu. Gar schön ist es aber, wenn er sieht, daß meine Frau oder ich ausgehen
wollen, und dann sagt: ›Adieu liebe Marie! Leb wohl! Gib mir ein' Kuß!‹
oder ›Adieu, Papa! Leb wohl! Komm bald!‹ Beim Kommen ruft er schon von
weitem: ›Grüß Dich Gott! Bist Du auch da? wie geht Dir's?‹ Bemerkt er, daß
der Kaffee aufgetragen wird, so heißt's gleich: ›Hast Du Kaffeebrotle? – Soll
ich Dir ein Brotle holen?‹ Außerdem spielt er auch Verstecken und ruft:
›Guckguck, da, da‹, klopft an seinen Käfig und ruft ›Herein!‹ usw.
Noch vieles könnte ich hier anführen, wie er z. B. beim Zernagen der Hölzer,
bei seinen Turnübungen oder beim Baden bis acht zählt. Letzteres, das Ba-
den, ist eine Leidenschaft von ihm, er ruht nicht und bettelt dann immer:
›Willst Du baden? – Paperle will baden‹, bis er mit einer Mundbrause gehörig
eingenäßt worden ist, worauf er in der Regel selbst noch ein freiwilliges Bad in
seinem Trinkgeschirr nimmt.«

Es folgt nun ein ganz besonders ausführlicher Artikel über Zähmung und
Nachahmung. Der Pfleger hat bis in alle Einzelheiten gut beobachtet und
läßt kaum etwas aus, worauf bei diesen Dingen zu achten ist. Immer wieder
bestätigen die Vogelhalter, wie verschieden die Graupapageien sind. Es

liegt ganz gewiß zu einem großen Teil bei dem Pfleger, wie sich sein Vogel entwickeln wird, aber um ein Spitzentier zu erreichen, gehört auch Glück, da nicht jeder Graupapagei gleiche Talente zeigt:

»Es gibt Jakos, welche sich äußerst gelehrig zeigen in der Nachahmung von allerhand Lauten, Tönen, Geräuschen, welche bald die schönsten Melodien zu pfeifen erlernen, die täuschend das Lachen, das Weinen, das Husten, Räuspern, Niesen, Krähen, Bellen u. dergl. nachzuahmen verstehen, welche aber für menschliche Worte höchst ungelehrig und kaum imstande sind, nach jahrelangem Unterricht einige Worte zu sprechen, wenn sie diese auch mit größter Deutlichkeit und Naturtreue aussprechen. Ich selbst war einmal im Besitz eines solchen Jako, der alles, was um ihn herum sich nur verlauten ließ, sofort täuschend nachahmte, den ich aber nach monatelangem Unterricht zur Erlernung eines anderen Worts, welches er bereits von seinem früheren Besitzer innehatte, nicht bringen konnte. Er sprach also stets nur das eine Wort ›Lora‹, konnte aber einen Skalenlauf auf dem Klavier oder das Plätschern des Wassers, wie es beim Waschen sich vernehmen läßt, ähnlich nachahmen; er änderte sich nicht, obgleich ich mir viele Monate die größte Mühe gab, ihn ein neues Wort zu lehren. Der Vogel dürfte über 3 Jahre alt gewesen sein.
Ein jeder frisch importierte Jako wird, wenn er anfangs noch so wild sich gebärdet, bei schonender nachsichtiger Behandlung früher oder später, wie auch oft nach vielen Monaten erst, gegen seinen Pfleger immer zutraulicher und liebenswürdiger werden, ja, bald wird er geradezu verlangen, daß man sich mit ihm beschäftigt; er beweist solches, indem er beim Erscheinen seines Pflegers an das Käfiggitter kommt und seinen Kopf in allerhand zierliche Bewegungen dem Pfleger entgegenzustellen versucht. Man sieht deutlich, er möchte eine Liebkosung empfangen, hat aber noch nicht den nötigen Mut bei einer solchen stillzuhalten. Ist es einmal soweit gekommen, so kann man auch den Versuch schon wagen, mit einem Finger vorsichtig den Oberschnabel oder gar den Kopf des Tieres zu berühren. Weiterhin kraule man ein wenig seinen Kopf mit ein oder zwei Fingern, wobei man ihm stets einige Worte zärtlich vorsagt, besonders solche, welche er schon spricht. Ich habe ferner die Beobachtung gemacht, daß Jakos, in diesem Stadium der Zähmung einmal angelangt, des Abends bei Licht viel zutraulicher sind und sich mehr Liebkosungen gefallen lassen, als bei Tage, so daß man schon an seinem Kopfe mit den Fingern herumkraulen, also sogar den Kopf vollkommen in die Hohlhand nehmen kann, ohne auf Widerstand zu stoßen. Alle diese Versuche nehme man aber nur durch das Käfiggitter vor (welches bei einem Papageienbauer stets solche Zwischenräume darbietet, daß die flache Hand oder wenigstens mehrere Finger bequem durch dieselben hindurchkommen können), und niemals wolle man um diese Zeit mit dem ganzen Arm durch

die Käfigtür in das Bauer nach dem Vogel hineinlangen. Ist er einmal durch längere Zeit daran gewöhnt, durch das Käfiggitter hindurch mit der Hand sich berühren zu lassen, so versuche man dann, wenn es besonders in der Wohnung vollständig ruhig ist, die Käfigtür zu öffnen und ihn aus dem Käfig herausspazieren zu lassen. Gewöhnlich ist der Vogel im Beginn sehr mißtrauisch und es dauert oft mehrere Stunden, bis er sich entschließt, den Käfig zu verlassen und auf das Dach desselben, welches stets flach sein muß, hinaufzuklettern. Nicht lange, so geht er ein und aus und erwartet stets den Augenblick mit Ungeduld, wenn ihm die Käfigtür geöffnet wird. Man berühre hierauf den Vogel auch außerhalb des Käfigs und beschäftige sich von nun an mit demselben vorzüglich um die Zeit, in welcher er sich außerhalb des Käfigs befindet. Man trachte ferner danach, es dahin zu bringen, daß auch andere Personen ihn auf ihren Finger zu bringen suchen, wodurch der Papagei dann im höchsten Grade sanft und zutraulich wird. Ebenso erteile man einem Jako Unterricht und spreche zu ihm, auch wenn fremde Personen sich zufällig im Raum befinden. Man bewirkt dadurch, daß er nicht nur dann spricht, wenn er allein ist, sondern vor Fremden alle seine Leistungen offenbart.

Es ist ferner ratsam, einen Graupapagei von Zeit zu Zeit mit abgestandenem Wasser zu bespritzen. Man tue solches mit Vorsicht aber im Winter in einer gut durchwärmten Stube. Bevor ein Graupapagei nicht ein halbes Jahr wenigstens in der Pflege sich befindet, nehme man die Bespritzung nicht vor. Man lasse ihn niemals längere Zeit ohne Beschäftigung und gebe ihm stets kleine Stückchen weiches Holz zum Zernagen, da er sonst seine unbesiegbaren Leidenschaften des Nagens an seinem eigenen Gefieder geltend machen würde. An diese Beschäftigung gewöhne man einen Jako sofort in den ersten Tagen seiner Ankunft. —Es ist schließlich ratsam, niemals einige Jakos zugleich in demselben oder im anstoßenden Zimmer zu halten, da sie durch gegenseitige Zurufe ihre Aufmerksamkeit von anderen, ihnen wichtigeren Aufgaben ablenken und das Kreischen, das ihnen in der Freiheit eigen ist, sich nie abgewöhnen werden.

Man beginne mit dem Unterricht sobald als möglich. Ein talentvoller Vogel braucht keinen Unterricht; er lernt dann sozusagen alles von selbst. Man spreche zunächst vor dem Papageienbauer stehend, irgend ein einfaches Wort deutlich vor, besonders des Morgens und des Abends, achte aber stets darauf, daß zu der Zeit der Schüler ruhig im Käfig sich verhalte und seine Blicke auf den Lehrmeister richtet. Bei irgendwelcher Unruhe des Vogels ist es nicht ratsam, demselben etwas vorzusprechen, weil solches dann verlorene Mühe wäre. Es ist merkwürdig, wie verschieden lange Zeit es dauert, bis ein Jako das erste Wort nachzusprechen beginnt und ein kürzerer Zeitraum, in welchem solches erfolgt, ist noch immer kein Maßstab dafür, daß der Vogel *auch talentvoll wäre. Es gibt nämlich Graupapageien, welche sehr lange Zeit, ja, viele Monate verfließen lassen, ehe sie das oft zum Überdrusse vom Lehrmeister ihnen vorgesprochene Wort nachzureden beginnen, dann aber immer rascher auffassen und nachsprechen, so daß dieselben oft in kürzester Frist alles, was nur halbwegs öfter an ihr Ohr klingt, lernen. Solche Vögel, welche also im Anfang ihrer Lehre als talentlos hätten gelten können, entpuppen sich hierauf, nachdem ihnen mit großer Mühe die ersten Worte beigebracht worden, als sehr gelehrige Schüler. Dagegen läßt sich wohl in der Regel mit Bestimmtheit der Grundsatz aufstellen, daß ein Jako, welcher bald, oft nach drei Tagen des Unterrichts oder sogar noch früher die ersten Worte nachzusprechen beginnt, stets ein sehr talentvolles Tier sei und später wahre Wunderdinge leisten wird.*

Abgesehen von der verschiedenen Begabung der einzelnen Vögel scheinen da noch andere Umstände mitzuwirken, z. B. das Wohlbefinden des Vogels, die Pflege desselben, die größere oder geringere Zahmheit und die Art des Unterrichts, sowie manche äußeren Verhältnisse, welche uns oft entgehen, die aber doch den Vogel beeinflussen.

Ist also einmal die erste Zeit der Lehre überwunden und der Vogel spricht die ersten Worte nach, so bleibt es ferner stets eine entschiedene Tatsache, daß ein Jako, welcher auch jetzt nicht rasch lernt, stets viele Wochen verstreichen läßt, bis er ein neues Wort bringt. Da wäre also ein Punkt über die Gelehrigkeit eines solchen Vogels – die kürzere oder längere Zeitdauer, in welcher er Gehörtes wieder nachzureden versucht. Ein anderer Punkt seiner Gelehrigkeit wird durch den Umfang seines Fassungsvermögens bestimmt. Ein jeder Jako hat nämlich die Eigenschaft, nicht ständig das zu bringen, was er einmal erlernt hat, auch dann nicht, wenn er dasselbe immerfort hört; er gibt also bereits Erlerntes wieder auf, und besonders dann, wenn ihm dasselbe längere Zeit hindurch nicht vorgesagt wird, und nimmt mit besonderer Vorliebe stets Neues wieder auf. In dieser Beziehung also gibt es sonst recht gelehrige Jakos, welche aber gleichzeitig nur ein sehr geringes Wort- und Satzregister aufzuweisen haben, da sie ebenso schnell vergessen, als sie Neues erlernen. Es gibt aber auch Vögel, welche gleichzeitig ein sehr großes Wort- und Satzregister haben, also das, was sie einmal erlernt haben, sehr lange Zeit behalten, und da sie schnell lernen, so müssen sie infolge davon ein sehr umfangreiches Wissen haben. Neben der Schnelligkeit und dem Umfange des Fassungsvermögens eines Jakos kommt noch als Hauptsache stets die größere oder geringere Deutlichkeit seiner Aussprache in betracht.

Es ist eben der größte Vorzug des Jako vor allen anderen sprechfähigen Papageien, daß er die menschliche Stimme am täuschendsten wiederzugeben vermag. Nicht nur die menschliche Stimme im allgemeinen, sondern auch in-

112

soweit, daß er die individuelle Aussprache einzelner Menschen täuschend nachahmen kann.

In dieser Beziehung also gibt es Vögel, welche deutlich und weniger deutlich sprechen, welche eine reine und klare Aussprache und solche, die ein näselndes, kreischendes oder heiseres Organ haben. Die Aussprache wird aber andererseits durch längere Übung gebildet und jeder Jako bringt die ersten Worte, die er zu sprechen beginnt, anfangs so undeutlich hervor, daß man dieselben nur dann erkennt, wenn man zuvor weiß, was er sprechen soll. Je mehr er aber dieselben übt, desto deutlicher klingen sie, bis er sie schließlich so spricht, daß jedermann das Gesprochene leicht und rasch versteht, wenn der Vogel sonst ein gutes Organ hat. Je mehr ein Jako in seinem Lernen fortschreitet, desto rascher formen sich die anfangs undeutlichen Laute zu klarerer Aussprache, bis er späterhin ein neues Wort, schon nach wenigen Versuchen deutlich bringt. Es gibt aber Vögel, welche auch nach längerer Übung stets ein heiseres näselndes Organ beibehalten, ferner solche, die manche Worte gut, manche weniger gut zu sprechen imstande sind. Besonders achte man darauf, die Endsilben eines Wortes stets kräftig und deutlich auszusprechen. Ich muß an dieser Stelle noch eine eigentümliche Erscheinung erwähnen. Es ereignet sich nämlich oft, daß ein sonst sehr gelehriger Jako ein Wort oder einen Satz, den man ihm tagelang unermüdlich vorsagt, dennoch nicht bringt, während er inzwischen Worte und Sätze nachzusprechen beginnt, welche er zufällig hört und welche wir gar nicht beabsichtigen, ihm beizubringen; andererseits scheinen ihm manche Worte ganz besonders im Gedächtnis zu bleiben, welche er dann mit Leidenschaft übt und spricht. So wird er immer nur ›guten Morgen‹ in der Frühe sagen, wenn man nur in der Frühe zu ihm diese Worte gesprochen hat. Er wird z. B. nur ›Adieu‹ rufen beim Fortgehen, wenn er seinen Pfleger mit Hut und Stock sieht, wenn ihm derselbe nur damals immer ›Adieu‹ zugerufen hat, usw. Diese Fähigkeit des Jako, Worte und Sätze der Zeit und den Verhältnissen anzupassen, erhöht den Wert des Tieres ungemein und macht ihn erst eigentlich zu einem teilnehmenden und unterhaltenden Gesellen. Man bemühe sich ferner, stets zu einem Jako in der Weise zu sprechen, daß er immer in der ersten oder der dritten und nie in der zweiten Person steht. Also niemals z. B.: ›Wünschst Du Kaffee, Jako?‹, sondern ›Jako wünscht Kaffee‹, was sich dann beim Präsentieren des Kaffees recht gut macht. Abgesehen von der Fertigkeit, die menschliche Stimme und Sprache nachzuahmen, besitzt der Jako auch die, alle möglichen Geräusche, Töne und Laute täuschend wiederzugeben, ja sogar auch solche, welche durchaus einen metallischen Klang haben; er ahmt also ebenso täuschend das Miauen der Katze als das Läuten der Türglocke nach, das Knarren einer Tür ebenso wie das Feilen einer Säge, das Plätschern im Wasser ebenso wie das Husten, Niesen und Lachen usw.

Man muß also stets auf der Hut in dieser Beziehung sein und einen gelehrigen Jako ebenso vor irgendwelchen gemeinen Worten sorgsam bewahren, denn gerade so etwas Unangenehmes kann der Vogel dann am liebsten und bis zum Überdrusse bei jeder Gelegenheit bringen. Man hat sonst die liebe Not, ihm das abzugewöhnen, da es kein Mittel gibt, ihm begreiflich zu machen, dergleichen nicht zu bringen.«

Ist die Iris der Graupapageien voll ausgefärbt, so besteht kaum noch Möglichkeit, das Alter zu bestimmen. Nur an den Füßen kann man die »Rauhbeinigkeit« im hohen Alter beobachten. Vögel, die nicht alleingehalten werden, ahmen kaum etwas oder wenig nach.

Bei der Haltung des nächsten Vogels mußte sein Pfleger viel Geduld aufbringen, bis der Papagei dann aber nach drei Jahren über 200 Worte wiedergab:

»Gleich anfangs hebe ich die wichtige Tatsache hervor, daß nicht nur junge grauäugige Vögel, sondern auch oft alte und ganz gelbäugige bei geeigneter Pflege und Behandlung alles, was man Angenehmes und Gutes von einem Jako nur verlangen kann, zu leisten imstande sind. Einen diesbezüglichen, besonders lehrreichen und interessanten Fall will ich zunächst mitteilen. Herr Neubauer in Radautz kaufte von dem Besitzer einer wandernden Menagerie in Czernowitz einen alten ganz gelbäugigen Jako. Das Alter desselben wurde mit 15 Jahren angegeben. Der Vogel war dabei sehr wild. Herr Neubauer gesellte ihn einem Amazonenpapagei bei, welcher schon einige Worte sprach. Beide Vögel gewöhnten sich so sehr aneinander, daß sie bald ein unzertrennliches Paar abgaben. Nach einem Jahr sprach der Graupapagei noch immer kein einziges Wort. Da verunglückte der Grüne und starb bald darauf. Jako war einige Zeit ganz untröstlich. Erst nach neun Monaten begann er einige Worte nachzusprechen, tat das aber nur äußerst selten. Nach einem dreijährigen Aufenthalt bei Herrn Neubauer fing er an, sich fleißig im Sprechen zu üben, und heute spricht er über 200 Worte teils in Sätzen, teils einzeln und zwar in drei Sprachen, deutsch, polnisch und französisch. Ich hatte Gelegenheit, den Vogel zu sehen und überzeugte mich von seiner Gelehrigkeit und Zahmheit. Auf den Finger geht er aber nur seinem Pfleger allein, weil derselbe sich vorzüglich mit ihm beschäftigt. Dieser alte Papagei wurde also doch ein artiger Geselle, wenn auch erst nach längerer Zeit, wie überhaupt ein jeder ältere Vogel viel mehr Zeit braucht, bis er sich den gegebenen Verhältnissen anpaßt, als ein jüngerer. Darum geht denn auch das Bestreben eines jeden Liebhabers dahin, einen jungen Vogel zu bekommen. Ebenso wie es aber unter den alten Vögeln solche gibt, welche sich endlich als sehr gelehrig

entpuppen, so kommen unter den jüngeren auch solche vor, welche höchst ungelehrig sich zeigen und niemals etwas ordentliches zu leisten imstande sind. Es hat demnach bei den Graupapageien jeder sein angeborenes Talent und ein talentvoller Vogel wird stets seinen Pfleger befriedigen, wenn er auch mit maisgelben Augen in seinen Besitz gelangt, ein talentloser dagegen bleibt ewig ein Stümper, wenn er auch mit dunklen Augen in die erste Lehre kommt. Wie bereits gesagt, wird als Maßstab für das Alter eines Jako die Farbe des Auges angesehen. Ein sehr junger Vogel hat ein dunkel aschgraues Auge. Diese Farbe erscheint aber heller aschgrau, so oft die Pupille sich erweitert, was stets bei Abnahme der Beleuchtung stattfindet – wenn man z. B. den Vogel vom Fenster in eine dunklere Zimmerecke stellt – oder im Zustande erhöhter Reizbarkeit des Vogels, in welchem dann der Jako nach Willkür seine Pupille bald zu verengen, bald zu erweitern pflegt, eine Eigenschaft, welche ich bis jetzt nur bei den Papageien beobachtet habe. Nach einem halben Jahr wird das Auge taubengrau und auch jetzt bei erweiterter Pupille heller als bei verengter. Nach einem Jahr erscheint es graugelb und zwar besonders bei verengter Pupille, bei erweiterter dagegen schon blaßgelb. Diese Farbe des Auges hält wieder fast ein Jahr an, bis nach 2 bis 3 Jahren das Auge eine ständig maisgelbe Färbung annimmt. Ein Jako also mit einem graugelben Auge ist noch immer ein junger Vogel und zum Ankauf am empfehlenswertesten, weil er nicht mehr so weichlicher und zarter Natur ist, wie der ganz junge dunkeläugige.«

Immer wieder sind es die jungen Graupapageien, die die Liebhaber besonders beschäftigen:

»Am 2. Januar erhielt ich aus Rotterdam einen Jako mit noch aschgrauen Augen. Der Vogel war ziemlich lebhaft und vollkommen gesund. Mit großer Leichtigkeit lernte er schon nach wenigen Tagen Signale pfeifen und übte sich im Nachahmen von allerhand Geräuschen, besonders des Knarrens der Tür, des Plätscherns beim Waschen. Ein Wort aber ihm beizubringen, war unmöglich. Erst nach drei Monaten erlernte er das Wort ›Jako‹. Nachdem der Vogel sehr lebhaft war und der Schnabel ihm den ganzen Tag nicht stillstand, ließ er sich dennoch zum Nachsprechen von Worten nicht ernstlich bequemen. Viele Wochen hindurch wurde ihm z. B. ›Gib einen Kuß‹ vorgesprochen, ohne daß er den geringsten Versuch machte, sich darin zu üben. Nachdem ihm nun fast zwei Monate hindurch diese drei Worte unaufhörlich vorgesprochen wurden, begann er endlich dieselben zu üben, aber nicht in der Weise, wie es ein gelehriger Vogel gewöhnlich tut, indem er zuerst das erste Wort ›gib‹, dann ›gib einen‹ hierauf gewöhnlich ›gib einen Ku‹ und schließlich das vollständige ›gib einen Kuß‹ zu üben beginnt, sondern vielmehr damit, daß er ein Gekreisch hören ließ, welches den Rhythmus und die Betonung des

*>gib einen Kuß< hatte, bis sich nach längerer Zeit erst langsam die Worte aus-
bildeten. Darum lernte er auch stark betonte von einer hohen Frauenstimme
hervorgebrachte Worte viel leichter, als solche mit tiefer Männerstimme, die
keinen besonders betonten Rhythmus inne hatten. Die nicht besonders gelehrigen Vögel also suchen den ihnen vorgesprochenen ganzen Satz als irgend
ein sich fortziehendes Geräusch zu erfassen und dies gelingt ihnen um so eher,
je akzentuierter der Tonfall in dem Satz klingt. Daher wird auch der ungeleh-
rigste Jako einen von einer hohen Frauenstimme gerufenen Namen eher erlernen, weil durch das Rufen jedem Worte ein scharf ausgeprägter Akzent
verliehen wird. Darum also führen die ungelehrigen Vögel besonders viele
Namen in ihrem Register. Der gelehrige Papagei dagegen übt stets Silbe für
Silbe, Wort für Wort; es ist nicht nötig, ihm die Erfassung des Wortes dadurch zu erleichtern, daß man es besonders hoch betont vorbringt.«*

Bekannte von mir hatten einen Grauen, der wie »Herrchen« den Pudel
herbeipfeifen konnte. So deutlich, daß sogar der Pudel die erste Zeit darauf
hereingefallen ist. Wer eine Weinflasche nur in die Hand nahm, bekam sofort das Knallen des Korkens beim Herausziehen zu hören. Wer den Tele-
fonhörer abnahm, hörte nicht nur das Drehen der Scheibe, das »tüt-tüt«-
Zeichen, sondern auch »Hallo hier Oldenburg, wie gehts«, usw. Dieser
herrliche Vogel kam eines Tages ohne Aufsicht aus seinem Käfig, spazierte
ins Blumenfenster und probierte die Zwiebel einer Pflanze, welche Giftstoffe enthielt. Der Vogel wurde krank und mußte sich Monate quälen, denn
seine Leber war zerstört. Ein trauriges Ende. – Bei folgendem Artikel
mußte ich in mancher Hinsicht an diesen Graupapagei denken. Der Beitrag
zeigt aber auch, wie innig die Freundschaft zu anderen Tieren sein kann:
*»Ging der Hund, wenn der Vogel im Garten saß, zum Tor hinaus auf die
Straße, so pfiff er ihn oder rief: ›Leo, ob du her gehst!‹ Natürlich lobte er sich
selbst über alle Maßen; er war ein braver Paperl, a guts Paperl, aber auch
wieder ein böser Paperl. War sie eingesperrt und wollte heraus, so rief er meiner Frau zu: ›Frau, gute Frau‹. Wurde nicht sofort gehört, so rief er schon
stärker: ›Gute Frau, gute, gute Frau‹, oder ›Gustel, so komm' doch‹. Ebenso
verkroch er sich in seinem Kasten und rief dann ›kuckuck‹.
Seine Aussprache war wirklich ungewöhnlich menschenähnlich. Selbst ich
wurde manchmal irre, wenn er mich bei meinem Namen ›Theodor‹ rief und
gab Antwort, in der Meinung, es sei meine Frau gewesen. Wurde er in fragen-
dem Ton angesprochen, machte er ›Hm‹?
Seine Freunde waren in erster Reihe der Peter, ein Nasenkakadu, ein drolliger
Bursche und äußerst zutraulicher Kerl, ferner der Leo, ein Alpenhund, und
der Maunz, ein Bastard von Angorakatze. Mit dem ›Peter‹, dem Nasenkakadu, saß er in einem Käfig, fraß aus einer Schüssel, flog mit ihm und mit den*

Tauben, wühlte mit ihm im Garten Löcher, trug ebenso wie er Steinchen spazieren.

War der ›Peter‹ unartig oder schrie, was gerade nicht selten geschah, so pfiff ›Paperl‹ einmal grell, wie ich es mache, oder sagte: ›Peter sei brav‹, oder er schrie selbst und pfiff dann. Den Hund und den Kater hat er oftmals geneckt, an den Haaren gezupft, gekniffen, aber nie so, daß es diese übelgenommen hätten; dagegen ließ er sich, besonders von Leo so ablecken, daß er ganz feucht war. Ein großes Vergnügen machte es ihm, sich im nassen Gras zu baden. Hatte es im Sommer geregnet, so war er nicht mehr im Zimmer zu halten. Während der Zeit des Kochens war er mit ›Peter‹ stets in der Küche bei meiner Frau. Für diesen Zweck hatte ich einen niedrigen Ständer machen lassen; derselbe bestand aus einem Brett mit Randleisten, an dem in der Mitte das Freßgeschirr angebracht war.

Abends bei Tisch saßen dann die beiden Papageien auf ihrem kleinen auf dem Tisch stehenden Ständer und fraßen, der Kater saß daneben und der Hund legte den Kopf auf den Tisch und wartete, ebenso wie der Kater auf Abfälle. Sehr komisch war es auch, wenn der ›Paperl‹, wie meine Frau nach den Hühnern pfiff und dann keine Ruhe gab, bis man ihm ein Stückchen Brot verabfolgte. Mit diesem setzte er sich auf die Fensterbrüstung oder auf den Zaun und bröckelte davon herunter. Das Laufen der Hühner nach den Brotkrumen schien ihm ganz besonderen Spaß zu machen. Pfeifen konnte er sehr nett, kein Stückchen, aber aus allem etwas, was er sich dann nach Belieben zusammensetzte.

Es ist tot im Haus, seit er gestorben, ich möchte fast sagen unheimlich.

Der ›Peterl‹ hat, als sein Freund krank geworden ist, einige Tage nichts gefressen und war überhaupt unleidlich. Dieser Vogel ist anhänglich wie ein Hund. Auch er genießt, wie schon oben angeführt, alle Freiheit, die er aber im vergangenen Sommer soweit ausnützte, daß er mit den Leuten aufs Feld flog. Ich habe ihm dann, um ihn an zu weitem Flug zu hindern, einige Federn ausgeschnitten. Im übrigen ist er sehr folgsam, wenigstens betreffs des Schreiens. Wird dies lästig, so darf ich ihm nur ernstlich drohen. Er hört dann sofort auf. Außerdem besitzen wir noch eine Rotbugamazone, von der ich noch nicht viel zu sagen weiß. Meine Frau will jetzt durchaus keinen Graupapagei mehr. Sie behauptet, es würde keiner so wie ihr ›Paperl‹ und dann fürchtet sie den Kummer bei abermaligen derartigen Unglücksfällen. Ich glaube aber, daß sie sich nach einiger Zeit anders besinnen wird.«

In folgenden Sätzen wird die Unterscheidung von zwei Klingeln wiedergegeben und sehr richtig festgestellt, daß kein Denken in betracht kommt.

»*Einer meiner Jakos z. B. fragte, wenn die Flurklingel läutete und das Mädchen gleich danach ins Zimmer trat: ›Wer ist denn da‹, oder ›wer ist denn*

*draußen?‹ Niemals fragte er, wenn die Telefonglocke läutete. Er unterschied
also beide Glocken genau und irrte sich niemals. Natürlich hatte er obige
Frage uns abgelauscht und wußte also genau, daß die Frage an das Mädchen
nur nach dem Läuten der Flurglocke gestellt wurde, ein Zeichen hoher Intelligenz, niemals aber ein Zeichen überlegten Denkens.«*

Der folgend beschriebene Graupapagei muß ein Genie in der Nachahmung
gewesen sein:

*»Unser Jako, den ich allein füttere (wir haben ihn mehrere Jahre), ist nur lieb
zu meinem Gatten, ich bin vollständig Nebensache. Im Sprechen ist er großartig, und vor allem lernt er spielend. Klingeln wir, ruft er: ›Lina‹. Sieht er,
man greift nach Hut und Handschuhen, so sagt er: ›Adieu‹. Klingelt es draußen, bellt er. Nehmen wir unseren kleinen Hund hoch, so schreit er genau wie
der Hund, da wir diesen manchmal drücken. Wir können des Nachts noch so
spät kommen, stets begrüßt er uns. Seit einigen Tagen hat er die Unart, sein
Näpfchen herunter zu werfen; sowie es unten liegt, schreit er: ›Unausstehlich‹;
ich sagte es stets. Wenn wir Mittags bei Tisch sitzen, ruft er: ›Jockchen hat
Hunger, ja, die Goldjocke hat Hunger‹! Er sagt: ›Guten Morgen Papa; guten
Tag mein Jockchen; guten Abend; gute Nacht, schlaf wohl; bist du denn
meine liebe Goldjocke, na ja! Komm, Köpfchen kraulen, schenk mir doch
ein Küßchen. 1, 2, 3, Hurrah! Doktor Nixdorf‹. Er ruft uns alle mit Namen.
Eine Zeit lang hat er reizend mit Worten und richtig gesungen: ›Ach ich hab
sie ja nur auf die Schulter geküßt‹ und ›1, 2, 3, an der Bank vorbei‹. Dies Singen hörte sich zum Totlachen an. Ein Händler hörte ihn einmal, und meinte,
es wäre ein selten begabter klar sprechender Vogel. Das Sprachverzeichnis ist
wirklich sehr groß. Seit einigen Tagen habe ich von meiner Schwester, welche
einen grünen Papagei auf der letzten Ausstellung kaufte, diesen in Pflege.
Aber welch ein Unterschied. Der schläft, sitzt still und frißt. Selten am Tage
sagt er einmal ›Lora, Lora‹, aber das ist auch alles. Unser Jockchen sagt aber
seitdem: ›Wo ist denn unsere liebe Lora, Lorchen.‹ Nur ist er durchaus nicht
zahm. Köpfchen kann ich ja kraulen, und wenn er einmal draußen ist, kann
ich ihn nehmen, aber auch nur mit Mühe; dagegen liebt er meinen Mann, gibt
Küßchen und ist zärtlich. Er macht alles nach, bellt, weint, lacht, sogar das
feine Piepen des Kanarienvogels.«*

Der nächste gute Nachahmer fing ganz zaghaft nach drei Monaten an, das
erste Wort zu sagen. Nach weiteren drei Monaten kamen die nächsten
Worte und dann ging das »Sprechen« am »laufenden Band«: *»Endlich,
nach drei Monaten, hörten wir eines Morgens ihn unter der Decke leise ›Jako,
Jako‹ sagen, und zwar sprach er das Wort so deutlich aus wie ein Mensch.
Lange Zeit sprach er nur dieses eine Wort. So vergingen wieder drei Monate,
da hörten wir ihn zu unserer nicht geringen Freude ›Jako kommt aus Afrika,*

guten Morgen, Papa, lieber Papa, herein‹ und vieles andere, anfangs undeut-
lich, dann aber immer deutlicher, sprechen. Jetzt spricht der Papagei sehr viel
und manche Worte, die ihm gar nicht absichtlich vorgesprochen sind, hat er
aufgefangen und wendet sie zu unserem Ergötzen meistens ganz richtig an. So
ruft er unserem Mädchen, wenn mein Mann morgens in das Wohnzimmer
tritt, zu: ›Auguste, ist der Kaffee fertig? Ja, dann bringen Sie ihn rein!‹ Unser
Mädchen, das beim Reinigen der Zimmer von seinen Sprach-Übungen, die er
morgens unter der Decke vornimmt, wohl nicht sehr erbaut gewesen sein
mag, hat ihm einigemale ›Ach! Quatsch, Quatsch! zugerufen. Nun hatte mein
Mann neulich Besuch und als die Herren gerade über die leidige Politik strei-
ten, ruft Jako sein ›Ach, Quatsch, Quatsch! dazwischen.
Abends hat Jako die Erlaubnis, unserem Tisch auf kurze Zeit seinen Besuch
abstatten zu dürfen. Er macht hiervon sehr gern Gebrauch, nimmt aus meines
Mannes Glas einen kräftigen Schluck, wirft, wie um sich zu bedanken, aus
der Zuckerschale ein Stück Zucker in das Glas und zieht sich endlich mit ei-
ner vorher geöffneten Walnuß, die er sich selbst aus der Tüte nimmt, in seine
Behausung zurück. Viel Spaß macht es, wenn dem Jako, sobald er auf den
Tisch kommt, ein kleiner Spiegel vorgesetzt wird. Er macht demselben die
zierlichsten Verbeugungen und ruft: ›Köpfchen kraulen‹ und hält dem ver-
meintlichen Kameraden das Köpfchen hin. Merkt er indessen, daß seine
Schmeicheleien kein Entgegenkommen finden, dann versucht er es mit
Schnabelhieben. Unserem Bernhardiner ruft er ein so gebieterisches ›Nero‹
mit der Stimme seines Herrn zu, daß derselbe auf der Stelle dem Ruf Folge lei-
stet.
Wir hatten eine blaustirnige Amazone, welche wir, trotzdem sie viel sprach,
ihres lästigen Schreiens wegen abschaffen mußten. Bekam Lora dieser Untu-
gend wegen Schelte, so stand Jako mir sofort bei und rief: ›Sollst Du schrei’n!
wart’, wart’, soll ich zudecken?‹ Wird er jetzt selbst etwas laut und ich rufe
nur: ›aber Jako‹, so antwortet er sofort: ›Sollst Du schrei’n! Wart’, wart’!‹«

Dr. Karl Ruß berichtete kurz vor 1900 von zwei sehr nachahmungsfreudi-
gen Graupapageien. Niemand wird annehmen, daß der in ornithologischen
Kreisen so bekannte Dr. Ruß übertrieben hat. Noch um diese Zeit wußten
nicht viele Menschen um das große Nachahmungstalent des Graupapageis:
»*Die geehrten Leser werden sich vielleicht darüber wundern, daß ein Thema,*
welches an dieser Stelle schon besprochen worden ist, noch einmal behandelt
wird. Indessen glaube ich einerseits, daß der Bericht über einen sehr begabten
sprechenden Vogel jeden Naturfreund interessiert, andererseits habe ich noch
besondere Veranlassung dazu, solche Beispiele anzuführen. Mir selbst so-
wohl wie anderen Vogelfreunden sind in letzterer Zeit Äußerungen über
sprechende Vögel zu Ohren gekommen, die beweisen, daß man in weiten

Kreisen von dieser Fähigkeit der Vögel noch gar zu geringschätzig denkt. So fragte mich auf unserer letzten ›Ornis‹-Ausstellung ein Zeitungsberichterstatter: ›Sagen Sie mal, unter uns gesagt, kann ein Vogel denn wirklich deutlich sprechen? Ich habe bisher noch keinen solchen gehört!‹ – Ich muß gestehen, daß ich im ersten Augenblick sprachlos war.

Noch bedenklicher erschien mir die Äußerung eines berühmten Zoologen, die ich schon vor mehreren Jahren hörte. Der Gelehrte sprach vor einem großen Auditorium unter anderem beiläufig vom Graupapagei und dessen Befähigung, menschliche Worte nachzusprechen und zwar in ziemlich ironischem Ton, indem er ausführte, daß solch Vogel ja recht niedlich sprechen lerne, das Gelernte auch manchmal richtig anwende, manchmal auch nicht, bisweilen lasse er hören, was der Besitzer hören wolle, bisweilen aber auch, was letzterer nicht wünsche. Zum Schluß erzählte er, er habe selbst einst einen Graupapagei besessen, und gefunden, daß der Sprachschatz desselben eine bestimmte Anzahl Worte, z. B. dreißig, nicht überschreite; wenn er mehr dazulerne, vergesse der Vogel einige der früher aufgefaßten Worte.

Was sagen die Mehrzahl der Liebhaber und namentlich die reich erfahrenen Papageienpfleger hierzu? Haben wir nicht im Laufe der Zeit Dutzende von Beispielen vor uns gehabt, in denen ein Papagei, der bereits mehr als hundert Worte sprechen konnte, immer noch mehr dazulernte? Wie oft hat ein Vogel den Pfleger dadurch überrascht, daß er Worte und Redewendungen, die er lange Zeit nicht hören ließ, plötzlich wieder vorbrachte, ein Beweis dafür, daß er sie nicht vergessen hat. Außerdem lernen begabte Papageien, die bereits einen reichen Sprachschatz besitzen, bekanntlich sehr oft noch eine ganze Anzahl Lieder nachpfeifen und sogar mit Text nachsingen. Wie kann man angesichts dessen behaupten, das Gedächtnis des Vogels sei ein beschränktes? Es zeigt sich hier wiederum einmal, was dabei herauskommt, wenn die Zunftgelehrten die Erfolge und praktischen Erfahrungen der Vogelliebhaber absichtlich übersehen.

Gerade angesichts dessen ist es wünschenswert, daß über begabte Papageien immer wieder Berichte veröffentlicht werden. Von zwei solchen will ich im folgenden Mitteilung machen.

Herr Dr. Heck, Direktor des Berliner Zoologischen Gartens, war so liebenswürdig, meinen Vater darauf aufmerksam zu machen, daß Frau Geheimrat A. Buschius hier zwei vorzügliche Graupapageien besitze, und die Dame hätte die Güte, das Sprachverzeichnis beider Vögel aufzuzeichnen und mir selbst Gelegenheit zu geben, sie zu hören.

Der erste Vogel, ›Jako‹ genannt, spricht folgendes: ›Jako will schlafen, wollen wir beide schlafen? Papa geht fort, Jako bleibt zu Hause, adieu guter Papa, schenke Pfötchen. Papa geht schlafen, Jako auch, gute Nacht, schlaf wohl.

Wem's Jako bist du? Ich bin Papan's kleiner guter Jako – ja! Hast du schon gesagt: Guten Morgen? Guten Morgen! Jako will Stulle haben. Jako hat Hunger, hast du Hunger? Herein! Is ja mein Schnabel – is ja mein Pfotchen. Wirst du runter, du alter Oswald, Rosa koch Kaffee! Jako, der Flock. Wie spricht der Hund? Uff, uff, uff! Jako, wie heißt du? Eins, zwei, hurrah! Eins, zwei, drei, Jako, Papagei. Na, wie bellt der Flock: wu, wu, wu, wu, wu! Jako-chen, singe mal: taratabumtara, taratabumtara, taratabum bum bum. Jako-chen, pfeif mal die ›Holzauktion‹, dann pfeift er sie. ›Jakochen, pfeif mal ita-liona‹, dann pfeift er eine traurige Melodie. ›Jako will haben, Papa geht fort, Jako auch! Papa? Papan's Jäkchen, ja! Jako, ruf mal Tauben‹, dann pfeift er, wie man nach Tauben pfeift. ›Wollen wir den Jako hauen? Nein! Da ist er ja, hahahahaha! Du alter Oswald. In Friedenau, Anna, Marie usw. Jako, triller mal‹.

Der andere Papagei, ›Jakchen‹ genannt, sagt: ›Jakchen, sag' doch mal: Guten Morgen! Jakchen, sag' doch mal: Guten Abend! Bist du denn mein Jakchen? Nicht wahr, mein Jakchen. Eins, zwei, drei, hurrah! Ei so schön, so ist's schön‹. ›Schenke Kuß‹, dann küßt er laut und sagt: ›So war's schön. Jakchen, sollst du denn so schreien? Was is denn das? Du. Mein guter Jakerl, kannst du schön pfeifen? Pfeif mal laut! ›Jakchen, ruf doch mal den Leo. Leo, komm mal her, Scherri komm! Marsch raus, wirst du runtergehen, marsch raus, wirst du runter. Was ist denn? Du alte Schaute. Jako, wie heißt du? Mein Schätzchen, nicht so schreien. Du alte Schau-te. Is ja mein Schnabel, schenke Pfotchen, is ja mein Pfotchen. Jakchen, wer is denn da?‹ Er pfeift die Holz-auktion. Wenn man sagt: ›Jakchen triller mal‹, trillert er sehr schön. ›Wollen wir Jako hauen? Gib doch mal Küßchen, komm, na so komm doch. Augu-ste!‹ Wenn ich einen Boten rufe, sagt er: ›Gnädige Frau?‹ ›Wie spricht der Flock? Wu, wu, wu, wu, wu. Sollst du denn das? Nun, mein Jakchen? Nein, Küßchen. Du, du, du, du. Jako, was is denn. Jakchen, ruf mal die Tauben‹, dann pfeift er wie der vorige nach den Tauben. ›Eins, zwei, drei, Jako, Papa-gei. Na, Jakchen? Na, na, na, schenke Pfotchen. Vorwärts marsch, na, wird's bald? Wirst du denn das sagen? Wollen wir den Jako hauen? Nein‹. Er lacht auch wie ich selbst.

Jeder Unparteiische wird zugeben, daß Beispiele von solcher Begabung be-achtenswert sind, und daß sich in Anbetracht dessen wohl auch die Zunftgele-hrten einmal ernstlich mit der Frage beschäftigen können, wie weit die Sprachbegabung der Vögel geht.«

Eine begeisterte Tier- und Vogelpflegerin, die lange Jahre nichts mit Papa-geien zu tun haben wollte, da sie durch unglückliche Umstände zweimal kräftig von verschiedenen Papageien gebissen wurde, versuchte es später doch mit einem Graupapagei. Dieser Vogel machte ihr nur Freude, denn er erwählte sie zur Lieblingsperson. Nachstehend nun einen Auszug aus ihrem Bericht:

»Nicht nur die Hunde, auch die Vögel kennt Lorchen mit Namen; wird z.B. die Schama, wenn gerade ein Gespräch im Gange ist, ab und zu einmal zu laut, so ruft der Papagei sofort: ›Schama, aber Schama‹, gerade so, wie ich in diesem Fall rufe. Noch hübscher aber ist es, wenn ich nach dem Mehlwurmtopfe greife. Da Lora aus Erfahrung weiß, daß bei dieser Gelegenheit gewöhnlich auch der meist freifliegende Fliegenschnäpper eine Spende erhält, so fühlt sie sich verpflichtet, den kleinen Vogel herbeizurufen, wie ich dies zu tun pflege. Kaum erblickt sie daher einen Mehlwurm, oder auch eine Fliege in meiner Hand, so ruft sie, ihr Köpfchen suchend nach allen Seiten drehend, mit hellklingender Stimme ›Näppi, Näppi!‹ (Abkürzung für das ihr wohl zu schwierige ›Schnäppi!‹)

So leicht und mühelos der Papagei von selbst lernt, ja häufig genug ein besonders laut betontes Wort nach einmaligem Anhören ganz korrekt nachspricht, wie er bei den sicherlich nicht leicht auszusprechenden Wörtern ›Kathrin‹, ›Fadentisch‹, ›aufgeplatzt‹ und noch vielen anderen oft genug bewiesen hat, so wenig ist er gewillt, ihm vorgesagte Worte nachzusprechen. Das Einzige, was ›Lorchen‹ systematisch gelernt hat, sind die Fragen, wie der Hund und die Katz' spricht, und die richtigen Antworten darauf, sowie die Frage: ›Wie groß ist die gute Lora?‹, die sie sich selbst beantwortet, indem sie sich auf die Zehen stellt, die Flügel hoch emporreckt und mit lang ausgestrecktem Hals in bewunderndem Ton sagt: ›So-o-o groß!‹

Seit Jahr und Tag sage ich ihr dagegen beim Schlafengehen vor: ›Gute Nacht, Mama‹, was sie bis heute nicht gelernt hat, während es ihr hier und da einfällt, irgend einer fremden Person, die die Tür öffnet, um ›Gute Nacht‹ zu sagen, ebenfalls ein lautes ›Gute Nacht‹ nachzurufen.

Wahrhaftig schade ist, daß ich selbst dem Vogel keine Melodie vorpfeifen kann, denn derselbe hat soviel Interesse für Musik und soviel musikalisches Gehör, daß er beim Anhören hübscher Musik wie verzückt dasitzt und beständig vor Freude mit den Flügeln schlägt; jede Melodie, die er hört, versucht er sofort nachzupfeifen oder nachzusingen, und meist sind es nur die allerletzten Töne, die er nicht gleich richtig wiedergeben kann. – Sämtliche Vogelgesänge, die er bei mir hört, imitiert er von der Drossel bis zur Schwalbe herab mit verblüffender Naturtreue, so daß man nur in nächster Nähe an der gröbern Stimme die Nachahmung erkennt.«

Es gibt Graupapageien, die an ungewöhnlichen Stellen zu roten Federn neigen. Schon seit etwa 100 Jahren nennt man diese Graupapageien »Königs-Jako« oder nur »Königspapagei«. Diese Besonderheit war von jeher sehr begehrt, ja man stellte sie früher sogar als gesonderte Art auf. Für diese

Vögel wurden von Liebhabern immer schon hohe Preise bezahlt. Die Rotfärbung kennt man auch bei anderen Arten, wie z. B. beim Pflaumenkopfsittich, Rosenköpfchen und anderen. Bei diesen Graupapageien ist es keine Modifikation, da das Rot erhalten bleibt und nicht nach der Mauser verschwindet. Auch heute noch kommen, wenn auch selten, solche Grauen im Handel vor. Die roten Federn können auf dem Rücken, an der Unterseite oder in den Schwungfedern auftreten. Der im folgenden beschriebene »Königs-Graupapagei« muß trotz seiner Besonderheit auch noch ein großer Nachahmer gewesen sein. Der Artikel erschien vor langer Zeit, aber auf der heutigen »Nostalgiewelle« soll auch dieser Text gebracht werden:

»Seit etwa einem Jahr bin ich im Besitz eines sehr talentvollen Königs-Jako, welcher in jeder Beziehung in seiner Art ein Original ist, ein Tier, wie man es unter tausend Stück vielleicht erst einmal antrifft. Dieser Vogel, welcher ein sogenannter Königs-Vogel (King bird) ist, besitzt außer seinem roten Schwanz noch rote Federn am Körper, besonders an den Schenkeln, Bauch und Rücken. Es wird deshalb von Interesse sein, wenn ich etwas aus dem Leben dieses Königs-Jako schildere. Zunächst ist hervorzuheben, daß das Tier eine Menge Personen und Tiere genau zu unterscheiden vermag; so kennt es den Großvater, den Vater, die Mutter; die Kinder: Babette, Frieda, Pepita, Auguste, Lorita, Lucia, Karl, Willi; Lehmann, den Briefträger, den Schutzmann, Karo und Hektor die Bernhardiner und Fricka die Dachshündin, Musch musch die Katze und noch viele andere Individuen mehr.

Tritt jemand früh in das Zimmer, so beginnt sogleich sein Gespräch, indem er den Eintretenden begrüßt mit: ›*Guten Morgen Lora, hast Du gut geschlafen?*‹ *oder* ›*Lora steh auf!*‹ *Hierauf klopft er mit dem Schnabel an den Käfig und ruft selbst* ›*herein, guten Morgen Herr Lehmann*‹ *oder:* ›*guten Morgen Großpapa*‹. *Etwas später, wenn vielleicht jemand das Zimmer verläßt, sagt er:* ›*Adieu, Herr Lehmann*‹. *Dazwischen pfeift er verschiedene Melodien und Signale oder führt auch Selbstgespräche, bis der Kaffee aufgetragen wird; sofort begrüßt er das Mädchen indem er sagt:* ›*Guten Morgen Susanne, Lora will auch Kaffee haben, Lora will eß*‹ *oder auch:* ›*Lora eß*‹. *Selbstredend erhält er keinen Kaffee, sondern Milch, oder in Milch gekochte und gut ausgedrückte Wassersemmel. Während man ihm diese reicht, sagt er:* ›*Wünsche guten Appetit*‹, *welches er auch sagt, wenn sich eine oder mehrere Personen zu Tische setzen. Mittlerweile sind zum Kaffeetrinken auch die Mutter und ein Kind in seine Nähe gekommen; es ertönt sofort:* ›*Mutter Mutter, Willi (ist) da, komm eß, Lora will Kaffee haben, komm eß*‹. *Auf der Straße wird es nunmehr lebhafter; der Milchmann fährt vorbei, der Petroleummann, der Bierfuhrmann, dies gibt ihm Veranlassung, die verschiedenen Pfeifen dieser Fuhrleute täuschend ähnlich nachzumachen; auch die Notpfeife der (Ham-*

burger) Schutzleute (einen sehr hohen Triller) läßt er ertönen, besonders wenn viel Lärm gemacht wird und dabei sagt er: ›ruhig, ruhig da‹, im tiefsten Baß. Das Kaffeetrinken ist jetzt vorüber und es wird wieder abgeräumt; sofort ruft er: ›hats geschmeckt, hats geschmeckt?‹ Die Kinder, sofern sie einzeln ins Zimmer treten, ruft er mit Namen, Lucia, Frieda, Babette, Karl. Zugleich mit den Kindern ist der große Bernhardiner mit ins Zimmer geschlüpft, was er nicht soll; es ertönt ein scharfer Pfiff und ›Caro kusch, Caro kusch, leg dich‹ kommandiert der Vogel. Kommt jedoch der kleine Dachshund aus Versehen ins Zimmer, was selten geschieht, so ruft er nur ›Fricka‹. Das ruft er auch schon, wenn er z. B. auf der Terrasse im Freien steht und er den Hund im Garten laufen sieht. Der Morgen ist nunmehr weiter herangerückt; das Stadtmilitär ist zu einer Felddienstübung ausmarschiert, in der Ferne hört man Militärmusik, Kommandorufe und die gleichmäßigen Schritte der Soldaten. Der Vogel begrüßt diesen näher kommenden Lärm mit: ›1, 2, 3, Hurrah! Links rechts, links rechts, links rechts! Still gestanden! Geweh–r ab!‹ Oder auch: ›2. Batterie halt!‹ Sollte er zugleich außerhalb des Käfigs sein, so fliegt er sofort aufs Fensterbrett, rennt geschäftig auf diesem hin und her, und passiert es ihm dabei, daß er ausrutscht, so ruft er dazwischen: ›Na Lora, fall nicht‹. Durch das Militär angelockt, ist jetzt auch ›Karl‹ ans Fenster getreten; zu diesem sagt der Vogel: ›Komm mein Jung, komm mal, Köpfchen krauen‹. Karl kraut ihm den Kopf; da ihm die Geschichte jedoch zu langweilig ist, so hört er bald wieder auf, worauf Lora sagt: ›weiter krabbeln, komm noch ein bißchen krabbeln‹. Da er kleine Mädchen gut leiden kann, so geht er, sobald er welche sieht, mit dem Schnabel an das Fenster, läßt einen scharfen Pfiff ertönen und ruft: ›Komm Anne, komm herein‹, heftig mit dem Kopfe nickend, mit den Flügeln schlagend, mit dem Fuße stampfend, und allerhand Komödie machend. Über dieses sonderbare Benehmen mag man lachen, lobt ihn, und sagt vielleicht zu ihm, recht so, Lora, worauf er ›bravo‹ sagt. Da bei einem solchen Militärausmarsch (oder einer anderen Gelegenheit) sich natürlich auch viel Publikum ansammelt, so erscheint schließlich ein Schutzmann, um das Publikum zu zerstreuen. Kaum hat Lora den Schutzmann erblickt, so ertönt die hohe schrille Trillerpfeife und indem Lora heftig mit dem Schnabel auf die Fensterscheibe pocht, ruft sie: ›Na, wenn du nicht stille bist, so will ich rauf kommen‹, oder auch ›Na, wart du Schlingel, wenn ich naufkomme‹. So mag vielleicht ein Schutzmann einmal zu ihr gesagt haben. Der Vogel wird nunmehr veranlaßt, wieder auf seinen Käfig zurückzukehren. Dies geschieht, indem eins der Kinder ihm die Schulter hinreicht, er hinaufklettert und sagt: ›Artig, du bist ein guter Kerl, Lora, komm mei Lor', komm gib e Kuß‹. Das Mädchen reicht den Mund hin, Lora gibt einen Kuß mit schmatzendem Ton darauf und sagt hinterher ›e netter Kerl‹. Plötzlich ertönt die schrille Haustürglocke; die Zeit ist da, daß der Briefträger seinen zweiten Rundgang macht, Lora sagt dazu ›guten Tag‹. Tatsächlich kommt auch der Briefträger und Lora ruft schon von weitem: ›guten Tag, Herr Lehmann, guten Tag, Herr Lehmann‹. Der Vater öffnet schnell die Briefe, liest sie durch und murmelt unverständliches Zeug zwischen den Zähnen; was Lora veranlaßt zu fragen: ›Na was quatscht du wieder?‹ Alles lacht natürlich, Lora lacht mit und sagt: ›Lora ist brav, Lora ist e braver Kerl‹ (dieses sagt sie auch, wenn die andern Papageien schreien, sie selbst schreit niemals). Jetzt schaut auch das Mädchen einmal ins Zimmer, teils aus Neugierde angelockt, teils um etwas hinsichtlich des Essens zu fragen; da jetzt das Mädchen eine schmutzige Schürze anhat (infolge des Kartoffelschälens), so sagt Lora zu ihr: ›Du Saumatz‹. Das Mädchen wird rot und verlegen und schlüpft schleunigst in die Küche zurück; Lora ruft ihr nach: ›Das war ebbes‹. – Um sich nun etwas Bewegung zu machen, und die Zeit zu vertreiben, klettert Lora vom Käfig herunter, geht zuerst in der Stube eine Zeit lang auf und ab, geht sodann zu einem Schrank, guckt unter diesen und ruft: ›Kuckuck, ich bin e gute Lora‹. ›Na, wo ist denn die Lora, wo ist die gute Lora?‹ Mitunter zeigt sie auch mit dem Schnabel auf irgendeinen Gegenstand und ruft: ›guk, guk‹. Dabei mag es passieren, daß jemand in ihrer Nähe etwas zu tun hat, so sagt sie: ›Na, was machst da?‹ oder ›weg da‹.

Allmählich ist jetzt der Mittag und die Mittags-Essenszeit herangerückt, welche Zeit sie schon am Teller- und Messergeklapper genau kennt, für Lora das größte Ergötzen. Es werden nun alle Personen zu Tisch gerufen z. B.: ›Willi komm rein, Babett, Babett, Lora will eß‹. Zum Großvater, welcher sein Zimmer nebenan hat, und gern Kuchen ißt, sagt sie: ›Grandpapa, hast Du Kuchen? Wart noch e bissel, der Kuchen is noch nicht fertig; Mutter, Mutter, Papa, Lora will auch was haben, a weck‹. – Das Mädchen trägt nun die Suppe auf; dabei passiert es ihr, daß sie etwas verschüttet; Lora sagt: ›Na, so eine Schweinerei‹. Ist die Suppe sehr heiß, so daß sie dampfend herein kommt, dann sagt sie wohl: ›puh, heiß‹. Von den Kindern hat sich das Kleinste zum Mittagessen verspätet und kommt erst nachdem die Suppe schon gegessen ist; Lora sagt: ›Na, wenn Du was haben willst, so kommst‹. Da gerade ein Festtag ist, so wird Karl beordert auch einige Flaschen Wein aus dem Keller zu holen; sowie Karl mit der Weinflasche ins Zimmer tritt, macht Lora: ›Kling, kling‹, und ahmt das Herausziehen des Pfropfens nach; gleich hierauf auch das Geräusch des Plätscherns des einzugießenden Weines und setzt hinzu: ›Lora darf nit eß‹; dasselbe sagt sie auch, wenn man ihr etwas hinreicht, was sie nicht essen soll, sie sagt sodann auch: ›Mei Lora das kannst nit eß‹; oder auch: ›Lora ist satt, ich hab gegessen‹; oder auch: ›I kann nit iß‹. Ein besonderer Leckerbissen für Lora sind Walnüsse und Äpfel; selbstredend erhält sie solche reichlich und das Verlangen danach gibt sie durch Zungenschnalzen zu erkennen. Nach der Mittagsmahlzeit pflegt gewöhnlich alles etwas der Ruhe; auch die Papageien machen ein kleines Schläfchen, indes Lora nicht lange und bald fängt sie an mit dem benachbarten Jako durch die Käfigsprossen sich zu necken; der andere Jako jedoch beißt sie ziemlich derb in den Schnabel, worauf Lora zu ihm sagt: ›Das is gemein‹. Oder auch: ›Du bist a Schafskopp; Babett, Babett, wo steckst? Ich will raus!‹«

Ein freigelassener Graupapagei kann, wenn er allein im Zimmer ist, große Dummheiten anrichten; damit muß man rechnen. Es ist also besser, vor dem Verlassen des Zimmers den Vogel wieder in den Käfig zu bringen. Anschließend nun folgender Bericht:

»Ich halte es für keine Schande, Dummheiten zu machen, besonders wenn sie in guter Absicht gemacht wurden, finde es aber verwerflich, an einer überführten und erkannten Dummheit festzuhalten und sie nicht zugeben zu wollen. Zur Einsicht des begangenen Fehlers verhalf mir mein Peter sehr bald, indem er mir eines Tages meine sämtlichen Nippes demolierte, ein andermal meine mühsam geführten, auf dem Schreibtisch liegenden Listen in lauter 1 cm große Schnitzel zerfetzte, der Platz sah aus, als hätte es geschneit, und das dritte Mal – horribile dictu – auf der Schreibtischecke ein paar saftige Birnen verputzte – aber wie! Die Haare sträuben sich mir heute noch, wenn ich an den Anblick denke, der sich mir bot, als ich ins Zimmer trat. Auf einen Meter im Umkreis war alles, aber auch alles mit den Spuren seiner Missetat bedeckt. Schweigen wir darüber – es war zu schauderhaft! Daraufhin war sein Urteil gesprochen – ›Das Bauer her!‹ war das Losungswort, das zunächst ertönte und Freund Peter wanderte zur Strafe auf einige Tage in die verhaßte Gefangenschaft seines Käfigs. Ich habe ihm nun eine praktische Sitzstange darauf anbringen lassen, auf der er sich den ganzen Tag aufhält, wenn er nicht allein ist. Verlasse ich das Zimmer auf längere Zeit, so befördert ihn das Kommando: ›Geh ins Bauerchen!‹ wie einen geölten Blitz hinein. Er schwatzt und pfeift den ganzen Tag und gibt oft zur Heiterkeit Veranlassung. Wenn ich mein zahmes, traumhaft lieblich singendes Rotkehlchen, Rudi genannt, das ich abends in sein Bauerchen locke, unterstützt mich Peter gleich, pfeift und ruft: ›Geh ins Bauerchen, geh ins Bauerchen! Komm, komm, komm mal her!‹ Einmal hat sich Rudi Peter gegenüber auf einem Bilderrahmen niedergelassen; da machte sich der große Peter ganz lang und rief dem Rotkehlchen so zärtlich zu, wie er nur konnte: ›Gib mir mal ein Küßchen!‹ und ahmte das Geräusch des Küssens nach – Rudi ließ sich aber nicht betören, sondern ließ ihn schmachten.

Wenn er auch noch nicht ganz dem berühmten Königsjako des Herrn Dr. Otto gleicht, so denke ich doch: was nicht ist, kann ja noch werden. Ein

Königsjako ist er übrigens auch; unterhalb des Nackens hat er ein paar schöne rote Federn und am linken Flügel eine mit einem roten Punkt; außerdem hat er eine weiße Kralle neben sieben schwarzen. Lateinisch spricht er auch schon; eben ruft er: ›Wie heißt du? Psittacus erithacus!‹ Also!?

Abgesehen davon, daß es mir ein täglich bestauntes Wunder bleibt, was der Papagei mit seiner dicken Zunge alles fertig bringt. Früher meinte ich, das Sprechen der Papageien sei ein ganz mechanisches Nachplappern – davon bin ich schon lange zurückgekommen: ein einigermaßen intelligenter Vogel verbindet mit den Worten oder Sätzen, die er spricht, auch den Begriff dessen, was er sagt. Ich bin weit entfernt davon, meinen Peter als einen besonderen Vogel anzusehen, sondern glaube bestimmt, daß sehr viel darauf ankommt, wer sich und wie man sich mit so einem Geschöpfchen beschäftigt. Es ist deshalb wie bei Kindern, Hunden und Katzen: man merkt ihnen eben die Erziehung an, die sie genossen oder nicht genossen haben.

Um mich nun aus dem Allgemeinen in das Einzelne zu vertiefen: Es ist ganz offenbar, daß mein Jako sehr gern lernt, er hört so intensiv zu, daß er einem am liebsten die Worte aus dem Mund nähme; er kommt mir so nahe, wie er irgend kann, und oft genug schon hat er mir nach den Zähnen gegriffen, wenn ich ihm mein Gesicht zu nahe brachte. Besonderen Spaß macht es mir andererseits wieder, zu beobachten, wie der kleine Kerl sich das Sprechen nach seiner Manier zu erleichtern versucht; eins der ersten Worte, das er lernen mußte, war ›bitte‹ – er brachte erst ›batte‹, dann ›bette‹ und schließlich ›bitte‹ –, der volle Vokal a ist ihm natürlich bequemer, als das spitze i. Beim Zählen ›eins, zwei, drei‹ ist ihm das Wort zwei mit dem Zischlaut wieder höchst unbequem, da half er sich mit einem kurzen Pfiff: eins, Pfiff, drrrei! Sehr beliebt bei ihm ist das verkürzte Verfahren, er zieht gern ganze Sätze und Sätzchen, die er ganz vollständig sprechen kann, in 2–3 Worte zusammen, so machte er aus ›Guten Morgen, Frau Doktor!‹ ›Guten Motor‹.

Höchst bewundernswert ist mir auch, wenn er das schnelle Ausspülen der Zahnbürste im Wasserglas nachahmt. Ganz schwindlig kann's einem bei dem rasenden Tempo werden, man soll's nur selbst mal versuchen, mit der Zunge diese Manipulationen nachzuahmen, da merkt man, was für ein Kunststück es ist. Auch Dialekte unterscheidet er; er kann z. B. im schönsten dialektfreien Hochdeutsch sagen: ›Köpfchen kraulen‹, und dann wieder im breiten Dialekt seiner Kindermuhme: ›Gäbbchen grauerrrrrn!‹.

Die Mitteilungen über wahre Genies bei den Graupapageien steigern sich und jeder meint, den intelligentesten Vogel zu besitzen. Man sieht auch aus den nächsten guten Beobachtungen, wie scheu anfangs der Graupapagei sein kann und sogar vor einer Schaukel ungemeine Angst zeigt, die er aber später nicht mehr missen möchte.

»Vor 5½ *Jahren* *kaufte ich den Papagei in Hamburg. Jeder, der ihn einmal so recht in seinem Element gesehen und gehört hat, war mit mir einverstanden, nie ein ›intelligenteres‹ Tier kennengelernt zu haben.*

Als ich den Vogel erhielt, sprach er noch kein Wort. Auch in anderer Beziehung ließ seine ›Intelligenz‹ sehr viel zu wünschen übrig. Als er z. B. aus dem Versandkäfig in seinen schönen neuen Salonkäfig gebracht wurde, benahm er sich ganz dummscheu. Vor allem und jedem hatte er Angst, namentlich aber vor der Schaukel; auf dem Boden verkroch er sich und starrte unbeweglich nach dem gruseligen Ding hinauf, das über seinem Kopf baumelte und bei jeder heftigen Bewegung seinerseits hin- und herschaukelte. Ich mußte wirklich die Schaukel etwa acht Tage lang in einer Ecke des Käfigs festbinden und sie erst allmählich loslösen, bis Koko sich langsam daran gewöhnt hatte. Heute kann er gar nicht anders schlafen als in seiner Schaukel, und wie spielt er damit! Auf alle mögliche Weise turnt er daran und darin herum, hängt sich mit beiden Füßen daran und stößt sie hin und her; manchmal auch, wenn er ihr einen kräftigen Hieb mit dem Schnabel versetzt, sagt er dazu: ›Dummer Kerl!‹

Nur das will ich noch vorausschicken, daß mein Koko den vorhergehenden Bericht vollauf bestätigt, es komme sehr viel darauf an, wer sich und wie man sich mit so einem Geschöpfchen beschäftigt. Meine Umgebung und ich haben uns viel mit unserem Koko beschäftigt, und darum hat er auch viel gelernt. Ich kenne andere Pfleger, welche sich weniger mit ihren Papageien beschäftigen; die Resultate sind auch dementsprechend geringer. Auch ist mein Koko ungemein lernbegierig; er wird gar nicht müde, immer und immer wieder zu lernen. Wenn ich ihm vorspreche, kommt er mir näher und näher und möchte mir am liebsten die Töne, seien sie nun gesprochen, gepfiffen oder gesungen, direkt aus dem Munde nehmen. Wenn ich einmal eine Pause im Unterricht mache, stößt er mich mit dem Schnabel an oder beißt gar, als wollte er sagen, nur weiter mit der Lektion! Wie oft schon habe ich gesagt, ich wünschte mir und allen Lehrern, daß sie unter den Menschen immer so lernbegierige und aufmerksame Schüler hätten, wie mein Koko sich mir erweist!

Zu allererst lernte er seinen Namen ›Koko‹ sprechen, und zwar in den mannigfaltigsten Betonungen und Schattierungen; es ist gewiß nicht zuviel behauptet, wenn ich versichere, Koko spricht seinen Namen gewiß auf mehr aus zwanzigfache Weise aus; bald in hoher, bald in mittlerer, bald in tiefer Tonlage, mit dem Sopran meiner Cousine, mit meinem Bariton, bald zärtlich, bald zornig, bald fragend, bald vorwurfsvoll, bald übermütig, bald einfach rezitierend, bald singend, bald kurz abgebrochen, bald langgezogen, kurz in allen möglichen Arten des Ausdrucks. Ganz drollig ist es, wenn ihm irgend etwas Neues, noch Unbekanntes aufstößt, sei es nun eine Sache oder eine Person;

da geht er vorsichtig darauf zu (wir lassen ihn nämlich regelmäßig jeden Mittag und jeden Abend nach der Mahlzeit auf dem Tisch frei herumspazieren, und gerade dann zeigt er sich in der Regel von seiner drolligsten Seite), und ehe er mit dem Schnabel die fremde Sache oder Person anrührt (das gehört unbedingt zu seiner Untersuchung), sagt er in leisem, etwas zaghaftem Ton: ›Koko!‹ Wenn er noch seine Verbeugung dazu macht, wäre man geneigt zu denken, er wolle sich in aller Form dem Unbekannten vorstellen!

Des Humors halber habe ich ihm einige kleine Fragen und Redensarten beigebracht, die möglichst vielseitige Anwendung in der Unterhaltung finden, und in der Tat hat Koko dadurch schon manchen ›Bomben-Effekt‹ bewirkt. Wenn z. B. eine Unterhaltung in seiner Gegenwart gepflogen wird und er fährt unversehens mit einem ›So?‹ dazwischen, oder ›Was sagst du da?‹ ›Ja, ja‹ oder ›Was?‹ oder ›Ei, wie schön!‹ oder ›Was machst du da?‹, ›Hast du verstanden?‹ – so setzt das fast immer einen großen Ausbruch allgemeiner Heiterkeit ab. Klingt es doch sehr oft genau so, als habe Koko die Unterhaltung verstanden und wolle seine Zustimmung oder seine Zweifel ausdrücken.

Ebenso wie uns, kennt er auch die Tiere in seiner Umgebung ganz genau, den Hund, die Schamadrossel, die Nachtigall. Der letzteren ruft er zu: ›Philomela, bist du krank? Armer Schelm!‹ Zur Schamadrossel, die über seinem Käfig hängt, schaut er hinauf und ruft: ›Wo ist die Schama? Schama komm! Da, Schama! Schwapp!‹ Letzteres, wenn sie einen Mehlwurm bekommt und verschluckt. Den Hund aber kommandiert er ganz so, wie er es von seinem Herrn gehört hat: ›Ruhig, Othello! Marsch in die Ecke!‹

Übrigens ist Othello nur zwei oder drei Mal auf Kokos Kommando hereingefallen und wirklich ganz trübselig mit eingeklemmtem Schwanz in seine Ecke gekrochen, natürlich zu unserm größten Gaudium; in der Regel unterscheidet er trotz der sehr gelungenen Nachahmung die Stimme und den Pfiff seines Herrn sehr gut von denen des Koko. Diesen mag er gar nicht leiden, natürlich aus Eifersucht, weil für Koko so viele Zärtlichkeiten abfallen, die Othello ausschließlich für sich haben möchte. Darum bellt er ihn meist sehr feindselig an. Aber Koko erwidert die Feindschaft keineswegs; er bleibt bei allem Gekläff des Hundes ruhig und kalt; mitunter spottet er das Gebell Othellos nach; manchmal auch beugt er sich vom Tischrand zu ihm herab, ruft ihn ganz zärtlich beim Namen und wirft ihm Leckerbissen vom Tisch zu, die Othello natürlich, getreu seiner Hundenatur, nicht verschmäht.

Wollte ich alles, was Koko noch sagt, einzeln aufzählen, so könnte ich wohl noch mehrere Spalten damit füllen. Ich reihe nur Einiges aufs Geratewohl hier an: ›Wie bellt der Hund? wau, wau, wau, wau. Wie kräht der Hahn? kikeriki. Wie geht die Uhr? tik tak, tik tak, tik tak‹ (alle diese drei Fragen und Antworten hintereinander, wobei es ihm allerdings hier und da auf eine Verwechslung nicht ankommt, z. B. ›Wie kräht die Uhr?‹) — ›Wer ist da? Briefträger‹. ›Guten Tag, Herr Pastor‹ (und das sagt er niemals ohne eine feine Verbeugung). Auf das Anklopfen antwortet er oft, nicht immer: ›Herein‹. ›Marsch nach Haus!‹ (wenn er in seinen Käfig zurück soll). ›Willst du wohl ruhig sein?‹ ›Ich danke, laß mich in Ruh‹ usw. Dazu Husten, Niesen, namentlich aber Lachen! Das muß man hören, sonst glaubt man's einfach nicht! Gibt es auch Sätze, Wörter oder Buchstaben, die Koko nicht sprechen kann? Oder soll ich lieber sagen, die er nicht aussprechen will? Zur Bejahung der letzteren Frage fühlt man sich unwillkürlich gedrängt, wenn man wahrnimmt, daß er einzelne Sachen, so leicht sie auch sein mögen, nach jahrelangem Vorsprechen niemals zu sprechen auch nur versucht. Dies gilt z. B. von dem ›Gute Nacht‹, das er nun schon 5½ Jahr ungefähr jeden Abend und in der Regel öfters nacheinander hört, aber noch nie selbst gesagt hat. Auch das Wort ›Geduld‹ steht nicht in seinem Wörterbuch, obwohl er es oft, sehr oft zu hören bekommt, wenn er nämlich mit großem Ungestüm seinen ›Kaffee‹, d.h. sein Stückchen Brot verlangt. Bei anderen Wörtern wird wohl das Können mehr in Frage sein, als das Wollen, wie z. B. bei dem Verschen: ›Koko kommt aus Afrika, Schama vom Himalaja‹. Das Wort ›Afrika‹ sagt er bis heute noch nicht ganz tadellos; anfangs sagte er nur a, dann a–a; jetzt ist das ›Afrika‹ ganz zu hören, aber man merkt ihm an, daß es ihm Mühe macht. Ebenso gelingt ihm das Wort ›Himalaja‹ noch nicht ganz; er sagt entweder ›Humalaja‹ oder mit Weglassung der ersten Silbe nur ›Malaja‹. Eines der drolligsten Sätzchen, die Koko lernen sollte, lautet: ›Holla, holla, was für ein Spektakel!‹; das wurde ihm regelmäßig bei jedem auffallenden Geräusch gesagt, und er hat es ziemlich leicht gelernt und spricht namentlich das Wort ›Spektakel‹ geradezu großartig aus. Was er aber dabei nie sagt und immer ausläßt, sind die Wörtchen ›für ein‹ und so lautet für ihn der Ausruf: ›Holla, holla, was Spektakel!‹ Er bringt ihn in der Regel sehr passend an, niemals wohl jedoch mit mehr Erfolg, als wenn er, wie wiederholt geschehen, während des Gewitters bei besonders heftigen Donnerschlägen sein ›Holla, holla, was Spektakel‹ dazwischen ruft.

Französisch kann Koko auch mit tadelloser Aussprache, namentlich der Nasellaute: ›Monsieur, que voulez-vous?‹ ›Bonjour, Monsieur, comment ça va-t-il?‹ Nur läßt er das t-il unbegreiflicherweise stets aus und begnügt sich mit der zur Not noch verständlichen Frage: ›comment ça va?‹ Kann oder will er nun dieses t-il nicht sprechen? Das ist mir völlig rätselhaft.

Ich habe mich bei dem Sprechen meines Kokos so lange aufgehalten, daß ich sein Pfeifen und Singen nunmehr kurz berühren darf. Für das Pfeifen hat er ein ausgesprochen großes Talent. Hätte er einen besseren Lehrmeister darin, so würde er ohne Zweifel noch viel mehr und namentlich viel kunstvoller zu *pfeifen gelernt haben, als es der Fall ist. Ich bin nämlich, obwohl musikalisch genug gebildet, im Pfeifen nur ein Stümper. Ich habe nur das eine sorgfältig beachtet, daß ich die betreffenden Melodien stets genau in derselben Tonhöhe vorgepfiffen habe, und so pfeift Koko aus C-dur: ›Alle Vögel sind schon da‹, aus D-dur: ›Bin i net a lust' ger Schweizerbub‹, ›Alles neu macht der Mai‹ und eine kleine Melodie aus dem ›Troubadour‹, ferner aus A-dur: ›Steh nur auf, steh nur auf, du lust'ger Schweizerbub‹. Außerdem die chromatische Tonlei-ter und viele kleinere Melodiesätzchen. Die Knaben in der Nachbarschaft machen sich im Sommer, wo er bei irgend günstiger Witterung draußen im Garten ist, oft den Spaß, alle möglichen Töne ihm vorzupfeifen, bis er dann sofort ganz getreu wiederholt.*

So groß Koko im Sprechen und Pfeifen ist, solch ein armer Stümper ist er im Singen, trotz allem guten, ja dem besten Willen. Er möchte so gerne singen lernen und gibt sich wirklich ›grausame‹ Mühe dazu. Nicht nur, daß er unge-mein aufmerksam ist, wenn ich ihm vorsinge, und daß er dabei nie müde wird, er plagt sich auch sehr viel dabei ab mit Versuchen der Nachahmung. ›Koko, singen! Singen, Koko!‹ fordert er sich selbst energisch auf, und dann geht's los: ›Kuckuck, Kuckuck, rufts… dem Wald‹. Weiter hat ers nach fünf Jahren noch nicht gebracht, nur daß ab und zu noch das eine oder andere Wort dieses Kinderliedchens mehr oder weniger entstellt zum Vorschein kommt, etwa so: ›Lasset… sing…, tanzen… pring… Sfrieling, Sfrieling… baltes bald‹. Das ist dann wohl sehr zum Lachen, aber vielleicht mehr noch zum Weinen, angesichts all der verlorenen Mühe, die wir beide, ich und mein Koko, uns gegeben haben. Ich werde es wohl noch mit einem einzigen an-dern, womöglich noch leichteren Liedchen versuchen. Schlägt aber auch das fehl, so werde ich mich drin ergeben müssen, daß ›Apoll der Lieder süßen Mund‹ meinem Koko versagt hat.«

Im Jahre 1911 war man sich noch nicht einig darüber, ob der Papagei weiß, was er sagt. Aus diesen Zeilen wird die Überzeugung klar erkennbar, daß der Vogel »die Handlung in bezug auf die Worte bringt«. Er behält die je-weilige Situation und bringt diese mit dem Gesagten in Verbindung. So heißt es dort:

»*Spricht der Vogel instinktiv, oder weiß er was er sagt? Bezugnehmend auf den Artikel ›Versteht der Papagei, was er spricht!‹ von Herrn E. von Müller, erlaube ich mir, einige Beobachtungen auf diesem Gebiet mitzuteilen. In dem Besitz meines Onkels befindet sich seit mehr als dreißig Jahren ein Graupa-pagei. Jacko ist ein ›Unikum‹, nicht nur, daß er mehr denn dreihundert Worte spricht, nein, das Wunderbarste ist, daß er sie nicht willkürlich, sondern nur dann anwendet, wenn sie passen. Aus seinem großen Wortschatze will ich nur einige Beispiele herausgreifen. Öffnet man das Klavier, so gibt er, ehe man ir-*

gend einen Ton anschlägt, das Stimmgabel-A an. Sein Herr ist über achtzig Jahre alt und trägt daher zu Hause fast immer Schlafrock und Hausschuhe. Wenn er nun ausgehen will und die Schuhe anzieht, so fragt Jacko: ›Wo ist mein Rock?‹ Geht man zur Tür hinaus, ruft er: ›Adieu, komm bald wieder‹. Wenn abends das Licht angezündet wird und sein Käfig zugehängt ist, sagt er: ›Gute Nacht, schlaf' wohl‹. Ich bemerke ausdrücklich, daß er letzteres nur abends, nicht aber am Tage, wenn er zugehängt wird, spricht. Beim Mittagessen ruft er solange, bis man ihm etwas gibt: ›Jacko hat Hunger‹. Mein Onkel ist ein großer Tierfreund und hielt sich früher einen Hund mit Namen Schokkel und eine Katze. Der Papagei verwechselte nie Hund und Katze, rief nie die Katze, wenn er den Hund sah und necken wollte. Klopft man an die Tür, so ruft Jacko: ›Herein‹, klopft man aber auf den Tisch, und er sieht es, so sagt er nichts. Wenn man morgens zuerst ins Zimmer tritt, wird man von ihm begrüßt mit: ›Guten Morgen, hast du gut geschlafen?‹ zu einer anderen Tageszeit sagt er das nie. Aus vorstehenden Beispielen und Erklärungen kann man ersehen, daß der Papagei die Worte und Sätze immer an der richtigen Stelle anwendet. Nach meiner Meinung ist das mehr als Instinkt; und wenn das mehr als Instinkt ist, so weiß der Papagei auch, was er spricht. Auch mir wäre es sehr interessant, wenn an dieser Stelle gelegentlich etwas von Kennern darüber geschrieben würde.«

Es folgen weitere nette kleine Begebenheiten, wobei sogar ein Nacktaugenkakadu dabei war, der ebenfalls etliche Dinge nachahmen konnte.

»Es war früh am Morgen und alles noch still, als die leisen gedämpften Männerstimmen vor meiner Wohnungstür einen Choral anhuben. Ich war innerlich ganz gerührt von dieser ungeahnten Aufmerksamkeit und lauschte andächtig; auch die Vögel waren ganz stumm und starrten mit großen Augen nach der Tür. Plötzlich sagt Hellmut, der Jako: ›Halloh, halloh, was für ein Spektakel!‹ Und Tessi, der Nacktaugenkakadu sekundierte: ›Herrjemerschnee, was ist denn das für 'ne Schweinerei?‹ Sie sprechen beide sehr viel, es sind nicht etwa die einzigen Redensarten, die sie sprechen können.

Peter mein anderer Graupapagei, rief, wenn ihm etwas Unangenehmes passiert war, d. h., wenn er seine Visitenkarte abgegeben hatte, wohin sie nicht gehörte, Huhuh! Und er rief so lange, bis ich kam, das Ärgernis aus dem Weg zu räumen. Er ging aber noch weiter; wenn er Huhuh rief, kam ich zu ihm; er rief nun auch Huhuh, wenn er gar kein Kleckschen geliefert hatte; gelang es ihm, mich auf den Leim zu locken, kam er schleunigst herangeklettert und hielt das Köpfchen zum Kraulen hin, um mich für eine Weile an seinem Bauer festzuhalten.

Eine andere kleine Geschichte: Ich hatte einen sehr großen Waldstrauß in einer großen Vase im Zimmer stehen, dachte am Morgen noch, den mußt du

aber herausnehmen, wenn du Peter herausläßt, hatte es dann aber doch ver-
säumt, und die Folgen blieben nicht aus. Ich war auf kurze Zeit ins Neben-
zimmer gegangen und hörte dort ein entsetzliches Klirren, Planschen und er-
schrecktes Flattern. Bei meiner beschleunigten Rückkehr an den Ort der Tat
bot sich mir ein buntes Chaos von Zweigen, Scherben und Wasserströmen.
Peter starrte von einer Ecke seines Bauers auf den angerichteten Schaden
herunter; ich fing an zu schelten, das Wort erstickte mir aber vor Lachen im
Munde, weil der Strick rief: ›Bravo, dacapo!‹«

Es folgen Überlegungen eines Jako-Pflegers, das Nachahmen möglichst in
»menschliche« Bahnen zu leiten, so daß der Vogel die Situation auch
»menschlich« genau anwendet:

»Als ich vor einigen Monaten den Besuch eines ausländischen Liebhabers
hatte, war derselbe im höchsten Grad über die Unterhaltung erstaunt, welche
ich mit meinem Graupapagei hatte. Er glaubte entschieden nur an ein mecha-
nisches Nachplappern gelernter Worte und Redensarten, und müsse aber
nach Anhören unserer Zwiegespräche glauben, daß der Vogel unbedingt
›menschlich‹, d.h. mit Überlegung spräche. Ich erwiderte ihm, daß ich genau
wie er nur an ein mechanisches Nachplappern glaube. Voraussetzung ist, daß
man einen hochintelligenten Vogel vor sich hat. Die größte Schwierigkeit liegt
aber nicht nur in der Abrichtung, sondern hauptsächlich darin, den Vogel
dahin zu bringen, daß er im Beisein von Zuhörern unbeirrt seine Sprach-
kenntnisse zum besten gibt. Wie schwer es ist, einen Papagei dahin zu brin-
gen, in Anwesenheit fremder Personen seine Kunst zu zeigen, weiß fast jeder
Papageienbesitzer. Je intelligenter und sprechgewandter ein Vogel ist, um so
zurückhaltender ist er gewöhnlich bei Anwesenheit fremder Personen. Was
ein intelligenter Vogel an anscheinend ›menschlichem‹ Sprechen leisten kann,
ist geradezu fabelhaft.

Ich möchte dem freundlichen Leser hier nun kurz erzählen, wie ich meine
Vögel ›menschlich‹ sprechen lehre. Besitzt er auch einen hochintelligenten
Jako, so wird es ihm bei einiger Überlegung nicht schwer fallen, seinen Vogel
ebenfalls zum gefiederten Menschen zu erziehen. Vor allen Dingen muß er
mit den alten Unterrichtsmethoden, d.h. dem sinnlosen Nachsprechen von
mehr oder weniger passenden oder unpassenden Worten aufhören. Eins,
zwei, drei, hurra, kuckuck, Lora, Lorita, schenk Küßchen, besonders wenn
der Vogel vielleicht gerade seinem Herrchen einen kräftigen Biß versetzt,
oder bei gefülltem Futternapf ›Jako hat Hunger‹ zu sagen, alles dieses stellt
der Abrichtungsfähigkeit des ›Herrchens‹ kein gutes Zeugnis aus.

Man bedenke eines: Ein Vogel wird stets die einer bestimmten Situation an-
gepaßten Worte bei der gleichen Situation wiederholen. Das ist das ganze
Geheimnis des menschlichen Sprechens eines Vogels. Zum Beispiel: Mein

Jako ruft, wenn ich in seiner Nähe bin: ›Komm mal her‹. Sofort trete ich an seinen Käfig. Stehe ich bei ihm, sagt er: ›Komm, Köpfchen kraulen‹. Sofort hält er sein Köpfchen hin und sagt während oder kurz nach dem Kraulen: ›Das ist schön, ei, ei‹.

Ein zweites Bild. Ich trete mit einem Stückchen Apfel an seinen Käfig. Sofort sagt er: ›Das schmeckt aber schön, ei, das schmeckt schön‹. Jetzt bekommt er den Apfel. Sofort sagt er: ›Danke‹.

Oder ich trete morgens an seinen Käfig. Sofort sagt er: ›Guten Morgen, mein Junge, hast du gut geschlafen, guten Morgen‹. Tritt meine Frau ein, sagt er sofort mit hoher Frauenstimme: ›Guten Morgen, mein Jakochen‹. Hier liegt schon ein Fehler in der Abrichtung, welcher ihm leider nicht abzugewöhnen ist. Er darf natürlich nicht sagen ›mein Jakochen‹, da er sich dadurch selbst begrüßt. Leider hat meine Frau ihm unbewußt einige Male diese Worte beim Eintreten zugerufen und er gibt sie deshalb so wieder.

Gehe ich fort, so sage ich zu ihm: ›Adieu mein Junge‹, was er sofort mit den gleichen Worten erwidert. Setze ich den Hut auf, sagt er diese Worte sofort. Falsch wäre es gewesen, ihm zu sagen: ›Adieu mein Jakochen‹. Lösche ich abends das Licht im Zimmer, sagt er stets: ›Gute Nacht, mein Junge, schlaf wohl‹. Lösche ich im Winter einmal nachmittags das Licht, so wird er diese Worte nie gebrauchen. Der Vogel unterscheidet also auch die Zeit genau. Das Bewundernswerteste an dem Vogel sind aber die Ausdrücke, die er bei passenden Situationen selbst aufgeschnappt hat und bei der gleichen Situation passend anwendet. Klingelt das Telefon, ruft er: ›Halloh, wer ist da‹. Klingelt die Flurglocke und kommt das Mädchen herein, fragt er: ›Wer ist denn da?‹ Ruft meine Frau ihren Hund, so sagt er sofort: ›Jumbochen geh zu Frauchen, geh‹. Wie ist es nun möglich, einem Vogel die richtigen Ausdrücke beizubringen? Höchst einfach. Zum Beispiel eins. Zuerst trete ich an den Käfig des Vogels und sage ihm: ›Komm mal her‹. Dann sage ich ihm: ›Komm, Köpfchen kraulen‹ und beginne sofort mit dieser ihm so angenehmen Verrichtung. Während des Kraulens sage ich ihm wohl zehnmal: ›Das ist schön, ei, ei‹. Bald sagt er mir: ›Komm mal her.‹ Ich gehe sofort zu ihm, und bald sagt er, gleichsam in Fortsetzung des Satzes: ›Komm, Köpfchen kraulen‹ und sagt auch während des Kraulens, gleichsam als Gehirnreflektion, die ihm während des Kraulens gesagten Worte. Selbstverständlich wird in einem Zuschauer die Meinung erweckt, der Vogel spräche mit Überlegung, während er in Wirklichkeit nur Tat und Wort verbindet. Aber schon diese einfache Verbindung zeugt von einem so hohen Grad von Intelligenz, daß man fast von menschlichem Sprechen reden kann.

Auch beim zweiten Beispiel ist die Methode die gleiche. Ich hebe ein Stückchen Apfel auf, trete an seinen Käfig und sage ihm: ›Das schmeckt aber schön‹, täglich vier- bis fünfmal. Selbstverständlich bekommt er alsdann das Apfelstück. Hat er die Worte begriffen, so wird er sie, wenn ich wieder mit einem Stück Apfel zu ihm komme, sofort beim Anblick des Apfels sprechen, und dadurch bei einem Zuschauer den Eindruck erwecken, daß er weiß, daß der Apfel ›sehr schön‹ schmeckt.

Die Worte, die er morgens sagen soll, darf er natürlich nur morgens beim Eintreten zu hören bekommen. Das gleiche gilt natürlich für die Abendunterhaltung. Wie fest derartige zusammengelernte Worte in dem Hirn des Vogels haften, zeigt folgendes Beispiel. Vor etwa einem Jahr starb mir ein Jako an Krämpfen, an denen er jahrelang gelitten hatte. War ein Anfall vorüber, so streichelte ich das Tierchen häufig und sagte ihm liebkosende Worte. Noch zwei Stunden vor seinem Tode, als er sich von einem Anfall noch leidlich erholt hatte und ich ihn streichelte, sagte er mit leiser Stimme: ›Mein kleiner Liebling, mein armer Kerl.‹ So fest hatten sich in seinem Hirn die bei gleicher Situation gebrauchten Worte eingeprägt.

Ich glaube, daß es dem denkenden Liebhaber nicht schwer fallen wird, auf angegebener Grundlage seinen Vogel ›menschlich‹ sprechen zu lehren. Die Hauptsache, daß er ein intelligentes Tier besitzt.

Ein Jako ist von Natur kein Schreier. Schreit er dennoch, so ist dieses ein Beweis, daß der Vogel in schlechter Gesellschaft gestanden hat. Eine schreiende Amazone kann einen sonst vorzüglichen Jako in kurzer Zeit total verderben, denn der Vogel nimmt natürlich das Schreien genau so schnell an, wie das gesprochene Wort. Es gibt so gut wie kein Mittel einem solchen Vogel das Kreischen wieder abzugewöhnen.

Häufig wurde an mich die Frage gerichtet, ob ich zur Anschaffung eine Amazone oder einen Jako empfehlen kann. Wer wie ich, Jahrzehnte im innigen Kontakt mit den Jakos gelebt hat, wird an einer Amazone kaum mehr Gefallen finden. Ich habe nie eine Amazone besessen, welche an Klarheit der Aussprache einem Jako gleichkommt.«

9. Allgemeiner Zuchtverlauf

Die Zuchten der Nominatform

Welt-Erstzuchten:
Frankreich: Scheinbar 1799
England: 1843
Deutschland: 1899
Portugal (Insel Madeira): 1908
Indien: 1920
USA: 1931
Dänemark: 1956
Tschechoslowakei: 1968/69
Schweden: 1973

Die Zuchten der Timneh-Rasse

Nigeria: 1974
BR Deutschland: 1976

Die Brut der Nominatform soll in einem normalen Brutverlauf zusammen-fassend berichtet werden. Die Zuchtreife scheint nicht eher als mit dem 5. Lebensjahr einzutreten; meistens sind die in Volierenhaltung brütenden Vögel älter. Letzteres muß aber nicht besagen, daß die Graupapageien nicht schon vorher zuchtreif sind. Mit dem vollendeten 2. Lebensjahr binden sich aber schon die Paare und man kann die »Balztänze« beobachten. Die Graupapageien laufen dann mit hängenden Flügeln die Äste oder andere Sitzgelegenheiten entlang und sind dabei recht aufgeregt. Wie Verlegenheit mutet es an, wenn sich die Vögel selbst am Kopf kratzen (man kennt das z. B. auch bei den Unzertrennlichen und anderen Papageienarten) und die Schnäbel aneinander gerieben werden. Das Männchen füttert sein Weibchen, wenn es brutlustig ist. Der männliche Vogel ist es auch, der sich eine Brutgelegenheit aussucht und diese zuerst besichtigt. Die Wahl der Brutgelegenheit ist so verschieden, daß man kein Durchschnittsmaß angeben kann. Die Höhe der Nistgelegenheit ist zwischen 50 und 190 cm; der Innendurchmesser zwischen 25–30 cm und das Einflugloch etwa um 10–12 cm Durchmesser. Man hat Brutgelegenheiten aus dicken Brettern selbst gefertigt oder Naturbaumstämme angebracht. Es sieht so aus, als ob zu tiefe Bruthöhlen nicht so beliebt sind. In seltenen Fällen wird auch in Käfigen gebrütet (85 cm lang), in kleinen oder größeren Zimmer- oder Gartenvolieren. Die Brutgelegenheit sollte nicht einem starken Lichteinfall ausgesetzt sein. Die Regel ist, daß das Weibchen 3–4 Eier legt; der Legeabstand beträgt 2–3 Tage und meistens schon nach dem zweiten Ei bleibt das Weibchen fest auf den Eiern sitzen. Es kommen auch Gelege von fünf Eiern oder nur zwei Eiern vor. Äußerst selten ist es, daß vier Junge aus einem Gelege groß werden; die Regel sind drei Junge. Man kann annehmen, daß die Brutzeit 30 Tage beträgt. Die Erstgeborenen setzen sich immer durch und wenn Junge sterben, sind es eigentlich immer die jüngeren Vögel.

Das Weibchen brütet allein und das Männchen füttert es am Einschlupfloch oder außerhalb desselben. In der Brutzeit sind die Vögel recht aggressiv und plustern ihr Gefieder stark auf, wenn man in die Nähe ihres Nestes kommt. Selbst vorher völlig zahme Vögel legen ihre Zahmheit dann stets ab, aber nach der Zucht ist diese meistens wieder vorhanden. Fast zu allen Jahreszeiten sind schon Bruten vorgekommen, wenn auch wohl am meisten im Juni und November. In der dunklen Jahreszeit mit den schlechten Lichtverhältnissen, muß man nachhelfen, den Tag zu verlängern, damit die Jungen genügend Futter bekommen. Man kann das recht gut mit Leuchtstoffröhren und einer automatischen Schaltuhr erreichen. In der dunklen Winterzeit werden bei mir die Vögel durch Anschalten des Lichtes früher geweckt (um 4 Uhr morgens). Somit ist gewährleistet, daß die Vögel im normalen Rhythmus zur Nachtruhe gehen und vorher Nahrung zu sich nehmen. Beließe man abends noch das Licht, so könnte es vorkommen, daß beim plötzlichen Ausschalten das Weibchen nicht mehr in die Bruthöhle findet. Auch in völliger Dunkelheit füttert das Weibchen die kleinen Jungen nochmals aus dem Kropf.

Die Neugeborenen bekommen zunächst viele Stunden nach dem Schlüpfen gar nichts, dann eine sogenannte Kropfmilch. Die Kleinen zeigen einen fleischfarbenen Körper, Schnabel und Füße sind ebenso gefärbt.

Die Fütterung in den ersten acht Tagen geht etwa wie folgt vor sich: Da die Jungen in der ersten Woche nicht imstande sind, den verhältnismäßig schweren Kopf zu heben, greift das Weibchen mit dem gekrümmten Oberschnabel das Junge und legt es auf den Rücken (diese Beobachtung teilte mir auch J. Kenning aus Australien mit, der diesen Vorgang bei Wellensittichen beobachtete und sogar im Film festhalten konnte). Es könnte also die Möglichkeit bestehen, daß diese Fütterungsweise bei vielen oder gar allen Papageienarten geübt wird.

Nach ungefähr einer Woche geht das Männchen auch mit in das Nest, um zu füttern. Die Augen der Jungvögel öffnen sich ganz langsam und sind zunächst schlitzförmig. Dieser Ablauf bis zum völligen Öffnen der Augen findet etwa vom 10. bis 18. Tag statt. Es dauert dann etwa vier Wochen, bis das Weibchen öfter außerhalb des Nestes zu sehen ist und beide Elternteile laufend zu den Jungen zum Füttern gehen. Mit vier Wochen kommen die er-

sten Federn. Ungefähr acht Wochen sitzt das Weibchen des Nachts bei den Jungvögeln, und nach 10–11 Wochen verlassen die Jungvögel nach und nach ihr Nest und sind zuerst etwas unbeholfen. Bei Gefahr und in der Nacht suchen sie zunächst ihre Nesthöhle wieder auf. Der Schwanz der Jungen ist nicht so leuchtend rot und vor allem zeigt die Iris eine schwarze Farbe. Der Oberschnabel ist in den ersten Monaten kaum länger als der Unterschnabel. Es dauert etwa zwei Wochen bis die Jungen anfangen, sich Samenkörner selber zu holen. Es ist verständlich, daß zum Beispiel Sonnenblumenkerne angeweicht oder besser gekeimt den Jungen gereicht werden müssen. Die Futterschalen sollten sich oben neben den Sitzstangen befinden, damit die noch tollpatschigen Jungen diese sogleich sehen und sie gut erreichen können. Auch frische Maiskolben können oben befestigt werden und sind sehr beliebt, zumal wenn diese noch milchig und saftig sind und somit leichter bearbeitet werden können. Herr Langberg, Kopenhagen, verfiel auf den Trick und gab den Jungvögeln schon vor dem Ausflug mit etwa acht Wochen Maiskolbenstücke und geweichte Sonnenblumenkerne in das Nest. Er erreichte damit, daß die Jungen das Fressen derselben tatsächlich schneller lernten und früher selbständig wurden.

Ein junger Graupapagei in einem Alter von 17 Tagen mußte mit Handfütterung aufgezogen werden, da die Eltern kein Futter mehr gaben. Alle zwei Stunden wurde bis 23 Uhr ein Brei vom Löffel gegeben. Mit fünf Wochen wurde nur noch fünfmal Futter gereicht. Nach gut sechs Wochen lernte der Vogel weiche Sonnenblumenkerne zu enthülsen, was sehr lange dauerte und die Futteraufnahme infolgedessen zu gering war. Da der Vogel aber keine Babynahrung mehr nehmen wollte, gab man mageres zerschnittenes und gekochtes Fleisch. Besagter Vogel wog mit 17 Tagen 130 g und mit sechs Monaten 420 g.

Wie schon am Anfang des Buches erwähnt, ist die Iris zunächst schwarz, dann nach einigen Monaten wird sie dunkelgrau, hellgrau, weißlich, blaßgelb (meistens 6–8 Monate alt) und zeigt endlich ein tiefes Gelb oder Maisgelb. Die Verfärbung dauert verschieden lange Zeit, was mit dem Futter zusammenhängen könnte.

Die ersten Züchtungsversuche in Deutschland wurden im Jahre 1876 gemeldet; sie mißglückten aber. Ein geschlüpftes Junges war schon am nächsten Tag tot.

Einen weiteren Züchtungsversuch hatte Frau J. Gorgot 1896. Das Weibchen legte Ende Oktober/Anfang November drei Eier, die aber alle drei

Die Nominatform hat leuchtend rote Schwanzfedern und einen schwarzen Schnabel. Foto: W. de Grahl.

kurz vor dem Schlupf abstarben. Dr. Ruß bedauerte das damals sehr und sagte: »*Wir können in der Tat nur dringend wünschen, daß ein wirklicher Erfolg der ersten Züchtung von Graupapageien in Deutschland sich ergeben möge.*« Die drei Eier hatten die Maße: 41 x 28,5 mm, 42 x 28,5 mm und 41 x 29,0 mm; sie sind weiß, eiförmig und haben keinen Glanz. Im Februar legte das Weibchen wieder ein Ei, aber auch dieses schlüpfte nicht.

Endlich im Jahre 1899 meldete Fritz Lotze die erste Zucht. Die Mitteilung über diese Zucht soll wörtlich wiedergegeben werden, genau wie die anderen Zuchten, um ein abgerundetes Bild zu bekommen. Gerade in heutiger Zeit ist es wichtiger denn je, diese Papageien zur Nachzucht zu bringen, da durch Umweltveränderungen ihre Brutgebiete immer mehr eingeschränkt und weniger Graupapageien importiert werden; die weitere Folge wird eine Teuerung sein.

Die Timneh-Zucht

Nachdem im Jahre 1976 die erste Zucht in Deutschland gelungen ist, haben sich bis 1982 in verschiedenen Ländern Zuchterfolge eingestellt. Es hat sich nun heraus gestellt, daß es keinen großen Unterschied im Brutverlauf gibt. Zwei bis vier Eier sind es in der Regel, welche 30 Tage bebrütet werden. Mit etwa 10 Wochen verlassen die Jungvögel ihren Nestplatz. Herr Wewering hat einige der jungen Vögel gewogen: 4 Wochen nach dem Schlupf = 140 g, 6 Wochen = 250 g, 8 Wochen = 310 g, 10 Wochen = 310 g. Es ist typisch, daß ein Jungvogel kurz vor dem Ausflug an Gewicht abnimmt oder zumindest nicht mehr zunimmt, damit seine Flugfähigkeit unter dem Gewicht nicht leidet.

Auch sonst scheint es in der Zähmung und Nachahmung jüngerer Tiere zur Nominatform kaum Unterschiede zu geben.

Vogelpfleger berichten...

Die erste Zucht wurde ausführlich von dem Pfleger Lotze beschrieben und in dem Artikel heißt es:

»*Wie bereits mitgeteilt wurde, ist es mir gelungen, zwei vollständige Zuchterfolge mit Graupapageien zu erzielen. Ich will versuchen, in Nachstehendem den Verlauf der Bruten zu schildern.*

Den ersten Züchtungsversuch machte ich im Frühjahr 1899 mit einem Paar Graupapageien, von denen ich den einen (Jako) im Jahre 1890 und den anderen (Lulu) im Jahre 1895 in Hamburg bezog. Die Tiere waren beide sehr jung in meinen Besitz gelangt und mochten also im vorigen Frühjahr 10 und

Ein viele Jahre erfolgreiches Zuchtpaar Graupapageien aus Heide/Holstein. Links mit etwas hellerem Bauch und zarterem Kopf sitzt das Weibchen. Foto: W. de Grahl.

So zutraulich sich Graupapageien auch außerhalb des Käfigs oftmals bewegen, man sollte ihnen vorsorglich doch besser die Schwungfedern wenigstens an einem Flügel stutzen. Foto: W. de Grahl.

5 Jahre alt sein. Ich werde die beiden Namen Jako und Lulu in den nachstehenden Ausführungen beibehalten.

Zu diesem Zuchtversuche richtete ich auf meiner Vogelstube einen Abschlag von Drahtgeflecht her, welcher 1,5 m lang, 0,75 m tief und 1,26 m hoch rfertigte ich aus größeren Torfstücken, welche mit Draht untereinander verbunden wurden, einen Nistkasten. Nach kurzer Zeit sah Lulu den Kasten an, kroch auch bald durch das Schlupfloch hinein und fing eifrig darin an zu nagen. Auch Jako, der weniger Interesse an der Sache zu haben schien, beteiligte sich bald von außen am Demolieren und nach zwei Tagen war von dem ganzen Kasten nur mehr ein Haufen Torfmull vorhanden. Hierauf richtete ich ein Tönnchen aus Tannenholz zum Nistkasten her, doch auch dieses war bald so bearbeitet, daß es in sich selbst zusammenfiel.

Nun ließ ich mir einen recht starken Kasten aus Eichenbrettern, an welchen auf der einen Seite noch die Rinde saß, anfertigen. Dieser war 0,5 m hoch und hatte eine innere Weite von 0,25 m. Das Schlupfloch von 11 cm Weite befand sich 15 cm über dem unteren Boden; als Nistmaterial gab ich einige Hände voll Torfmull in den Kasten. Alsbald versuchte Lulu auch dieses Möbel zu zerstören, doch es wollte nicht gelingen. Auch Jako versuchte einigemal seine Nagekünste, doch nachdem diese Versuche fehlgeschlagen, kümmerte er sich überhaupt nicht mehr darum. Nachdem die Vögel etwa 14 Tage zusammensaßen, bemerkte ich, daß sie sich gegenseitig fütterten. Nach weiteren 8 Tagen sah ich Jako auf dem Kasten sitzend, während Lulu ihn unter den unglaublichsten Körperverdrehungen umtanzte. Dabei wurden von beiden Töne ausgestoßen, welche große Ähnlichkeit mit dem Gewinsel junger Hunde hatten; zwischendurch ertönten auch allerlei menschliche Worte, welche sie früher oft gebrauchten. Diese Kapriolen, welche sich danach fast täglich wiederholten, dauerten etwa 5 Minuten lang. Ich vermutete, daß Lulu das Männchen sein würde, da man bekanntlich das Geschlecht bei den Graupapageien äußerlich fast gar nicht unterscheiden kann. Ich wurde jedoch einige Tage darauf anderer Ansicht, als ich Gelegenheit hatte, einen Begattungsversuch zu beobachten.

Lulu beschäftigte sich jetzt sehr viel im Nistkasten, zerkleinerte die Torfstücke und fertigte eine muldenförmige Vertiefung an. Auch Jako besuchte einigemal den Kasten, blieb jedoch niemals lange darin. Lulu benutzte den Kasten fast immer als Nachtquartier.

Als Futter erhielten die Tiere abgekochten Mais, Hanf, gekochte Kartoffeln, Brot und täglich einige Erdnüsse.

Bemerken muß ich noch, daß Lulu jetzt fast nichts mehr selbst fraß, sondern sich stets von Jako füttern ließ. Am 17. März mittags sah ich Lulu, die morgens noch ganz munter war, am Boden hocken mit hängenden Flügeln, ge-

Das 6 Tage alte Graupapagei-Junge kann den Kopf noch nicht heben, hat die Augen geschlossen und einen noch nicht gebogenen Oberschnabel. Fotos: W. de Grahl.

sträubtem Gefieder und krampfhaft eingekrallten Füßen. Ich nahm das Tier aus dem Abschlage und fand den Hinterleib desselben stark aufgetrieben und entzündet. Ich vermutete Legenot und versuchte eine in Öl getauchte Feder in den Legekanal einzuführen. Der Vogel schien große Schmerzen zu empfinden, er atmete rasend schnell und in beiden Augen bildeten sich Tränentropfen. Auf Anraten eines bewährten Vogelfreundes ging ich mit dem Tiere zu einem Tierarzt, welcher eine Operation vornehmen wollte, um das Ei zu entfernen. Damit war ich nicht einverstanden, denn der Vogel wäre wahrscheinlich dabei zu Grunde gegangen. So wurde denn der Versuch gemacht, das Ei, welches keine Kalkschale hatte, im Vogel zu zerdrücken. Dieses gelang, und nachdem der Inhalt des Eies hervortrat, wurde das Tier merklich besser. Futter wurde jedoch nicht angenommen, auch war das Tier so matt, daß es sich nicht auf der Sitzstange halten konnte. Am Abend setzte ich Lulu wieder in den Abschlag und Jako fing sogleich sein Krankenwärteramt an; er wußte bedeutend besser die Lulu zu behandeln als ich. Ich überließ ihm das Geschäft und hatte am anderen Morgen die Freude, die Lulu wieder froh und munter zu finden.

Zehn Tage darauf bemerkte ich, daß Lulu wieder an Legenot litt und zwar in demselben Maße wie das erstemal. Nachdem einige Bemühungen, das Ei hervorzubringen, fehlschlugen, drückte ich das Ei wieder im Leibe entzwei und dem Tiere war geholfen. Fünf Tage später gelang es Lulu allein, ein Ei zu legen. Dieses war jedoch, da es nur eine ganz dünne Kalkschale hatte, etwas eingedrückt, mithin zum Bebrüten nicht tauglich. Ich entfernte das Ei aus dem Nistkasten, was keine kleine Arbeit war, denn die Beiden verteidigten ihr Nest mit einer unglaublichen Tapferkeit. Lulu ließ sich aber in seinem jetzigen Brutgeschäfte nicht mehr stören und saß vier volle Wochen lang im leeren Kasten und ließ sich von Jako stets das Futter in's Nest bringen.

Nach dieser Zeit mochte Lulu einsehen, daß das Sitzen im leeren Neste wenig Zweck habe, denn sie verließ den Kasten und schien die Brutlust verloren zu haben. Kurze Zeit darauf bemerkte ich wieder Begattungsversuche. Ich mengte jetzt, um das Legen schalenloser Eier zu verhüten, gemahlene Eierschalen in das Weichfutter und fütterte täglich ein Stückchen Speck, als Mittel gegen Legenot. Am 21. Mai hatte ich die Freude, ein wohlgebildetes Ei im Kasten zu finden, dem am 24. ein zweites und am 27. das dritte folgte. Vom Legen des zweiten Eies blieb Lulu am Brüten. Am Morgen des 23. Juni hörte ich im Neste ein Gepiepe, dem Miauen einer jungen Katze ähnlich und sah, als Lulu das Nest auf kurze Zeit verließ, daß ein Ei ausgekommen war. Im Laufe des folgenden Tages hörte ich öfter die Stimme des Kleinen, doch am Abend war alles still. Auch am andern Morgen hörte ich nichts mehr und fand bei näherer Untersuchung, daß dem Jungen der Kopf total zerbissen *war. Ich vermutete, daß dieses von Jako geschehen war, denn dieser schielte so verstohlen nach dem Kasten, und schien durchaus kein reines Gewissen zu haben. Ich steckte nun Jako ›den ich bestimmt für den Kindesmörder hielt‹, in einen Käfig, den ich aber in den Abschlag stellte, um weitere Mordtaten zu verhüten.*

Am folgenden Tage kam ein zweiter Jako zur Welt. Dieser wurde von Lulu fleißig gefüttert. Das Futter holte sich Lulu jedoch fast immer von Jako, welcher durch das Gitter seines Gefängnisses das Futter reichte. Die jungen Graupapageien können durchaus keine Ansprüche auf eine schöne Körperform machen, der plumpe Leib mit den kurzen Beinchen und dem ungeheuer langen Halse ist nichts weniger als schön. Ich habe es dem Jako gar nicht so sehr verdenken können, daß er seinen Erstgeborenen für eine Mißgeburt gehalten hat, und diesen auf die einfachste Art aus dem Wege schaffen wollte. Bemerkenswert ist die Art und Weise, wie den Jungen das Futter eingegeben wird.

Die Jungen sind in den ersten 6–8 Tagen nicht im Stande, den Kopf hoch zu heben und es würde Schwierigkeiten machen, den Kleinen Futter einzugeben. Doch die Alten wissen sich zu helfen. Mit dem krummen Haken des Oberschnabels wird das Junge gefaßt und hintenrüber auf den Rücken gelegt, dadurch kommt der Schnabel, welcher das Aussehen eines dicken schwarzen Maules hat, nach oben und nun wird das Futter, welches erst einmal gründlich durchkaut wird, dem Jungen eingegeben. Nach der Fütterung wird mit Hilfe des Schnabelhakens das Junge wieder herübergeklappt und das Geschäft ist beendet. Während der Fütterung lassen die Jungen fortwährend eine Art Miauen hören, was bei fortschreitendem Alter an Stärke des Tones zunimmt und allmählich in ein Gekrächze ausartet. Da das Herüberlegen der Jungen in den ersten Tagen bei der jetzigen Zucht genau so gemacht wurde, wie bei der ersten, nehme ich an, daß dieses bei der Familie Jako und auch wohl bei anderen Papageien immer so gemacht wird. Die Jungen sind nach dem Ausschlüpfen fast ganz nackt, nur ganz vereinzelte daunenartige Fäserchen sind zu bemerken. Nach etwa 10 bis 14 Tagen öffnen sich die Augen, jedoch ganz allmählich, nach und nach wurde das ganze Auge sichtbar. Dieses ist wie bekannt ganz dunkel. Nach 3–4 Wochen bildet sich auf der gelblichgrünen, fettig glänzenden Haut ein dichtes Daunenkleid und mit diesem zugleich brechen auch die größeren Federn an den Flügeln, auf den oberen Teilen des Kopfes und einige Tage darauf auch an den übrigen Körperstellen hervor. Daß die jungen Grauen eine größere Wärme nötig haben, kann ich nicht behaupten, denn ich habe durchschnittlich nur 15 bis 20°C auf meiner Vogelstube, ja zuweilen des Morgens gar nur 7 bis 10°C, weil in den langen kalten Nächten sich das Zimmer sehr abkühlte, ich habe aber nie bemerkt, daß die jungen Tiere dadurch gelitten hätten.

Als das erste Junge vier Wochen alt war, ließ ich Jako, der bis dahin einge- sperrt gesessen hatte, wieder frei, beobachtete ihn aber genau, weil ich be- fürchtete, er möchte dem Jungen was zu leide tun. Sehr groß war die Freude Lulus über die Freiheit Jakos, sie vergaß sogar, sich um den Kleinen zu kümmern. Da ich bemerkte, daß Jako den Jungen im Nest besuchte, ohne ihn zu mißhandeln, ließ ich ihn frei, fand jedoch am Abend, daß das Junge, wel- ches sonst immer mit vollgestopftem Kropfe saß, diesen leer hatte. Ich sperrte Jako wieder in seinen Käfig und Lulu fing sogleich an, das Junge wieder zu füttern. Am folgenden Tage ließ ich Jako wieder frei, er beteiligte sich nun gleichfalls am Füttern des Jungen und ich sperrte ihn nicht mehr ein.

Da der Verschlag mir zu klein dünkte, richtete ich einen größeren Raum für die Gesellschaft her. Dieser hatte eine Größe von etwa 3 qm Bodenfläche und reichte vom Fußboden des Zimmers bis zur Decke. Diesen Raum versah ich mit mehreren Sitzgelegenheiten und quartierte die Gesellschaft darin ein. Das Junge verließ im Alter von 10 Wochen das Nest, war aber im Klettern auf den Sitzstangen noch recht unbeholfen, meistens hielt es sich auf einem in dem Verschlage angebrachten größeren Brette auf. Es begab sich nun ans Allein- fressen, zuerst wurde eingeweichtes Weißbrot, nach einiger Zeit auch gekoch- ter Mais und junge Erbsen in Schoten genommen. Nebenbei fütterten die Al- ten.

Nachdem das Junge einige Tage das Nest verlassen, mußte ich eine kürzere Reise antreten. Ich sah mittags vor meiner Abreise den jungen Graupapagei auf einer der obersten Sitzstangen herumturnen. Leider hatte ich ihn das letzte Mal gesehen, denn als ich am Abend zurückkam, fand ich nur seine Leiche. Meine Frau hatte kurz nach meinem Weggange die Vogelstube betreten und den Jungen am Boden liegend und am Verenden gefunden. Ich kann keine andere Todesursache annehmen, als daß das Tier, welches sehr schwer und fett, aber nicht fluggewandt war, aus der ziemlich beträchtlichen Höhe herab- gestürzt und so zu Tode gekommen ist. Ich nahm nun die beiden Alten jeden in seinen früheren Käfig, um sie vorläufig zu trennen, bemerkte doch, daß die beiden darüber gewaltig trautig sein mußten, denn alle Munterkeit war dahin. Mitte Oktober brachte ich die beiden dann wieder zusammen in den Ab- schlag, welchen ich durch eine zum Nistkasten hergerichtete Biertonne und einen zum Teil ausgehöhlten Weidenkopf, der gleichfalls als Nistgelegenheit dienen konnte, weiter ausmöbliert hatte. Eifrig wurde jetzt der alte Weiden- kopf bearbeitet und die von mir teilweise hergestellte Bruthöhle erweitert. An- fang November bemerkte ich schon wieder Paarungsversuche und am 6. De- zember legte Lulu das erste Ei, dann am 9. das zweite und am 12. das dritte, jedoch nicht in die Höhle des Weidenkopfes, sondern in die darunterstehende Biertonne. Die Brutzeit verlief wie das erste Mal.

Am 9. Januar 1900, also genau nach dreißigtägiger Brutzeit, hörte ich morgens wieder den Nestruf eines jungen Graupapageien und mittags war noch ein zweiter ausgeschlüpft. Das dritte Ei, welches ich nach einigen Tagen öffnete, enthielt einen vollständig ausgebildeten Vogel, leider tot. Ich befürchtete, Jako würde wieder Mordgedanken bekommen, doch wie es schien, hatte er eine große Freude an den Kleinen, denn er half in den ersten Tagen fleißig füttern. Als Futter diente hauptsächlich abgekochter Mais, Haselnußkerne, altes Weißbrot und etwas gekochtes Ei. Hanfsamen wurde in den ersten 10 Tagen nicht genommen, nachher aber mit Vorliebe.

Die Jungen gediehen vortrefflich. Die Fütterungsweise in den ersten Tagen wurde so ausgeübt, wie ich bereits in der ersten Brut geschildert habe, indem die Jungen auf den Rücken gelegt wurden. Das erste Gefieder ist dem der alten Graupapageien fast vollständig gleich, so daß man die Jungen, nachdem sie ausgewachsen sind, kaum mehr von den Alten unterscheiden kann. In den ersten Monaten ist der Oberschnabel nur wenig länger als der Unterschnabel. Da die Alten keine Absicht zu einer weiteren Brut erkennen ließen, bleiben die Jungen mit ihnen zusammen, wurden aber später von den Alten vom Futternapf fortgetrieben.

Ich setzte sie deshalb in einzelne Käfige. Anscheinend müssen die Tiere dadurch wohl sehr erschreckt worden sein, denn sie zeigten sich sehr furchtsam und ließen wochenlang jedesmal, wenn ich mich ihrem Käfig näherte, ein herzzerreißendes Krächzen hören und versuchten dabei, durch die Stäbe ihrer Käfige zu entkommen. Meine Frau, sowie die Kinder durften sich dreist den Tieren nähern, das Futter wurde ihnen sogar aus der Hand genommen. Nach und nach haben sie jedoch auch die Angst vor mir verloren und zeigen sich nun gegen mich ganz zutraulich.

Erst seit einigen Wochen, also nachdem die Jungen nahezu elf Monate alt sind, fangen dieselben an, sich im Sprechen und Pfeifen zu üben. Im übrigen werden sie niemals lästig durch lautes Geschrei oder Gepfeife, wie man dieses oft bei importierten Graupapageien findet. Die Alten befinden sich z. Z. noch in ihrem Verschlag auf der Vogelstube, während die Jungen im Wohnzimmer untergebracht sind. Seit einiger Zeit beschäftigen sich die Alten wieder viel mit ihren Nistvorrichtungen. Anscheinend wollen sie demnächst zu einer weiteren Brut schreiten.«

Soweit die Berichte über die beiden Bruten von einem Paar im Jahre 1899 und 1900. Damals eine Sensation. Es erschienen zwei wunderbare Bilder, auf denen die Eltern mit den Jungen zu sehen waren. Ein Bild wurde bei einem Preisausschreiben mit dem 1. Preis ausgezeichnet.

Erwähnenswert ist auch eine andere Mitteilung, wo nach 28 Jahren (1910) Käfigung die ersten Eier gelegt wurden. Es steht dort: *»Mein Graupapagei, den ich seit 28 Jahren im Bauer halte, hat zum ersten Male am 8. Oktober, dann am 19., 22. und 26. November dieses Jahres je ein Ei gelegt, das erste anscheinend unter großen Schmerzen, denn das Tier winselte den ganzen Tag und stieß heftige Schmerzenstöne aus, saß auch andauernd am Wassernapf und trank unaufhörlich; das erste Ei war wesentlich größer als ein Taubenei, die weiteren drei waren kleiner und wurden ohne besondere Äußerungen von Schmerz gelegt; auffällig ist wohl auch die große Pause zwischen dem ersten und zweiten Ei (6 Wochen) und die kleinen Pausen von 3–4 Tagen zwischen den anderen drei Eiern.«*

Lange Zeit wurde es still um die Zucht der Graupapageien und irgendwelche Bekanntmachungen in den Vogelzeitschriften erschienen nicht, wie überhaupt in den letzten 25 Jahren sehr wenig über Graupapageien berichtet wurde. Der erste wieder ausführliche Zuchtbericht kam von Walter Langberg, Kopenhagen-Vanl/ose. Der Autor kennt Herrn Langberg über 20 Jahre als gewissenhaften Liebhaber und Züchter, der ein großes Einfühlungsvermögen besitzt und auch etliche andere Sitticharten gezüchtet hat. Im Jahre 1959 glückte ihm nach langem Warten die Zucht der Graupapageien und der folgende Bericht lautet:

»Vor etwa 9 Jahren (um 1950) beschloß ich, Versuche mit den größeren sprechenden Papageien – in erster Linie Graupapageien – anzustellen.

Mein erster Graupapagei war in keiner Weise ein Erfolg, der Vogel war sehr scheu und ein Schreier. Ich hoffte, daß er mit der Zeit zahmer werden würde, aber er starb plötzlich an einer Futtervergiftung.

Mein nächster Graupapagei war ein wunderbarer Vogel. Der Vogelhändler, von dem ich den Vogel kaufte, hatte diesen ganz jung erhalten. Der Vogel hatte einige Jahre in seinem Laden zugebracht und war jetzt sehr zahm und ein guter Sprecher. Ich vermute, daß er etwa drei Jahre alt war, als ich ihn erhielt. Er wurde bald ein hochgeschätztes Mitglied der Familie und bereitete uns viel Freude. Unzählige Male kam ich angelaufen, weil ich glaubte, daß meine Frau mich rief, aber es war der Vogel – wir nannten ihn ›Jako‹ – der ihre Stimme genau nachahmte. Wir vermuteten, daß der Vogel ein Weibchen war, und ich fing jetzt an, nach einem Männchen zu suchen.

Wie erwartet, war das in keiner Weise eine leichte Aufgabe. Die Auswahl war nicht groß, aber jeder Graupapagei, dessen ich habhaft werden konnte, und von dem ich vermutete, daß es ein Männchen war, wurde auspobiert. Gewöhnlich vertrugen sich die Vögel nicht. Um sie aneinander zu gewöhnen, ließ ich einen großen Metallkäfig mit einer herausziehbaren Gitter-Trennungswand herstellen. Ich setzte ›Jako‹ in das eine Abteil und die jeweils letzte

*Neuerwerbung in das andere. Wenn die Vögel sich offenbar aneinander ge-
wöhnt hatten, zog ich die Trennungswand heraus. Gewöhnlich war das Ergebnis nicht ermunternd, entweder bekämpften sich die Vögel oder der eine
jagte den anderen.*

*Jemand gab mir den Rat, es mit wilden Graupapageien, wirklichen Schreiern,
zu versuchen, da es aussichtslos sei, Zuchtversuche mit zahmen Vögeln anzustellen. Ich möchte bestimmt keinem raten, diese Methode anzuwenden, wer
schwache Nerven hat. Nach meinen Erfahrungen werden altgefangene Papageien nie zahm. Sie verlieren nie ihre Furcht vor dem Menschen, sondern fangen sofort an zu schreien, wenn sich jemand dem Käfig nähert. Dieses Geschrei ist überwältigend, etwa ein Mittelding zwischen Ferkelgeschrei und
Kuhbrüllen und es wird fortgesetzt, bis man fort geht.*

*Junge Graupapageien haben eine graue Iris, etwas später eine weißlich-
graue. Es ist meine Erfahrung, daß, falls ein Graupapagei mit weißlich-gel-
ber Iris scheu ist und anfängt zu schreien, sobald man sich dem Käfig nähert,
es schwer ist, einen solchen Vogel zahm zu bekommen. Ein junger Vogel mit
grauer Iris, wird nach und nach zahm werden und mit Schreien aufhören,
vorausgesetzt, daß er richtig behandelt wird.*

*Nach verschiedenen erfolglosen Versuchen, aus denen ich doch Verschiede-
nes gelernt hatte, war ich eines Tages in der glücklichen Lage, die Auswahl
aus einer größeren Sendung Graupapageien zu haben. Meine Wahl fiel auf
einen großen dunkelgrauen Vogel mit starkem Schnabel und großen Füßen,
da ich die Idee hatte, daß ein Männchen so aussehen sollte. (Auch der ver-
storbene Herzog von Bedford bringt in der ersten Ausgabe seines Buches
›Parrots and parrot-like birds‹ die Theorie, daß männliche Graupapageien
größer als die Weibchen sind.) Aus irgendeinem Grunde werden viel mehr
weibliche als männliche Graupapageien eingeführt. In der Farbe gibt es bei
diesen keine Anhaltspunkte zur Geschlechtsbestimmung, da das Verbrei-
tungsgebiet sehr groß ist, und die Vögel aus verschiedenen Teilen des Gebie-
tes ebenso in der Farbe wie in der Größe recht verschieden sein können.
Das neuerworbene vermutliche Männchen wurde in einen gewöhnlichen Papageienkäfig etwa 45 x 45 cm und 80 cm hoch getan. (Dieses Modell ist der
üblichste Papageienkäfig für größere Papageien hier in Dänemark, aber er ist
in der Tat zu klein als ständiger Aufenthalt dieser Vögel.) Der neue Vogel war
etwas scheu, schrie ab und zu, aber da die Iris noch etwas grau war, vermutete
ich, daß es ein junger Vogel sei, und er mit der Zeit zahmer werden würde.
Dies geschah dann auch, aber er wurde nie so zutraulich wie ›Jako‹. Wir
nannten ihn ›Coco‹, welchen Namen er auch lernte, aber sein Sprachtalent ist
nie so groß wie das von ›Jako‹ geworden.*

*›Jako‹ wurde in einen Käfig gleich dem ›Cocos‹ getan, und wintersüber stan-
den die beiden Vögel nebeneinander. Im Frühjahr versuchte ich, die Vögel in
einen Käfig zusammen zu setzen und war sehr erfreut, als sie sich anscheinend
gut vertrugen. Ich machte einen Nistkasten, den ich außen an den Käfig hängte, aber die Vögel schienen daran überhaupt nicht interessiert zu sein. Leider
waren alle meine Freivolieren in Gebrauch, so daß die Graupapageien den
ganzen Sommer in dem Käfig verbringen mußten.*

*Ich hatte noch eins von den von ›Jako‹ nicht angenommenen Männchen be-
halten, zu diesem bekam ich eine Gefährtin. Die Vögel vertrugen sich sofort
sehr gut, als sie zusammengelassen wurden, und ich glaubte jetzt, daß ich zwei
richtige Paare hatte.*

*Im Frühjahr 1955 setzte ich alle vier Papageien in eine Freivoliere mit ange-
schlossenem Schutzraum. Die Voliere war etwa 2 m lang, 1,25 m breit und
2 m hoch, der Schutzraum etwa 1,25 x 1,25 und 2 m hoch. Der Fußboden,
sowohl in der Voliere wie im Schutzraum, war aus creosotbehandeltem
(Teer) Holz, und etwa 30 cm über der Erde angehoben. Das Flugloch hatte
fast die Breite der ganzen Bruthöhle und war etwa 75 cm hoch. Die vier Vögel vertrugen sich leidlich, aber hielten stets in Paaren zusammen. Mit der Zeit
wurde es offenbar, daß ›Coco‹ und ›Jako‹ nicht die Gesellschaft liebten, da die
beiden anderen anscheinend zu stark dominierten. Ich nahm sie deshalb heraus und steckte sie wieder in den großen Innenkäfig. Hier beschäftigten sie
sich viel mit dem Nistkasten, aber es geschah nichts.*

*Im Laufe des Sommers machten ›Coco‹ und ›Jako‹ mehrere Paarungsversu-
che, doch es ereignete sich nichts weiter, und im Herbst nahm ich sie herein
und setzte sie in einen gleich großen Käfig mit Nistkasten, wo sie im Winter
gehalten wurden.*

*Am Ende des Winters schien es, daß ›Coco‹ und ›Jako‹ mehr aneinander in-
teressiert waren. ›Jako‹ wurde täglich von ›Coco‹ gefüttert, sie machten auch
Paarungstänze mit hängenden Flügeln und stellten Paarungsversuche an.
Deshalb beschloß ich, dieses Paar in die Freivoliere zu bringen, sobald es das
Wetter gestattete. Ich hängte zwei Nistkästen, je 30 x 30 cm und 50 cm hoch
in den Schutzraum dicht unter der Decke auf, und auf den Boden stellte ich
eine kleine Tonne ohne Dach. Auch in die Freivoliere hänge ich einen Kasten
von etwa derselben Größe wie die anderen, aber etwas tiefer. Auf den Boden
der Nester legte ich Späne und ein Stück Torfmoos, damit die Vögel etwas
zum Zerbeißen hatten.*

*Am 1. Mai wurden ›Coco‹ und ›Jako‹ in die Freivoliere gelassen. Sie fühlten
sich bald zu Hause, da sie den Platz von früher her kannten und sie setzten
ihre Paarungsspiele fort. Anfang Juni interessierte sich ›Jako‹ sehr für den
Kasten, der an der Rückwand des Schutzraumes hing. Er machte sich viel in*

dem Kasten zu schaffen und verbrachte am Samstag, dem 16. Juni, den ganzen Tag darin. Sonntag morgens, als ich die Vögel fütterte, sah ich, daß ›Jako‹ außerhalb des Kastens war. Ich benutzte deshalb die Gelegenheit, schaute in den Kasten und sah das erste Ei der Graupapageien. Meine Vermutung erwies sich also als richtig, ›Jako‹ war ein sicheres Weibchen. Sie kehrte in den Kasten zurück und saß auf dem Ei, das wahrscheinlich am 16. gelegt war. Ich kontrollierte jetzt den Kasten täglich: am 19. waren zwei Eier da, am 25. drei und am 27. vier Eier. So weit ich feststellen konnte, wurden die Eier in Zwischenpausen von drei Tagen gelegt. ›Jako‹ saß jetzt sehr fest. Ich wollte natürlich gern wissen, ob die Eier tatsächlich befruchtet waren, wenn ich auch nicht sehr daran glaubte, da die Paarungen wenig erfolgreich gewesen zu sein schienen. Am 14. Juli hatte ich Gelegenheit, die Eier zu untersuchen, sie waren alle unbefruchtet. Jetzt war ich wieder im Zweifel: Vielleicht waren beide Weibchen.

Im Verlaufe einiger Tage fingen die Vögel wieder an, sich zu paaren, aber wieder in derselben oberflächlichen Weise wie früher. Sie liefen die Äste auf und ab, mit hängenden Flügeln und waren anscheinend sehr erregt. Die Paarung erfolgte dann von seitwärts und es schien, als ob es keine wirkliche Paarung, sondern nur ein Versuch gewesen war.

Am 4. August saß ›Jako‹ wieder in dem Kasten und hatte ein Ei gelegt. Diesmal wurden wieder vier Eier in Zwischenpausen von drei Tagen gelegt. Sie brütete vom ersten Ei ab fest. Am 21. August kontrollierte ich die Eier. Ich wollte kaum meinen Augen trauen, sie waren alle befruchtet. Es schien mir aber, daß die Luftblase in allen Eiern reichlich groß war und ich fürchtete deshalb, daß die Embryonen austrocknen würden. ›Jako‹ saß aber sehr fest und schien sich gar nicht darum zu kümmern, daß ich ab und zu in den Kasten blickte.

Bis jetzt bestand das Futter aus Kolbenhirse, Kanariensaat, Hanf und Sonnenblumenkernen (weiße und zwei Sorten gestreifte). Außerdem gab ich im gekeimten Zustand Kanariensaat, Hanf, Hafer, Sonnenblumenkerne und Mais. Als Weichfutter bekamen die Vögel in Milch erweichtes Weißbrot, dem Glucose und verschiedene Vitamine beigemischt waren. Ich dachte, daß etwas Besonderes notwendig wäre, um die Jungen zu füttern, und als frische, halbreife Maiskolben erhältlich waren, die ein natürliches Futter für Papageien sind, wurden diese dem Menü beigefügt. Weiter gab ich Erdnüsse, die bei den Graupapageien sehr beliebt sind. Sie rührten kaum Grünfutter an, nahmen aber etwas Apfel, wenn auch ohne besondere Begeisterung. Die Maiskolben schienen das richtige Aufzuchtfutter zu sein und mehr als 200 wurden bis zum Ende der Saison verbraucht. Wenn die Nachtfröste kommen, sind Maiskolben nicht mehr erhältlich. Meine Frau hatte aber eine große

Menge gekauft, die in Plastiksäcken im Kühlschrank aufbewahrt wurden. Auf diese Weise hatten wir dies ausgezeichnete Futter für eine sehr lange Zeit. Eine große Katastrophe gab es beinahe, als eben die Jungen schlüpfen sollten. Die Vögel hatten sehr viel an den Kästen, besonders an dem Deckel genagt, so daß ein großen Stück davon heruntergefallen war, glücklicherweise aber nicht in den Kasten, sondern auf den Fußboden.

Am Sonntag, dem 2. September, untersuchte ich die Eier und sah, daß die Luftblase in sämtlichen Eiern ausgefüllt war. Zu meiner Freude sah ich kleine Risse in einem Ei, ein Zeichen, daß die Schale angepickt war, und daß das Junge bald schlüpfen sollte. Am 8. September, als ›Jako‹ außerhalb des Kastens war, sah ich nach und fand zwei, anscheinend gut gefütterte Junge, und daß ein drittes eben beim Schlüpfen war. Am 18. September, als ich wieder im Kasten nachsah, versuchte eben ein viertes Junge aus der Schale zu kommen. Als das Junge anscheinend Schwierigkeiten hatte, aus der Schale frei zu werden, steckte ich meine Hand in den Kasten, um ihm zu helfen, aber ›Jako‹ plusterte ihre Federn auf und versuchte zu beißen, so daß ich das halbgeschlüpfte Junge mit einem Löffel herausholen mußte. Das Junge schien recht schwach, weshalb ich versuchte, ihm durch behutsames Abbrechen des größten Teiles der Schale zu helfen. Ich setzte das Junge mit dem Löffel wieder zurück und hoffte, daß es gedeihen würde. Als ich aber abends im Kasten nachsah, war das Junge tot, anscheinend totgebissen. Möglicherweise hatte ich es nicht tief genug unter das Weibchen gesteckt, so daß dieses es vielleicht als ein anderes Tier angesehen hatte.

Die neugeschlüpften Jungen waren fleischfarbig, dünn mit langem Flaum bedeckt, mit hellen Schnäbeln und Füßen, und sahen wie riesengroße Junge von Unzertrennlichen aus. Die Brutzeit ist offenbar 30 Tage.

So lange die Jungen ganz klein waren, verließ das Weibchen sehr selten das Nest und wurde vom Männchen gefüttert, das in den Kasten herunterschlüpfte. Vom 18. September fingen die Schnäbel der Jungen an, schwarz zu werden. Das Weibchen verließ jetzt öfter das Nest und fing an, wieder selbst Futter aufzunehmen. Dagegen ging das Männchen oft in den Kasten, um die Jungen zu füttern. Es wurde auch angriffslustig mir gegenüber, wenn ich das Nest kontrollierte. Als die Jungen etwa einen Monat alt waren, bekamen sie graue Daunen, und das Weibchen verließ jetzt das Nest für immer längere Zeit.

Am 6. Oktober bemerkte ich, daß das kleinste Junge den anderen nicht in der Entwicklung folgte und anscheinend nicht genug Futter bekam. Am 8. Oktober sah ich es offenbar sehr krank in einer Ecke des Nestes liegen; es schien kein Zweifel daran zu sein, daß es schlecht gefüttert war. Ich beschloß deshalb, das Junge ins Haus zu nehmen und zu versuchen, es künstlich aufzuzie-

hen. *Es wurde in einem Nistkasten auf eine Unterlage von Säge- und Torf-
mehl gelegt, mit einer 50 W Infrarot-Ellsteinlampe als Wärmespender. Das
Junge wurde mit einem Brei von in Milch erweichten Semmeln mit Glucose
und einem sehr proteinreichen Präparat, ›Recoven‹ genannt, gefüttert. Auch
wurden noch verschiedene andere Vitamine zugesetzt. Später wurden ge-
quetschte Trauben, Bananen und andere weiche Früchte beigefügt. Das Futter wurde lauwarm mit einer Futterspritze gegeben. Es ging überraschend gut
und das Junge erholte sich sehr bald und schien sich wohl zu befinden. Als es
älter wurde mußten wir es sehr oft füttern, bis zehnmal täglich. Es war eine
harte Arbeit für meine Frau, die die Pflege des Jungen übernahm, aber es
mußte gemacht werden. Das Junge wurde natürlich sehr zahm und anhänglich und liebte es, in die Hand genommen zu werden.*

*Zu der Zeit, als das schwache Junge entfernt wurde, fingen die beiden ande-
ren schon an, Federn zu bekommen; sogar die roten Schwanzfedern waren
sichtbar. Bei dem schwächeren Jungen dauerte es entschieden länger, die roten Schwanzfedern zu bekommen, aber später entwickelte es sich sehr schnell.
Der 15. Oktober war ein schwarzer Tag. Als meine Frau zu der Voliere ging,
um die Vögel zu füttern, lag ein Junges tot am Boden. Die Jungen, zu dieser
Zeit sechs Wochen alt, waren recht gut entwickelt. Ich vermute, daß der betreffende Vogel herauf zum Nestloch geklettert war, das Gleichgewicht verloren hatte und herausgefallen war. Bei der Obduktion konnten keine Beschädigung festgestellt werden, weshalb ich vermute, daß das Junge vor Kälte gestorben war, da der Tag recht kalt gewesen war. Ich war natürlich erschrok-
ken und beschloß, die ganze Familie ins Haus zu nehmen. Der große Käfig
wurde bereitgestellt und der Kasten eingehängt. Er nahm viel Platz in Anspruch, aber die Vögel fanden sich in der wohlbekannten Umgebung gleich
zurecht und nach einer Weile hörte ich, daß das Junge gefüttert wurde. Es war
jetzt nur noch ein Junges mit Eltern, und am 7. November, als das Junge etwa
zwei Monate alt war, sah ich es an einem Maiskolben, den die Eltern in das
Nest fallen gelassen hatten, fressen. Ich setzte jetzt täglich Maiskolben und
angekeimte Sonnenblumenkerne in den Kasten, die von dem Jungen angenommen wurden. Gleichzeitig wurde es natürlich auch noch von den Eltern
gefüttert.*

*Am 23. November kletterte das Junge herauf und saß am Rande des Kastens.
Am 25. November verließ es den Kasten zum ersten Male und kletterte am
Käfiggitter herum, verschwand aber sofort im Kasten, als wir uns näherten.
Die Eltern nahmen Verteidigungsstellung mit aufgeplusterten Federn ein.
Ich bemerkte, daß dieses Junge eine hellere Farbe, helle Zunge und helle Nä-
gel hatte, wogegen das künstlich aufgezogene dunklere Farbe, schwarze
Zunge und schwarze Nägel hatte.*

Nachdem das Junge das Nest, zu dem es aber bei jeder Annäherung und stets nachts zurückkehrte, verlassen hatte, wurde es hauptsächlich vom Männchen gefüttert. Es nahm aber auch selbst Futter an, in der Hauptsache gekeimte Sonnenblumenkerne und einige kleine harte Nüsse (Zirbelnüsse). Aber noch am 4. Januar, als das Junge also vier Monate alt war, sah ich, daß es vom Männchen gefüttert wurde.

Ich will mich natürlich von diesen beiden Jungen nicht trennen. Ich will versuchen, festzustellen, in welchem Alter die Iris der Graupapageien gelb wird und, wenn möglich, auch, in welchem Alter sie zuchtreif werden. Ich denke, daß das künstlich aufgezogene Junge kaum für die Zucht geeignet ist, da es zu sehr auf Menschen eingestellt ist. Immerhin ist es interessant, diese Probleme zu lösen versuchen.

Was das Alter der Zuchtvögel betrifft, so ist es natürlich für mich schwer, das Alter genau anzugeben. Nach den Auskünften, die ich erhalten habe, vermute ich aber, daß das Männchen etwa 5–6 und das Weibchen etwa 10–11 Jahre alt war, als sie zum ersten Mal brüteten.

›Coco‹ und ›Jako‹ verbrachten den Winter 1956–57 in dem großen Käfig im Hause. Im Frühjahr wurde die Voliere wieder bereitgestellt und der Kasten am gleichen Platz wie letztes Mal in den Schutzraum gehängt. Doch mußte die Bruthöhle erst gründlich repariert werden, da fast die ganze Vorderseite zernagt war. Am 7. April wurden die Zuchtvögel hereingelassen und sie fühlten sich in der bekannten Umgebung gleich heimisch.

Nach einiger Zeit fing ›Coco‹ an, ›Jako‹ zu füttern und wir konnten gelegentliche Paarungen beobachten. Anfangs Juni ging das Weibchen bisweilen herunter in den Kasten, blieb aber nie für längere Zeit dort. Am 17. Juni verbrachte er fast den ganzen Tag im Nest und als ich Gelegenheit hatte, sah ich im Kasten nach und fand, daß bereits ein Ei gelegt war. Am 20. Juni waren es zwei Eier, am 26. schon vier. Als ich am 6. Juli die Eier kontrollierte, stellte ich fest, daß jedenfalls eins befruchtet war.

Im Gegensatz zum vorigen Jahr war es dieses Mal sehr schwer, das Nest zu kontrollieren, da ›Jako‹ sehr angriffslustig war und mir nicht gestatten wollte, im Nest nachzusehen. Wenn sie in der Voliere war und sah, daß ich mich näherte, flog sie sofort in den Schutzraum zurück, so daß es mir nur ganz gelegentlich möglich war, die Tür des Schutzraumes zu öffnen, bevor sie im Nest war. Am 22. Juli gelang es mir doch, im Kasten nachzusehen, ehe sie hereinkam, und ich sah, daß ein Junges geschlüpft war. Am 25. Juli konnte ich wieder eine Nestkontrolle vornehmen und sah jetzt zwei lebende Junge.

Bis jetzt hatte das Männchen in Milch erweichtes Brot außer den üblichen gekeimten und trockenen Samen genommen, weshalb ich hoffte, daß es hiermit statt der damals nicht erhältlichen Maiskolben füttern würde. Sofort, als die

154

Jungen geschlüpft waren, hörte es aber auf, Milchsemmeln anzunehmen und keiner der Eltern nahm Sonnenblumenkerne, Hanf oder Kanariensamen, die im Schutzraum bereitstanden. Ich versuchte dann, einige Schalen mit Kanariensaat und Hanf an das Gitter der Voliere zu hängen. Dies gefiel anscheinend den Vögeln, da sie sich sofort an diesen gütlich taten. Während der Aufzucht wurden trockene Sonnenblumenkerne kaum angerührt. Die Vögel nahmen in erster Linie trockenen Hanf und Kanariensamen sowie gekeimten Kanariensamen, Hanf und Sonnenblumenkerne, später nach und nach wieder Milchsemmel. Soweit ich mich erinnern kann, erhielt ich keine Maiskolben, bevor die Jungen etwa drei Wochen alt waren.

Die Jungen gediehen gut und am 29. September saß das eine am Nestrande; aber es dauerte doch bis zum 13. Oktober, bis das eine auf einer Stange im Schutzraum saß. Die Federn an Flügeln und Schwanz waren völlig entwickelt, nur waren die Jungen etwas schlanker als die Eltern und die Iris war natürlich grau. Am folgenden Tage waren beide Jungen außerhalb des Nestes und saßen morgens in der Freivoliere. Sie waren einander völlig gleich, aber im Laufe einiger Tage bemerkte ich, daß das eine sich offenbar nicht ganz wohl fühlte und ich sah, daß dieses nicht so viel wie das andere gefüttert wurde. Die Jungen fingen auch an, bereits selber Futter aufzunehmen, aber auch in dieser Hinsicht schien das eine mehr entwickelt als das andere zu sein.

Am 22. Oktober saß das schwächere Junge am Boden des Schutzraumes und fror offenbar. Da der Abend recht kühl war, entschloß ich mich, den Vogel herein zu nehmen und setzte ihn in einen großen Nistkasten unter eine 50 W Ellstein-Lampe. Meine Frau fütterte das Junge mit einer Futterspritze und es erholte sich schnell. Als ich es herein nahm, war es wild und scheu und schrie, als wir uns näherten, aber schon nach 3–4 Tagen war es ganz zahm und im Laufe von zwei Wochen fing es an, die menschliche Stimme nachzuahmen. Am 14. Oktober sagte es ganz deutlich ›Jako‹. Der andere Jungvogel blieb mit den Eltern in der Voliere. Ich will versuchen, die Eltern wintersüber in der Freivoliere zu belassen, und werde sie nur hereinnehmen, wenn das Wetter sehr kalt wird oder sie sich unwohl fühlen. Im Winter 1956–57 hatte ich zwei wildgefangene Graupapageien wintersüber in einer völlig gleichen Freivoliere und sie fühlten sich anscheinend wohl. Freilich war es ein ungemein milder Winter.

Augenblicklich habe ich neun Graupapageien, und ich hoffe, im Laufe der Zeit die 2. Generation züchten zu können.

Der zweite Jungvogel blieb mit den Eltern in der Voliere, aber einige Zeit, nachdem er selbständig geworden war, setzte ich ihn in einen Käfig in meiner Vogelstube. Er war sehr scheu und wurde nicht so schnell zutraulich wie der *erste. Nach sehr langer Zeit wurde er aber ruhiger, ist jetzt völlig zahm und kann mehrere Worte sagen.*

Ich versuchte, das Zuchtpaar in der Freivoliere zu überwintern, weil ›Coco‹ mehrmals schlimme Fälle von Asthma gehabt hatte, wenn er in der Vogelstube gehalten wurde, wogegen diese Fälle in der Freivoliere nie vorkamen.

Im ersten Teil des Winters gediehen die beiden Graupapageien ausgezeichnet, waren in bester Kondition und sehr schön im Gefieder. Der Winter 1957/58 war nicht besonders kalt hier in Kopenhagen, aber gegen Ende des Winters setzte eine lang anhaltende Kälteperiode ein. Die Kälte war nicht besonders streng, dauerte nur sehr lange, bis ins späte Frühjahr. Eines Tages entdeckte ich, daß dem ›Coco‹ ein Nagel blutete. Ich dachte, daß er sich möglicherweise irgendwie gerissen hätte, aber natürlich kam mir auch der Gedanke, daß die Kälte möglicherweise der Grund sein könnte. Einige Tage später entdeckte ich, daß auch dem ›Jako‹ ein Nagel blutete und war nun nicht länger im Zweifel über den Grund, sondern nahm sofort die beiden Vögel in einen frostfreien Raum. Sie bekamen jetzt reichlich Lebertran in die Sämereien und Vitamin (Protovit) ins Trinkwasser. Nach einigen Tagen hörte die Blutung auf.

Anfang April wurden ›Coco‹ und ›Jako‹ wieder in ihre alte Freivoliere gesetzt und Ende des Monats sah ich zum ersten Male, daß ›Coco‹ ›Jako‹ fütterte. Ich dachte jetzt, daß sie früh mit der Brut anfangen würden, aber erst am 19. Juli lag das erste Ei im Kasten. Dieses Mal wurden insgesamt drei Eier, wie üblich in Zwischenräumen von drei Tagen gelegt.

›Jako‹ brütete fest und am 18. August schlüpfte das erste Junge. Die Nestkontrolle am 23. August ergab zwei Junge, das dritte Ei war unbefruchtet. Nachdem die Jungen geschlüpft waren, war eine Nestkontrolle sehr schwierig vorzunehmen, weil das Weibchen ›Jako‹ bei jeder Annäherung sich sofort in den Kasten stürzte.

Ich hatte geplant, die Jungen mit geschlossenen Ringen zu kennzeichnen, da ich fand, es würde interessant sein, festzustellen, wie alt Graupapageien werden können. Deshalb hatte ich zwei Neusilberringe mit der Jahreszahl 1958 bestellt. Man hört und liest ab und zu, daß diese großen Papageien hundert Jahre alt werden sollen, aber die Beweise sind bisher stets mangelhaft gewesen. Mit Hilfe geschlossener Ringe mit eingravierter Jahreszahl könnte dies mit Sicherheit festgestellt werden, und wenn niemand von uns es feststellen würde, so könnten es jedenfalls unsere Nachfahren tun. Am Sonntag, dem 31. August, als das Weibchen vom Nest war, gelang es mir verhältnismäßig leicht, die beiden Jungen mit geschlossenen Ringen zu kennzeichnen.

Ich war natürlich etwas nervös, ob das Weibchen versuchen würde, die Ringe aus dem Nest zu werfen — wie man es von verschiedenen Vögeln bisweilen hört – und dadurch die Jungen beschädigen könnte, aber alles ging in bester Weise vor sich. Am 24. September gelang es mir, eine weitere Nestkontrolle vorzunehmen, und zu meinem großen Bedauern fand ich das eine der Jungen tot vor. Es hatte etwas Blut am Schnabel, war aber nicht, soweit ich feststellen konnte, gebissen worden. Es hatte reichlich Futter im Kropf, und ich konnte die Todesursache leider nicht ergründen.

Das andere Junge gedieh offenbar sehr gut, ich hörte ab und zu sein Geschrei, als es gefüttert wurde. Am 13. Oktober bemerkte ich, daß ›Coco‹ und ›Jako‹ aneinander mehr interessiert als bisher während der Fütterungszeit der Jungen waren. Es schien, als ob sie neue Brutanstalten machen wollten. Als ich im Nistkasten nachsah, lag das letzte Junge mit leerem Kropf tot da. Es war kein Zweifel, daß die Alten mit dem Füttern aufgehört hatten, weil sie wieder nisten wollten. Auf Grund der vorgeschrittenen Jahreszeit blieb dies natürlich nur ein Versuch.

Die beiden Jungen von 1956 leben jetzt seit zwei Jahren in einem Käfig zusammen und scheinen voneinander sehr begeistert zu sein. Anfangs, als wir sie zusammensetzten, war das von meiner Frau aufgepäppelte Junge ganz entsetzt und fürchtete sich so sehr vor dem anderen, daß wir glaubten, es würde sich nie an seinen Artgenossen gewöhnen. Jetzt benimmt es sich aber glücklicherweise wie ein normaler Graupapagei. Meine Frau und ich haben mehrmals beobachtet, daß das eine das andere fütterte und daß beide Paarungstänze auf der Sitzstange vorführen.

Vielleicht sind wir so glücklich, daß die beiden Jungen ein richtiges Paar sind, und daß es uns in nicht allzu langer Zeit gelingen wird, Graupapageien in zweiter Generation zu züchten.«

Bis zum Sommer 1976 wurden bei Herrn Langberg über 50 Junge groß. Bisher ist noch nicht geglückt, Graupapageien in zweiter Generation zu züchten.

Die meisten Graupapageien aus eigener Zucht in Deutschland hat wohl B. Wenners in Heide. Dem Verfasser ist Herr W. seit vielen Jahren bekannt und besagtes Zuchtpaar ist in diesem Buch abgebildet. Über die Zucht selber berichtete Herr Wenners 1964 nur einmal. Von 1962 bis zum Sommer 1976 wurden 23 Junge bei ihm groß, wenn auch 42 geboren und 49 Eier gelegt wurden. Eine einzigartige Leistung eines Graupapageien-Paares! Es wäre zu wünschen, daß noch viel mehr Liebhaber und Graupapageienpfleger eine Zucht versuchen sollten. Die Einfuhren werden, wie schon gesagt, keinesfalls größer, sondern ganz sicher geringer werden und der Preis wird steigen. Dieses besagte Zuchtpaar legte vor allem in den Monaten Juni bis August, aber auch im November und Dezember; eine Brut kam auch im

März vor. Man sieht, daß in unserem Klima fast in allen Monaten eine Zucht glücken könnte. Es wurden immer 3–4 Eier gelegt, die in der Regel 30 Tage bebrütet wurden. Im Nest blieben die Jungvögel 11–12 Wochen. In fast jedem Gelege war bei diesem Zuchtpaar ein Junges, welches nicht lebensfähig war. Die Ursache konnte in keinem Falle geklärt werden.

Herr Wenners berichtet nun über seine Erlebnisse und Gedanken:

»Das nicht erwartete Benehmen meines ersten Jakos, den ich mir im März 1960 eintauschte, veranlaßte mich, den Vogel in eine Außenvoliere zu stekken und ihm zur Gesellschaft ein weiteres Tier, das ich im April 1960 erhielt, zu besorgen.

An beiden Graupapageien war nichts von zahmen, anhänglichen und intelligenten Jakos zu bemerken; im Gegenteil, ihr reichlich dummscheues und über alle Maßen mißtrauisches Verhalten kann auch den an Enttäuschung gewöhnten Vogelliebhaber zur Verzweiflung bringen und dürfte alle übrigen Papageienarten übertreffen. Der Flug der Graupapageien ist schwerfällig und noch unbeholfener als der von Amazonen. Erschreckt – und das sind sie meist schon beim Anblick eines Menschen – fliegen sie blindlings drauflos und fallen bald, dabei ein unerträglich lautes Schreien ertönen lassend, auf den Boden. Mit Mißtrauen reagieren sie auf jede, noch so geringfügige Veränderung ihrer Umgebung und lieber hungern sie einige Tage, als daß sie sich auf eine neue Sitzstange setzen oder aus einem anderen Futternapf fressen, ja sogar die andere Anordnung des Futters bewirkt ihre Ablehnung.

Die Scheu vor Menschen hat sich im Laufe der Jahre zwar etwas gelegt; sie ist jedoch unverändert bei Fremden und als Fremde rechnen auch wir Familienangehörige, wenn wir andere als die gewohnte Kleidung tragen oder zwischen ihnen und uns nicht mehr der Volierendraht ist. Die mir nach wie vor unsympathische Arbeit am Wochenende ist die Reinigung der Voliere der Graupapageien. Es ist jedoch seltsam, zu beobachten, daß die Jakos Kindern und Frauen eher zugetan sind als Männern. Meiner Mutter z. B. nehmen sie – aber nur wenn sie in Kittelschürze erscheint – die Erdnüsse aus der Hand, während – wenn ich sie ihnen anbiete – sie lieber auf die sonst so geschätzten Nüsse verzichten.

Das zunächst sehr stark ausgeprägte Nagebedürfnis meiner Graupapageien, mit dem sie mich zur Verzweiflung brachten, ließ sofort nach, als ich ihnen einen geeigneten oder ihnen besser zusagenden Nistkasten gab. Die mit Xylamon und Karbolineum getränkten Deckenbalken des Vogelhauses bzw. die Holzrahmen der Voliere waren ständig das Angriffsziel ihrer kräftigen Schnäbel, ebenso ihre Sitzstangen. Frische Weiden- und Obstbaumzweige dagegen bleiben völlig unberührt. An die Theorie, Krummschnäbel benötigten aus frischen Rinden bestimmte Extrakte, glaube ich seitdem nicht mehr,

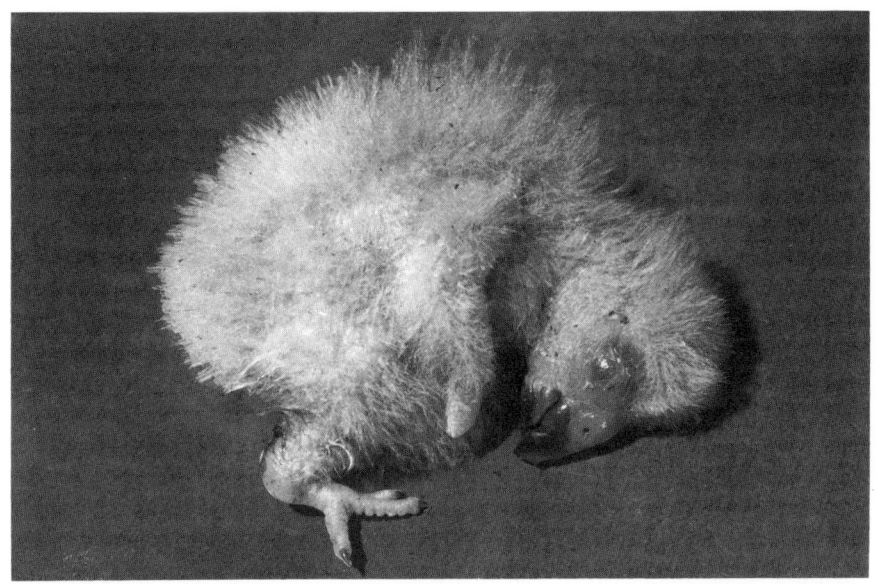

Das 6 Tage alte Graupapagei-Junge kann den Kopf noch nicht heben, hat die Augen geschlossen und einen noch nicht gebogenen Oberschnabel. Fotos: W. de Grahl

und zwar umso weniger, als ich bei meinen Amazonen und Gelbhaubenka-
kadus ähnliche Beobachtungen machen konnte. Neben dem Nestbaubetrieb
ist das Nagebedürfnis m. E. nur Spielerei und Wetzen des Schnabels. Ge-
wöhnlicher Vogeldraht widersteht selbst doppelt und dreifach diesem starken
Werkzeug nicht und ich war sehr bald gezwungen, alles Holz mit starkem
Zinkblech zu verkleiden und darüber hinaus die Voliere mit Eisenrahmen
und starkem Maschengeflecht zu versehen. Der übliche Vogeldraht ist auch
deshalb nicht zu empfehlen, weil die Papageien beim Klettern sehr oft mit den
Krallen hängen bleiben und sich dabei verletzen können.

Niemals sollte man Papageien die Schwingen beschneiden, um sie am Fliegen
zu hindern. Mein Männchen, welches ich mit geschnittenen Flügelfedern erhielt, hat noch heute Flügellücken und ist beim Fliegen stark behindert. Erst
nach zwei Mausern – obwohl ich alles mögliche zur Gefiederbildung anbot –
konnte es den Zwischenraum von 1,2 m zwischen den Sitzstangen im Fluge
überbrücken.

Die Voliere, in der ich meine Graupapageien halte, befindet sich in einem
nicht beheizbaren, massiven Stallgebäude und hat die Ausmaße
2 x 1,3 x 2,5 m. Temperaturen bis minus 10°C haben die Vögel, ohne daß
man ihnen Unbehagen anmerkte, gut überstanden. Ich glaube sogar behaupten zu können, daß von ihnen Temperaturen von unter Null in der Voliere
besser vertragen werden als über Null im Käfig.

An Futter nehmen meine Graupapageien nur Erdnußkerne, Sonnenblumenkerne, Hanf, Mais, Weizen, sowie Äpfel und das Kraut der Möhre. Alles andere, insbesondere Weich- und Quellfutter lehnen sie konsequent ab, und
zwar auch während der Aufzucht der Jungen.

Die Geschlechter meiner Graupapageien sind für den, der einen Blick dafür
hat, deutlich zu unterscheiden. Mir war dieser Unterschied zunächst zu offensichtlich, so daß ich glaubte, einen Vogel aus verschiedenen Gegenden zu besitzen. Der ♂ ist im Schnabel, Kopf und Körper kräftiger. Die unbefiederte
Partie um seine Augen erscheint zudem größer als beim ♀, das auch im Gefieder, am besten von oben gesehen, erheblich heller ist. Einen deutlich er-
kennbaren Färbungsunterschied konnte ich auch bei den beiden Jungen feststellen, so daß ich glaube, daß man die Geschlechter bereits in frühester Jugend unterscheiden kann. Auch die Lautäußerungen sind beim ♂ und ♀ verschieden, insgesamt gesehen sind die Laute des ♀ höher und schriller. Bei ihr
habe ich auch nicht den angenehmen Gesang vernommen, wie ihn der ♂ regelmäßig – auch bei großer Kälte, aber nicht im Käfig – bringt. Der Gesang
des ♂ hat gewisse Ähnlichkeit mit dem der Drosseln, wobei ich allerdings
nicht ganz sicher bin, ob er insgesamt oder in Teilen angenommen ist, denn
inzwischen versteht er auch, mir täuschend ähnlich nachzuahmen, wie ich

meine Tauben pfeife. Ich habe nie bemerkt, daß das Paar Zärtlichkeiten, wie man sie bei Sittichen oder Unzertrennlichen kennt, austauscht. Wohl aber vollführt der ♂ eine Balz vor dem ♀ z. B., wenn dieses den Nistkasten verläßt. Er sträubt dabei sein Gefieder, schlägt mit den Flügeln, tritt von einem Bein auf das andere und läßt neben einem Knurren unter Senken des Kopfes sein wohlklingendes Flöten ertönen. Das ♀ reagiert ebenfalls mit Flügelschlagen. Ähnlich verhalten sich die beiden Jakos auch, wenn ich mich aus angemessener Entfernung mit ihnen unterhalte, nur ertönen dann statt des Gesanges ein lautes Knacken und beim ♀ einige kurze Schreck- und Warnlaute. Die Mauser dauert ziemlich lange und das Gefieder wird – wie bei meinen anderen Papageien – in der Zeit von April bis Juli gewechselt. Im Anschluß daran beginnt die Brut, also etwa im August.

Wenn man ein geeignetes Paar besitzt und ihm eine ihnen zusagende Nisthöhle bieten kann, ist eine erfolgreiche Zucht m. E. gar nicht so schwierig. Vermutlich hätte ich schon 1961 eine Brut haben können, wenn ich das Zernagen der den Graupapageien gebotenen normalen Großsittichkästen richtig gedeutet hätte. In jeweils wenigen Tagen, beim Boden angefangen, wurden diese Kästen zu Kleinholz verarbeitet. Die Erkenntnis, daß die Graupapageien eine tiefe Nisthöhle verlangen, kam mir erst viel später. Das ♀ legte innerhalb von zwei Wochen, nachdem ich in der Voliere einen Nistkasten aus zollstarken Brettern mit einer Tiefe von ca. 60 cm unter dem Schlupfloch angebracht hatte. Sicher jedoch würden sie eine noch tiefere Nisthöhle bevorzugen. Die am 15. 11. 62 bei Temperaturen um den Gefrierpunkt mit drei Eiern begonnene Brut fiel leider der großen Kälte zum Opfer, nachdem um Weihnachten 1962 drei Junge geschlüpft und eine Größe von ca. 7 cm erreicht hatten. Obwohl das ♀ sich fast ständig im Nistkasten aufhielt, in den es auch sofort flüchtet, sobald die Tür zum Vogelhaus geöffnet wird, stellte ich erst am 15. 8. 63 fest, daß es erneut zwei Eier gelegt hatte dem noch ein drittes folgte. Die Brutzeit dauerte 30 Tage. Während dieser Zeit verließ das ♀ nur selten das Nest und vermutlich auch nur, um zu trinken und den Kot abzusetzen. Die Versorgung des Weibchens mit Nahrung übernahm das ♂ gänzlich. Das ♀ saß fest auf den Eiern und den kleinen Jungen, deren Existenz man alsbald an den klagenden Bettellauten erkennen konnte. Um den 15. 9. 63 waren zwei Junge geschlüpft, die wie auch die Eier nur wenig größer waren als Eier und Junge von großen Sittichen. Die Jungen besitzen einen dichten langen gelblichen Flaum. Ihr Wachstum ging nur sehr langsam voran. Im Alter von vier Wochen hatten die Jungen etwa die Größe einer kleinen Faust und es begannen die ersten Federkiele zu sprießen. Der nun raschere Fortgang der Befiederung glich fast völlig dem der jungen Wellensittiche, also Schwingen, Kopf, Schwanz, Rücken und zuletzt Brust und Bauch. Die Befie-

derung war im Alter von 10 Wochen beendet. Dennoch flog das erste Junge erst im Alter von 12 Wochen aus. Abgesehen von dem noch unbeholfenen Verhalten unterschied es sich nur durch ganz schwarze Augen und durch den kürzeren Oberschnabel von den Alttieren. In der zweiten Woche nach dem Ausfliegen beobachtete ich, daß das Jungtier selbständig fraß. Das zweite Junge war leider zurückgeblieben und im Gegensatz zum ersten nicht lebenskräftig genug. Als ich es aus dem Nest nahm und, weil es draußen – es war mittlerweile Anfang Dezember – schon beachtlich kalt war, zu päppeln versuchte, war es schon so geschwächt, daß es bald darauf einging. Das erste Junge hat sich inzwischen recht gut entwickelt und auch den Winter draußen mühelos überstanden. Der Oberschnabel hat seine normale Länge erreicht und die Iris hellt sich bereits merklich auf (3 $\frac{1}{2}$ Monate nach dem Ausfliegen). Es bleibt abzuwarten, wie lange es dauern wird, bis die Iris die gelblich-weiße Färbung der Alttiere angenommen hat und vor allem, in welchem Alter die Graupapageien zuchtreif sind. Das großgewordene Jungtier ist nach seinen Merkmalen mit großer Sicherheit ein Weibchen.«

Es ist sehr selten, daß 4 Graupapageien geboren und auch groß werden. Gezeigte Junge bei W. Langberg sind 11–12 Wochen alt und kurz vor dem Ausfliegen. Sie haben noch dunkle Augen, sehen aber sonst fast wie die Elterntiere aus. Foto: St. Langberg Lind, Dänemark.

162

H. Schmitt, Lampertheim, kam nach großer Mühe und Geduld auf eine andere Art der Aufzucht 1967 zu einem Erfolg. Ein noch verbliebenes Ei wurde den Nymphensittichen zum Schlupf untergelegt. Der Graupapagei schlüpfte auch. Die Nymphen fütterten aber zu wenig und so wurde der kleine Graupapagei aufgezogen. Eine mühselige Sache, wozu sich der Autor auch einmal bei seinen Edelpapageien entschließen mußte, nachdem diese nach einigen Tagen das Junge nicht mehr genügend fütterten. H. Schmitt berichtet:

»Seit etwa 10 Jahren besitze ich einen Graupapagei. Obwohl Reichenow in ›Vogelbilder aus fernen Zonen – Papageien‹, eingangs schreibt, daß Männchen von Weibchen nicht zu unterscheiden sind, vertrat ich schon seit vielen Jahren den Standpunkt, daß doch die Geschlechter gut zu unterscheiden seien. Die Männchen des Graupapageis haben große kräftige, die Weibchen dagegen wesentlich kleinere Köpfe – also ähnlich wie bei vielen Papageienarten – auch der Schnabel des Hahnes ist bedeutend kräftiger als der des Weibchens. Doch am ehesten noch kann man die Geschlechter durch die Länge des Schwanzes bestimmen. Der rote Steiß des Hahnes ragt etwa 3–4 cm über die Flügellänge hinaus, während beim Weibchen sich die Flügelspitzen in etwa mit der Länge des roten Steißes decken. In unserer Ortsgruppe werden von einigen Mitgliedern seit Jahren Graupapageien gehalten, und wir konnten auf unseren Ausstellungen in den letzten Jahren immer wieder eine Anzahl Jakos – wie man die Graupapageien nennt – zeigen. In Gesprächen mit Liebhabern wurde immer wieder bestätigt, daß mein Jako ein Weibchen sein müßte, während die anderen ›Grauen‹ unserer Mitglieder durchweg Hähne seien. Unser AZ-Mitglied Herr Langberg, Kopenhagen, schreibt 1958 in der ›Gefiederten Welt‹ über seine gelungene Graupapageienzucht, daß er der Meinung sei, überwiegend Weibchen würden importiert werden. Ich bin anderer Ansicht und glaube, mehr Hähne in unseren Beständen zu wissen als Weibchen.

Im Februar 1967 eines Abends gab mein Jako-Weibchen eigenartige Laute von sich – die ich bisher von ihm nicht gewohnt war. Die Sprachbegabung glaube ich, ist, bei Hähnen und Weibchen die gleiche – zumindest wissen alle Mitglieder unserer Ortsgruppe von gleich guten Sprachtalenten ihrer Graupapageien zu berichten. Mein Jako also – gab Töne von sich, wie eine Henne unserer Haushühner beim Eierlegen. Jako saß damals in einem gewöhnlichen Bauer in der Wohnung. Plötzlich setzte er sich auf seiner Stange herunter – und ich sah, daß ein Ei hervortrat. Ich hielt sofort die Hand darunter und fing das Ei auf. Direkt erleichtert fing Jako sofort wieder an zu erzählen, wie wir es von ihm seit Jahren gewohnt waren. Am nächsten Tag ging ich zum 2. Vorsitzenden unserer Ortsgruppe, Herrn Daniel, der ebenfalls seit neun

Jahren einen Graupapagei besitzt und von dem wir aufgrund der Größe annahmen, daß es ein Hahn sei. Wir setzten sie zusammen in ein etwas größeres
Bauer, zimmerten rasch einen großen Nistkasten und hängten diesen außen
an den Käfig an. Die Maße des Zimmerkäfigs sind 85 lang x 50 tief x 60 cm
hoch. ›Jockele‹, wie der Graupapagei meines Freundes heißt, kümmerte sich
zunächst wenig um seine neue ›Braut‹. Im Gegenteil ›Jockele‹ sträubte die Federn und nahm Kampfstellung ein. Es dauerte zunächst etwa zwei Wochen
bis sich die beiden Graupapageien zusammenfanden. Man konnte häufig beobachten, wie sich die beiden gegenseitig fütterten, so wie wir es von den Sittichen kennen und der Hahn Futter aus dem Kropf hochwürgt und dem Weibchen gibt. In der 2. Märzwoche wurden erstmals Begattungen beobachtet.
Die Vögel standen in der Wohnung und nahmen kaum Notiz von ihrer Umgebung. Zunächst hielt sich der Hahn sehr häufig im Kasten auf – sprach
auch sehr viel im Kasten – was sich wie ein Telefongespräch anhörte. Wenige
Tage danach war auch das Weibchen im Kasten verschwunden. Erstaunt
fanden wir am Ostermontag, 27. März das erste Ei im Nest. Das zweite Ei
wurde am 30. März gelegt, danach folgte am 2. April das dritte und letzte Ei.
Von nun an hielt sich das Weibchen nur noch im Kasten auf – und es war äußerst schwierig zu kontrollieren, da beide Vögel sehr bösartig wurden, obwohl vorher beide fingerzahm waren. Auch das ›Sprechen‹ ließ merklich
nach, man war ganz dem Brutgeschäft hingegeben. Auch saßen beide zusammen im Nistkasten. Am 25. April planten wir eine Eierkontrolle und
lockten mit Kolbenhirse, die seit Brutbeginn eifrig genommen wurde, beide
aus dem Nest; wir stellten fest, daß zwei Eier befruchtet waren. Das Weibchen
kam nur selten aus dem Kasten, der Hahn fütterte durch das Einschlupfloch.
Er nahm jetzt auch viel Grünzeug (Vogelmiere, Löwenzahn, Kreuzkraut, Sa-
latblätter) und nahm gerne ein Weichfutter, das aus eingeweichten Semmeln,
CE-DE-Eifutter und Kindermehl bestand. Am 4. Mai, genau nach 30 Tagen
Brutzeit, schlüpfte das erste junge Graupapageichen in der Größe etwa wie
ein acht Tage alter Nymphensittich. Der Schnabel war schwarz, weißgelber
Flaum und rosarote Füße. Unsere Freude war groß, was sich wohl jeder
Liebhaber denken kann. Leider währte diese Freude nicht lange, denn am
nächsten Morgen mußten wir feststellen, daß der Jungvogel von der Henne
getötet und teilweise zerstückelt war. Drei Tage später, am 7. Mai, schlüpfte
das zweite Jungtier. Lautes Gepiepe machte uns auf die Vögel aufmerksam
und als wir die beiden alten Graupapageien aus dem Nistkasten lockten,
mußten wir zu unserem Leidwesen feststellen, daß das Weibchen auch diesen
Jungvogel zu töten beabsichtigte, denn er blutete stark am rechten Fuß und
die Krallen waren angeknabbert. Wir entfernten sofort den Jungvogel, um
ihn vor dem Tod zu retten. Wir stopften den jungen Graupapagei und ver-

suchten es bei einem anderen Nymphenpaar. Leider fütterte keines dieser Elterntiere, so daß fünf Tage später, am 12. Mai, auch unsere letzte Hoffnung schwand und der kleine Graupapagei starb. Wir entfernten nun das letzte unbefruchtete Ei und brachten die beiden Graupapageien ›Jockele‹ und ›Jako‹ in eine große Freivoliere, die sie heute (15. Mai) untersuchen und den Nistkasten wieder aufsuchen. Interessant dürfte vielleicht auch noch sein, daß die Eiablage in den Monaten Februar bis April erfolgte, während Herr Langberg in seinen Berichten die Eiablage seiner Graupapageien von Juni bis September beschrieb. Ich gehe auch mit Herrn Langberg einig, daß Graupapageien in der Gefangenschaft vielleicht acht bis zehn Jahre alt sein müssen, bis sie zur Fortpflanzung schreiten, denn beide, mein Freund Daniel wie auch ich haben unsere Graupapageien in den Jahren 1957 und 1958 als ganz junge Vögel bekommen. Wir haben die Eier, die brütenden Vögel usw. alles im Bild festgehalten und hoffen nun, daß wir vielleicht noch in diesem kommenden Sommer zu einem wirklichen Zuchterfolg gelangen.

Bereits am 25. Mai 1967, nachdem die beiden Graupapageien in einer großen Freivoliere untergebracht waren, bezogen sie ein neues Nest in einem Baumstumpf. Im Abstand von jeweils zwei bis drei Tagen begann erneut die Eiablage und am 7. Juni stellten wir ein vollzähliges Gelege von drei Eiern fest. ›Jako‹ begann sofort mit der Brut, die wiederum 30 Tage dauerte. Am 11. Juli schlüpfte das erste Junge, das nach wenigen Stunden wieder von der Henne getötet und vollkommen verstümmelt war. Am 13. Juli schlüpfte der zweite Jungvogel, anscheinend in der Nacht, und am Morgen bei der Nestkontrolle, war auch dieser Vogel bereits tot. Das noch im Kasten liegende Ei war bereits vom Jungen angepickt, so daß wir es sofort entfernten und einem Nymphenpaar, das einige Tage alte Junge im Kasten hatte, unterlegten. Am nächsten Morgen lag der Jungvogel bereits im Nest und wurde mit den Nymphen von den Eltern gehudert. Wir kontrollierten täglich und stellten fest, daß das Nymphenpaar das Junge auch fütterte, jedoch genügte es nicht, um es zu erhalten. Ein Freund gab uns aus seiner Apotheke eine Spritze, mit der die Ehefrau unseres Freundes Daniel mit viel Liebe täglich drei- bis viermal den Kropf des jungen Graupapageien mit einer Spezialweichfuttermischung füllte. Nach wenigen Tagen schon sperrte der kleine Graupapagei und ließ sich gerne den Brei (bestehend aus Kindermehl, CE-DE Eifutter, Matzinger Hundeflocken, geriebene Äpfel und Karottensaft) einspritzen. Heute ist der Vogel drei Wochen alt und hat bereits die fast gleichaltrigen Nymphen, mit denen er im Nest sitzt, an Größe übertroffen. Wir hoffen zuversichtlich, daß es uns gelingen wird, diesen kleinen Graupapagei aufzuziehen. Die Eltern besuchen jetzt Ende Juli schon wieder ständig die Bruthöhle, so daß es nicht ausgeschlossen ist, daß es noch einmal zu einer Brut bei diesem hochsommerlichen Wetter kommmen wird.«

Auch Georg Böck in Fürth konnte 1970 einen Zuchterfolg melden; es wurden von drei Eiern zwei Junge groß. Im November verließen die flüggen Jungen das Nest. Ausführlich berichtet Herr Böck:

»Seit vielen Jahren beschäftige ich mich mit der Haltung und Pflege von Sittichen und Papageien und habe mich stets bemüht, die von mir gehaltenen Vögel zu zähmen. Am Anfang waren es Unzertrennliche und kleinere Sittiche und später verlegte ich mich mehr auf größere Papageienarten. Vor 1 ¹/₂ Jahren erwarb ich nun zwei Graupapageien, welche zwar zahm, nicht aber in gutem Zustand waren. Zu Hause angekommen mußte ich jedoch feststellen, daß der eine der beiden Vögel flugunfähig war, was natürlich die Freude über den Erwerb erheblich beeinträchtigte. Der ehemalige Besitzer hatte mir erklärt, daß es zu 90 % Wahrscheinlichkeit ein Pärchen sei, welches aber von verschiedenen Liebhabern bezweifelt wurde.

Ich begann mich nun mit meinen Graupapageien in liebevoller Weise zu befassen und ihre anfängliche Scheu, die wohl diese Papageien haben, legte sich bald. Interessant ist es, daß die beiden Vögel von unterschiedlicher Größe sind. In der Annahme, daß es sich bei dem größeren Vogel um das Männchen handeln würde, bekam er den Namen Jakob, während das kleinere Tier mit dem Namen Lora bedacht wurde. Sehr zu schaffen machte mir am Anfang das Nagebedürfnis der beiden und selbst der Futterautomat mit Glasscheibe wurde in kürzester Zeit zerlegt. Der normale Maschendraht stellte für sie kein Problem dar und wurde samt Holzrahmen und Tür ein Opfer ihres Nagebedürfnisses. Durch einen Bekannten bekam ich den starken Stamm eines Birnbaumes, den ich mit viel Mühe aushöhlte, um eine Nestgelegenheit zu schaffen. Im Herbst 1968 stellte ich denselben dann in eine Ecke der Voliere. Nach geraumer Zeit begannen sich die beiden Vögel mit dem Nistkasten zu beschäftigen und es gelang ihnen, den starken Deckel, welchen ich oben aufgenagelt hatte, abzumontieren, was dazu führte, daß der bis zur Unkenntlichkeit verstümmelte Futterautomat für sie nicht mehr interessant war.

Im Frühjahr 1969 konnte ich beobachten, daß Lora sich mit dem Schlupfloch beschäftigte, was aber vorerst die einzige Reaktion blieb. Im Mai sah ich ein einziges Mal in früher Morgenstunde, daß das Weibchen vom Männchen gefüttert wurde. Einige Wochen später untersuchte dann Lora die Bruthöhle täglich von innen, doch sobald ich mich der Voliere näherte, verließ sie diese sofort. Von diesem Zeitpunkt an legten sie ein reserviertes Verhalten mir gegenüber an den Tag, obwohl ich sie auch weiterhin mit der Hand füttern konnte.

Lediglich ihre Sprech- und Pfeifkünste gaben sie auch weiterhin zum besten. Anfang Juli war es dann soweit, daß das Weibchen nicht mehr aus dem Nistkasten kam und ich vermied es, sie zu stören. Bis jetzt bestand das Futter aus Kolbenhirse, Sonnenblumenkernen, Walnüssen, Grünzeug, Karotten, Äpfeln usw. Vom Männchen war von diesem Zeitpunkt an wenig zu hören. Als eines Tages meine Lora für kurze Zeit ihre Höhle verließ, kontrollierte ich dieselbe und sah zu meiner Freude drei Eier im Nest liegen. Anfang August zeigte sich das Männchen sehr lebhaft und aufgeregt, so daß ich vermutete, daß ein Junges geschlüpft sein könnte. Es waren seit dem Verschwinden des Weibchens ca. 32 Tage vergangen, so daß die Möglichkeit ohne weiteres bestehen konnte. Am 12. August beobachtete ich, daß Jako sehr viel im Brutkasten war und glaubte auch ein leises Piepsen zu vernehmen. Ich stellte daraufhin sofort das Futter um und reichte gekochte Eier, Eibiskuit, gekeimte Sonnenblumenkerne, gekeimte Kolbenhirse und halbreife Maiskolben, sowie Vitasellan, Bananen und Äpfel, welche jetzt sehr gerne genommen wurden. Am 20. August hielt ich es vor Neugierde nicht mehr aus und schaute von oben in die Bruthöhle, nachdem ich den Deckel abgenommen hatte. Mein Erstaunen war sehr groß, denn Lora machte mir keine allzugroßen Schwierigkeiten und so konnte ich zwei junge Graupapageien im Nest liegen sehen. Von da an kontrollierte ich wöchentlich einmal das Nest, wobei sich das Weibchen nur aufplusterte, während sich Jakob mächtig erregte und mit lautem Kreischen seinem Ärger Luft machte. Am 28. August nahm ich dann das unbefruchtete Ei aus dem Nest, wofür mich das Weibchen kräftig in die Hand biß. Wie es mir schien, ging das Wachstum der Jungvögel im Verhältnis zu anderen Sittichen sehr langsam voran, da ich Anfang September immer noch nackte, mit leichten Federkielen behaftete Junge sah. Ich befürchtete schon, ein Federrupfen seitens der Elterntiere, aber ab Mitte September ging es auf einmal sehr rasch mit der Befiederung. Zuerst Kopf, Schwanz und Flügelschwingen und zuletzt Rücken, Brust und Bauch, so daß Ende Oktober die Jungvögel voll befiedert waren. Das erste Junge verließ im Alter von 13 $\frac{1}{2}$ Wochen den Nistkasten und zwar am 10. November, während das zweite erst 10 Tage später folgte. Abgesehen von dem noch unbeholfenen Verhalten unterschieden sich die beiden Jungtiere nur durch ganz schwarze Augen und einen etwas kürzeren Schnabel von den Eltern. Nach meiner Meinung sind die beiden Jungvögel ein Pärchen und ich bin gespannt, wie lange es dauern wird, bis die Iris die gelblich-weiße Färbung der Alttiere angenommen hat.«

Noch etliche weitere Zuchten sind gelungen. Besonders glücklich verliefen dabei die Bruten bei Kurt Oehler, Friedrichshafen. Es gab dort sogar zweimal Nachwuchs in einem Jahr. Auch in zoologischen Gärten sind Zuchten gelungen, so z.B. in der DDR in Leipzig.

Herr V. Humpl in der CSSR berichtete 1970 über verschiedene Zuchtversuche und Zuchten in seinem Land, die nicht alle glücklich verliefen:
»Der Graupapagei gehört zweifellos zu den beliebtesten Krummschnäbeln. Sein rasches Zahmwerden und seine Fähigkeit zum Sprechen und zur Wiedergabe verschiedener Laute sind allgemein bekannt. Da die Art fast immer auf den Preislisten der Importeure zu finden ist, tritt das Interesse an einer eigenen Aufzucht in den Hintergrund, wenn wir auch in Fachzeitschriften Berichte über verschiedentlich gelungene Zuchten finden. Diese Erfahrungen sind um so wertvoller, da wir über das Brutleben der Art in ihrer Heimat nur wenig zuverlässige Angaben haben.

In den vergangenen Jahren kam es nun auch in unserem Land zu verschiedenen Teilerfolgen einer Graupapageien-Zucht. Vollen Erfolg aber brachte erst der Vorgang, den ich jetzt etwas näher beschreiben will. Einen weitgehenden Zuchterfolg verzeichnete auch der Züchter Bernasek, der in der in- und ausländischen Fachpresse darüber berichtete. In seinem Fall ging der junge Graupapagei im Alter von etwa sechs Wochen ein. Der tote Vogel wurde erst nach einigen Tagen im Kasten gefunden, so daß die Todesursache nicht geklärt werden konnte. Bei seinem Zuchtpaar kam es auch in der Folge zu gegenseitigen Fütterungen und zu Begattungen und beide Vögel hielten sich oft in der Bruthöhle auf. Aber zu einer neuen Eiablage kam es leider nicht mehr.

Weitere Versuche führte der Prager Züchter Cerny durch. Sein Zuchtpaar besteht aus einem ca. achtjährigen Weibchen und einem fünfjährigen Männchen. Der ältere Vogel wurde vor drei Jahren längere Zeit frei in der Küche gehalten. Der Vogel benahm sich gegenüber der Frau des Züchters freundlich, während er gegen den Züchter selbst recht unfreundlich auftrat. Auch gegen alle anderen Besucher benahm sich der Vogel mißtrauisch. Diesen Tatsachen entsprechend nahm man an, daß es sich um ein Männchen handelte. Zu Zweifeln hierüber kam es erst, als der Vogel bei seinen Wanderungen in der Wohnung eine dunkle Ecke in einem Schrank aufsuchte. Bevor man sein Treiben hier entdeckte, vernichtete er einen Ledermantel und verschiedene Kleidungsstücke, um sich mit den Resten eine Nestecke zu bauen. In diesem Schrank hielt er sich oft und lange auf.

Aus einer Importsendung kaufte der Züchter Cerny dann zwei weitere Graupapageien, welche in kleinen Volieren in einem kleineren Überwinterungsraum untergebracht wurden. In diesem geheizten Raum befanden sich auf einer Seite vier Volieren, jede hatte die Ausmaße von 100 x 130 x 200 cm. Auch auf der gegenüberliegenden Seite lagen Käfige und Volieren, die zur Überwinterung bestimmt waren. Die neuen Graupapageien waren recht wild, unruhig und scheu. Sie wurden nur sehr langsam zahm, und um diesen Vor-

gang zu beschleunigen, wurde im Herbst 1968 Der zahme Vogel aus der Wohnung zu einem wilden Vogel gesetzt. Beide Vögel vertrugen sich sehr gut. Im Frühjahr 1969 wurde beobachtet, wie der wilde Vogel den zahmen fütterte. Dieser schlug mit den Flügeln und bettelte um Futter. Man gab daher den Tieren eine Bruthöhle der Größe 40 x 30 x 60 cm. Die kleinen Ausmaße der Voliere ließen für diese keinen anderen Platz als auf der Vorderseite. Das Paar kümmerte sich mehrere Wochen lang überhaupt nicht um den Kasten; später wurde er so zernagt, daß nur einige Reste übrigblieben. Es wurde eine neue Brutgelegenheit hergerichtet, zu dessen Herstellung 5 cm starke Bretter Verwendung fanden. Der neue Kasten wurde wieder längere Zeit nicht beachtet, aber schon im Herbst 1969 konnte man beobachten, daß der zahme Vogel des öfteren hineinging. Der zweite Vogel saß vor dem Kasten, und bei Annäherung des Züchters oder einer fremden Person knurrte er wie ein kleiner Hund. Solche Laute gab er vorher nie von sich.

Später hielten sich die Vögel längere Zeit in der Bruthöhle auf. Da beide Vögel jetzt sehr scheu waren, wurde aus Angst, daß es zu einer Beschädigung der Eier kommen könnte, keine Kontrolle durchgeführt. Nach ca. fünf Wochen saßen beide Vögel draußen und zeigten kein Interesse mehr für den Kasten. Durch eine Seitentür wurde die Kontrolle durchgeführt, und man fand zwei weiße vollkommen kalte, unbefruchtete Eier. Sie wurden beseitigt und der Nestkasten repariert.

Im Winter 1969 kam es zu einem neuen Versuch. Aus dem angegebenen Grund wurde auch jetzt keine Kontrolle durchgeführt, so daß der Tag der Eiablage nicht bekannt war. Nach einiger Zeit bemerkte man einen größeren Futterverbrauch, und die Hoffnung, daß im Nest Junge seien, stieg an. Später hörte man auch die Laute eines Jung-Vogels. Nach der Schätzung des Züchters kam es dann sechs Wochen später zu einer Tragödie. Das Zuchtpaar saß auf der Stange und kümmerte sich um das Nest nicht mehr. Die durchgeführte Kontrolle ergab einen toten Vogel und ein unbefruchtetes Ei. Der Jung-Vogel hatte einen vollen Kropf, die Flügel- und Schwanzfedern waren schon ziemlich entwickelt, und das Alter konnte man auf 6–7 Wochen schätzen. Nach diesem Mißerfolg zeigten die Vögel kein weiteres Interesse für das Brüten. Der Kasten wurde nun von neuem verbessert. Zeitig im Winter 1970 kam es zu einem weiteren Brutversuch. Auch in diesem Fall sind leider die genauen Termine nicht bekannt, denn nach all diesen Mißerfolgen hatte der Züchter keine Neigung zu irgendwelchen Kontrollen. Nach einiger Zeit hörte man wieder aus dem Nest feine Stimmen und im Alter von 4–5 Wochen wurde der Jungvogel von den Eltern entfernt und ein Versuch mit künstlicher Aufzucht durchgeführt. Dieser gelang nicht, nach 2–3 Wochen ging der Jungvogel mit vollem Kropf aus unbekannten Gründen ein.

Selbstverständlich war uns das Absterben der Jungvögel fast immer im glei-
chen Alter (bei Züchter Bernasek wie bei Cerny) ein Rätsel. Doch allen, die
diese Vorgänge von fern und theoretisch verfolgten, war klar, daß hier ir-
gendwo ein Fehler liegen mußte. Das Futter schien gut und angemessen, also
mußte der Grund in den Außenbedingungen liegen.
Anfang Juni 1971 fing das Zuchtpaar wieder an, den reparierten Nistkasten
zu besuchen. Ende des Monats war das Weibchen nicht mehr zu sehen. Auch
in diesem Fall wurde wieder keine Kontrolle durchgeführt, im Gegenteil, der
Züchter gewährte den Vögeln möglichst viel Ruhe, indem er nur einmal täg-
lich fütterte. Außer ihm kam niemand in den Raum. Ende Juli hörte man im
Kasten wieder feine Stimmen. Dem Futter wurde jetzt noch mehr Sorgfalt ge-
widmet. Außer guten Sonnenblumenkernen, geschältem Hafer, Hirse, Ne-
gersaat, Glanz und Reis wurde auch gekeimter Hafer gereicht. Weiter beka-
men die Vögel geriebene Karotten mit Weißbrot und Ei. Täglich wurden wei-
ter zerschnittene Äpfel und Karotten verfüttert, gelegentlich auch Bananen
und Stücke von Apfelsinen. An Grünfutter bekamen die Vögel Vogelmiere,
Löwenzahn – auch mit Blüten – und halbreifen Samen, später auch halbrei-
fen Mais, halbreife Sonnenblumenkerne und reife Ebereschen.
Die Aufzucht des Jungvogels verlief normal, auch die kritische Zeit von
6–7 Wochen, die wir fürchteten, ging gut vorüber. Da die Fachliteratur zu
dieser Zeit eine Aufzuchtzeit von 10 Wochen angab, verlief die erste Zeit
ziemlich ohne Beunruhigung, die aber rasch wuchs, als sich die Aufzucht-
Zeit sehr verzögerte. Der Jungvogel lebte jedoch und der Züchter Cerny fand
erst am 25. November 1971 den jungen Graupapagei mit den Eltern zusam-
men in der Voliere, also in einer Zeitspanne, die nie in der Fachliteratur er-
wähnt wurde. Man kann also nur verzeichnen, daß es trotz aller Unklarhei-
ten, die auf die ungenügende Kontrolle und unvollkommene Informationen
zurückzuführen sind, endlich auch bei uns zu einer geglückten Aufzucht
kam.
Den langen Aufenthalt im Nest kann ich selbst schlecht erklären. In Züchter-
kreisen ist allgemein bekannt, daß ein einzelner Jungvogel länger im Kasten
bleibt, als wenn darin mehrere vorhanden sind. Doch in diesem Fall handelte
es sich um Wochen und nicht um Tage. Andererseits ist es auch möglich, daß
der Vogel schon früher den Kasten verließ und diese Tatsache bei dem sehr
vorsichtigen Umgang des Züchters mit seinen Tieren nicht gleich bemerkt
wurde.
Interessant ist auch die Frage, warum sich das Männchen gemeinsam mit dem
Weibchen die ganze Zeit im Nest aufhielt. Dieses Verhalten ist unnatürlich,
aber es kann auch ganz gut sein, daß das Männchen die ganze Zeit auf dem
Kasten saß und bei jeder Beunruhigung hineinschlüpfte. Auch die ständige

170

Zerstörung der Nistkästen ist interessant. Die Vögel hatten immer frische Zweige von Obstbäumen zur Verfügung. Ich nehme an, daß alle diese Unklarheiten nicht nur durch die ungenügende Kontrolle entstanden, daß aber auch die unpassende Voliere hier eine Rolle gespielt hat. Die Voliere befand sich direkt unter einem Dachfenster, so daß den ganzen Tag über die Sonne in den Raum schien. Wenn auch genaue Angaben über das Nisten in der Freiheit fehlen, so kann man doch annehmen, daß der Graupapagei im dunklen Urwald brütet und daß die gut gedeckte Nisthöhle bestimmt nicht der direkten Sonnenstrahlung ausgesetzt ist. Vielleicht bringen weitere Zuchterfolge mehr Klarheit in die Sache.

Irgendeine Veränderung der Zuchtanlage würde der Züchter kaum zustimmen, und wegen der mangelnden Erfahrungen wäre das auch wohl nicht angebracht. Man kann im Gegenteil annehmen, daß jegliche Änderungen nur Unheil anrichten könnten und daß ein weiteres Nisten nur verzögert würde. Ich möchte hier nochmals betonen, daß wir in unserem Züchterverband damit endlich den ersten beglaubigten und registrierten jungen Graupapagei als Selbstzucht haben.«

10. Mauser, Federrupfen, Federfressen und Kannibalismus

Mauser

Dem Kapitel Krankheiten soll hiermit nicht vorgegriffen werden, zumal es sich oft nur um psychische Störungen handelt und vielfach nicht um organische Krankheiten. Es sind Erfahrungen aus der Haltung, die mit einfachen Worten dem Pfleger klargemacht werden sollen.

Während die Mauser ein natürlicher Vorgang ist, um die abgenutzten Federn zu ersetzen, gibt es auch Mauserstörungen. Zum Beispiel die sogenannte Stockmauser, die den Ablauf auf eine spätere Zeit hinausschiebt. Die Gründe können sehr verschiedener Art sein: Mangel an bestimmten Nahrungsstoffen, eine zu hohe oder zu niedrige Luftfeuchtigkeit, Störungen durch Krankheiten oder Parasiten.

Ferner gibt es den Federausfall durch eine plötzliche Streßsituation (»Schreckmauser«). Der Vogel verliert in diesem Fall seine Federn fast schlagartig. Dieser Vorgang kann durch große Angst oder einen Schreck hervorgerufen werden. Obgleich mir persönlich eine Schreckmauser bei Graupapageien nicht bekannt ist, wird sie sicherlich vorkommen. Bei anderen Papageienarten, und vor allem aber Hühnervögeln und Tauben ist diese Schreckmauser keine Seltenheit. Die erste große Mauser tritt etwa mit 12 Monaten ein, und kann in 6–8 Wochen beendet sein; sie erfolgt oft im Juli/August, kann sich aber auch über das ganze Jahr hinziehen. Die Schwanzfedern bekommen dann erst ein klares Rot.

Federrupfen

Diese beiden oben beschriebenen unnatürlichen Vorgänge haben aber meistens nichts mit kahlen Stellen an der Unterseite der Graupapageien oder nichts mit völlig kahlen Tieren zu tun, die nur noch am Kopf ihre Federn zeigen. Dieses Zupfen der eigenen oder fremden Federn sind sehr ernstzunehmende Anomalien, worunter leider Graupapageien nicht selten leiden. Es gibt hier sogenannte »Gelegenheitszupfer« und auch »Dauerzupfer«. Es ist wohl auch ziemlich erwiesen, daß vor allem die aufgeweckten Vögel, die zahmen und guten Nachahmer hierzu besonders neigen, während es bei teilnahmloseren oder nicht zahmen Graupapageien selten der Fall ist. Durch meine zwanzigjährige Beschäftigung mit Papageienarten kommen mit Sicherheit folgende Gründe in Betracht (es können noch mehr sein):
1. Die große Lufttrockenheit im Zimmer, die vor allem im Winter gegeben ist. Durch ein Hygrometer läßt sich diese leicht feststellen (Feuchtig-

keitsmesser). Man nimmt am besten ein Präzisionshygrometer, das zwar teurer, aber genauer ist. Der Graupapagei lebt in sehr feuchten Wäldern und man sollte darum in den geheizten Zimmern mindestens 60 % oder mehr Feuchtigkeit erreichen. Die Haut des Vogels wird sonst zu trocken und es entsteht eine Art Juckreiz, der dann mehr oder weniger schnell das Zupfen einleiten kann. Mehrere Wasserverdunster an den Heizkörpern sorgen für die nötige Feuchtigkeit. Es gibt auch automatische Wasserverdunster, die man mit einem Hygrostat genau einstellen kann. Die Geräte sind in verschiedenen Größen zu bekommen und werden elektrisch betrieben.

2. Ein weiterer wichtiger Faktor ist die Langeweile. Intelligente Vögel, die sich sehr an den Menschen gewöhnt und gebunden haben, werden hiervon besonders erfaßt. Der Graupapagei kommt durch Zufall auf das Zupfen und gewöhnt es sich dann mehr und mehr an. Pfleger, die die Möglichkeit haben, sollten den Vogel mit zur Arbeit nehmen, denn das ist immerhin noch besser, als den Vogel den ganzen Tag allein zu lassen. So etwas ist natürlich nur mit schon vertrauten Vögeln möglich, da sonst die Angst Schaden anrichten kann. Da das meistens nicht möglich ist, sollte man zur Beschäftigung eine Kette, ein starkes Stück Tau oder ein Holzstück im Käfig anbringen. Man kann auch das Radio laufen lassen oder jedenfalls zeitweise mit einer Schaltuhr in Betrieb setzen.

3. Auch ein starker Brutbetrieb kann zum Rupfen führen. Der Verfasser konnte das einwandfrei auch an anderen Großpapageien beobachten. Es ist dabei gleichgültig, ob es sich um Männchen oder Weibchen handelt. Die Weibchen legen dann oft Eier oder aber beide Geschlechter würgen Futter hoch, wenn es auch bei den Weibchen seltener vorkommt. Ein Partner wäre eine an sich ideale Lösung, aber es ist möglich, daß dieser gar nicht mehr akzeptiert wird. Man müßte bei diesem Versuch den Verkäufer bitten, den neuen Vogel für einige Tage auf Probe zu überlassen, bis geklärt ist, ob beide sich verstehen. Von dem Verkäufer wäre das natürlich eine Gefälligkeit oder auch Großzügigkeit, die man als guter Kunde oder mit netten Worten vielleicht erreichen kann.

4. Ein Graupapagei kann auch durch eine Umstellung plötzlich das Zupfen anfangen. Nicht so sehr die Umstellung seines Zuhauses, sondern wenn er in die Obhut und Pflege anderer Menschen kommt. Genau so gut kann aber auch ein sich zupfender Papagei diese Unart einstellen, wenn er in eine andere Umgebung kommt. Es ist dabei schwer zu sagen, welche genauen Symptome den Papagei hierzu veranlassen.

5. Eine Art von Eifersucht auf einen anderen Vogel oder ein anderes Tier könnte ebenfalls der Anlaß sein.

Die angeführten Punkte sind einige der erkannten Ursachen des Federzupfens. Es ist wichtig, daß der Pfleger eine kahle Stelle nicht abtut mit der »Mauser«, sondern sofort entsprechende Schritte unternimmt, soweit diese überhaupt möglich sind (siehe Krankheiten).

Schon früher hatte man genau so die Sorgen mit dem Rupfen. Mit spielerischem Auszupfen fängt es manchmal an und endet mit einem »bratfertig« gerupften Vogel! Der Autor hat Fotos bekommen, wo nur noch Kopffedern des Vogels vorhanden waren und man glaubte immer noch an eine »normale« Mauser! Ein Liebhaber schlug folgendes vor: »*Mein Jako, der 1 1/2 Jahr diesem Laster gefrönt hat, hat seit längerer Zeit sich nicht mehr gerupft bzw. keine Federn mehr abgebissen. Ob der eine oder andere meiner vielen Versuche von Mitteln zur Heilung beigetragen hat, vermag ich nicht zu sagen, nur das kann ich bestimmt behaupten, daß das Rupfen aufgehört hat, seit ich ihm eine Schaukeleinrichtung im Käfig machen ließ. Es ist ein in Hufeisenform gebogener mit Ösen versehener verzinnter Rundeisenstab, an einem Kettchen aufgehängt, so daß er sich nach allen Richtungen frei bewegen kann. In die Ösen ist ein Stück Holz von der Stärke der Sitzstangen eingeklemmt, und es wird an demselben nicht nur fleißig geturnt, sondern auch von Zeit zu Zeit genagt. Beides bietet dem Vogel durch die große Beweglichkeit Schwierigkeiten, somit Unterhaltung, weil er bei der geringsten Berührung gezwungen wird, sich mit dieser Vorrichtung abzugeben. Er hängt sich daran, schwingt sich umher und schlägt mit den Flügeln, wozu freilich nur ein sehr großer Käfig geeignet ist, damit der Papagei sich nicht beschädigen kann.*«

B. Meyer in Hamburg, der sich ebenfalls intensiv mit Papageien beschäftigt, berichtete mir von einem Graupapagei, der sich fünf Jahre lang rupfte und nun aber doch noch durch ihn geheilt wurde. Der Vogel bekam eine Woche lang nach Vorschrift »Federol-Antipick« in sein Trinkwasser. Nach dieser Zeit wurde er mit »Federvit« nach beigelegter Vorschrift behandelt. Es ist ein zähflüssiges Mittel, welches ebenfalls dem Wasser beigegeben wird. Es enthält Carotinoide (pflanzliche Farbstoffe), Chlorophyll (Blattgrün) und Xanthophyll (gelber Farbstoff der Pflanzenzellen). Nach etwa sechs Wochen hatte der Graupapagei wieder ein normales Federkleid und er benahm sich auch weiterhin normal. Man kann diesen so glücklichen Verlauf sicher nicht verallgemeinern, aber er zeigt einen Weg, den man versuchen sollte.

Federfressen

Bei dieser sehr unangenehmen Erscheinung beißt sich der Vogel die Federn ab. Oft sind es nur die großen Schwung- oder Schwanzfedern. Die Feder wird durchweg am bluthaltigen Kiel zerbissen; meistens bleiben nur die

Kiele stecken und erst bei der nächsten Mauser fallen diese aus und immer werden die neu wachsenden Federn sofort wieder zerbissen. Auch hier gibt es verschiedene Gründe, wie schon beim Zupfen besprochen wurde. Ein Mangel an bestimmten Aminosäuren (Bausteine des Protein) könnte die Ursache sein. Selten sind solche Vögel erfolgreich zu behandeln.

In einem anderen Fall wurde der Graupapagei nach dem Schneiden der Schwungfedern zum Federfresser und zerspleißte die beschnittenen Federn und später dann auch die Schwanzfedern. Auch diesen Fall darf man nicht verallgemeinern. Dem Vogel mußten schließlich alle Federstümpfe, die zum Teil auch bluteten, ausgezogen werden. So schlimm diese Tortur im Augenblick war, aber es hat geholfen, denn die neu nachkommenden Federn ließ der Vogel in Ruhe und sein Federkleid blieb normal. In diesem Fall führte also einwandfrei das Beschneiden des Flügels zum Zerbeißen der nachgebliebenen Federkiele. Man sieht immer wieder, wie verschieden die Graupapageien geartet sind und reagieren.

Kannibalismus

Der Autor wird nicht einen Molukkenkakadu vergessen, der sich buchstäblich an der Brust angefressen hat, kleine Stücke Haut und Fleisch seines eigenen Körpers verzehrte. Die Stellen wurden behandelt und genäht und eine Zeitlang ging es gut und dann wurde der Fall immer schlimmer, so daß schließlich das Tier getötet werden mußte. Bei einem Ara wurden defekte Nieren festgestellt, wodurch Harnsubstanzen einen Juckreiz der Haut auslösten. Wie Dr. med. vet. Kronberger sagt, wurde Kannibalismus bei diesem Vogel vermutlich durch Gaben von Fleisch hervorgerufen. Es heißt wörtlich: »*Durch Verabreichung eines so eiweißreichen Futters, wie es Fleisch nun einmal ist, kann es bei eingeschränkter Ausscheidung zu einem starken Anstieg der stickstoffhaltigen Stoffwechselprodukte im Organismus des Tieres, damit zu heftigen Reizerscheinungen in der Haut und dem intensiven Benagen. Die Erhöhung des Eiweißanteils im Futter war bei diesem Vogel als völlig kontraindiziert.*«

Man erkennt hier wieder die Gefahren der Fleischfütterung bzw. einer zu stark einweißreichen Ernährung. Letztere sollte immer maßvoll sein.

11. Krankheiten von Dr. med.vet. S. Mundt

Vorwort

Untersuchungsgang

I. Organkrankheiten
1. Erkrankungen des Federkleides
2. Erkrankungen der Haut
3. Erkrankungen der Gliedmaßen
4. Erkrankungen der Sinnesorgane
5. Erkrankungen der Atmungsorgane
6. Erkrankungen der Verdauungsorgane
7. Erkrankungen des Nervensystems
8. Erkrankungen durch Parasiten

II. Infektionskrankheiten
1. Pilzerkrankungen
2. Viruskrankheiten
3. Bakteriell bedingte Erkrankungen

III. Chirurgische Maßnahmen

IV. Therapie bei Papageienkrankheiten

Vorwort

Die nachfolgende Abhandlung über die Erkrankungen des Graupapageis hat folgende Zielsetzung:

1. Der Vogelhalter soll, nachdem er ausführlich über die Physiologie des Graupapageis informiert worden ist, das krankhafte Verhalten seines Tieres schnell erkennen.
2. Durch die Schilderung von häufig auftretenden Symptomen will der Verfasser Hilfen bei der Diagnose geben.
3. Soweit möglich, werden Therapiehinweise gegeben, dabei wird aber bewußt auf jede Dosierungsabgabe verzichtet, da diese Angelegenheit Sache des Tierarztes bleiben muß (s. Arzneimittelgesetz).

Im Interesse des Papageienhalters wird jenen Krankheiten breiterer Raum gewidmet, die wegen folgender Kriterien für ihn bedeutungsvoll sind:

1. gehäuftes Auftreten
2. leichte Erkennbarkeit
3. evtl. Übertragbarkeit auf Menschen.

Die Zahl der Zooanthroponosen, also jener Krankheiten, die vom Tier auf den Menschen übertragen werden können, sind bei Papageien sehr gering. Es handelt sich um Ornithose (sog. Papageienkrankheit), Salmonellose, Tuberkulose, Mykose und Colibazillose.

Die Gefährdung des Menschen durch diese Krankheiten ist beim Umgang mit Papageien aber wesentlich geringer als allgemein angenommen wird. Unser Graupapagei mit Familienanschluß stellt kaum eine potentielle Infektionsgefahr dar. Das Wissen um diese Krankheiten sollte daher das Hobby der Vogelhaltung nicht durch übertriebene Ängste belasten, dennoch sollten die Grundregeln der Hygiene bei jeder Art von Tierhaltung beachtet werden.

Meiner Aufstellung über Papageienkrankheiten ist ein kurzer Untersuchungsgang vorangestellt. Es soll damit gewährleistet werden, daß keine wesentlichen Gesichtspunkte zur Diagnosefindung unbeachtet bleiben. Die nur von Tierärzten vorzunehmenden Spezialuntersuchungen wie Blutuntersuchungen, Gewebeprobenuntersuchungen, virologische Spezialnachweisverfahren, bakteriologische und mykologische Untersuchungen, Röntgenuntersuchungen und parasitologische Untersuchungen sollen nicht näher besprochen werden.

Sowohl die Diagnosehilfen als auch die kurz gefaßten Therapievorschläge können bei den meisten Krankheiten den Besuch beim Tierarzt nicht ersparen.

Untersuchungsgang

Bei der Untersuchung von Papageien ist es wegen der häufig ähnlichen Krankheitsbilder wichtig, alle Symptome der Erkrankung zu beachten und als Diagnosehilfe zu verwenden. Eine schematische Reihenfolge beim Untersuchungsgang wird am besten gewährleistet, wenn keine Symptome außer acht gelassen werden.

In der Praxis hat sich folgender Untersuchungsgang bewährt:

1. Prüfung des Verhaltens:

Bewegung, Aktivität, Zwangsbewegungen, Futteraufnahme, Trinken, Sprechen und Pfeifen, Atemgeräusche, Flugfähigkeit, Gefiedersträuben, Lebhaftigkeit, Kontaktfreudigkeit, Fluchtdistanz, Sitzverhalten z.B. auf einem Bein stehend oder auf der Brust liegend.

2. Beurteilung des Lebensraumes:

Haltung in Voliere oder Käfig, verstreute Federn, Kotkonsistenz mit evtl. Blutbeimischung, Futterbeschaffenheit mit evtl. vorhandenen Pilzrasen, erbrochenes Futter, Parasitenbefall der Hölzer.

3. Adspektion des Vogels:

Ernährungszustand, Gefiederbeschaffenheit, Verschmutzungen und Verklebungen, Augenentzündungen, Nasensekrete oder Auflagerungen, Schnabelhornauflagerungen, Färbung der Schwanzfedern, Beschmutzungen von Ober- und Unterschnabel, Zehendeformierungen.

4. Untersuchung des Vogels in der Hand:

Verschmutzungen und Verklebungen, Rötungen, Schwellungen, Schmerzreaktionen, Fütterungszustand – besonders sichtbar an der Brustmuskulatur, Untersuchung der Augen, Nasenöffnungen und Rachenraum, Unterbauch, Flügelachseln und Flügelvenen, Gliedmaßen und Analregion, Federstruktur.

I. Organkrankheiten

1. Erkrankungen des Federkleides

Symptome für die Erkrankungen des Federkleides sind Juckreiz, Federausfall und Auszupfen der Federn. Die häufigste Ursache ist Ektoparasitenbefall mit Milben, Läusen oder Federlingen. Durch Nachweis der Parasiten erfolgt die Diagnosestellung.

Andere mögliche Ursachen sind beispielsweise Allergien, Hormonstörungen, Vitamin- und Mineralstoffmangel, Aminosäuremangel und psychische Störungen. Eine Diagnose kann nur durch die exakte Analyse von Fütterung, Haltung und Lebensbedingungen gestellt werden.

Eine besondere Form der Erkrankung, die häufig beim Graupapagei auftritt, ist das sog. »Federfressen«. Vor allem im Bereich der Handschwingen, der Flügelachseln, der Brust und der Unterbauchregion werden die Federn ausgezupft und angekaut, teilweise auch so abgebissen, daß Stummel in der Haut steckenbleiben. Es kann auch zur Extraktion frisch sprossender Federn mit noch bluthaltigen Kielen und damit zu heftigen Blutungen kommen. In einigen Fällen rupfen sich die Tiere völlig kahl.

Die Ursachen, die zu diesem abnormen Tierverhalten führen, sind noch nicht geklärt, es sind jedoch eine Reihe von begünstigenden Faktoren bekannt:

Mangelernährung, Fehler in Fütterung und Haltung, mangelnder Kontakt oder gar Abneigung gegen den menschlichen Pfleger, Parasitenbefall, Umweltbedingungen, Gesellschaft eines anderen zupfenden Vogels. Manchmal liegt eine psychisch bedingte Störung vor, vergleichbar etwa der, die beim Menschen zum Nägelkauen führt. Anfängliche Therapieerfolge erweisen sich nicht selten als nur scheinbare Besserung, so daß leider davon auszugehen ist, daß das Federfressen als besondere Form der Selbstzerstörung in sehr wenigen Fällen nachhaltig heilbar ist.

Der Therapieversuch beginnt mit der Optimierung von Fütterung und Haltung. Das Futter sollte reich an Vitaminen, Mineralstoffen und Eiweißträgern (besonders Aminosäure Arginin) sein.

Temperatur, Feuchtigkeit, Lichtverhältnisse und Badegelegenheiten, sowie Beschäftigungsmöglichkeiten müßten verbessert werden. Eine mögliche Hilfe ist auch das Anlegen eines Halskragens, der erst dann wieder abgenommen werden darf, wenn der Vogel neu befiedert ist. Vor anderen Zwangsmaßnahmen, die mit dem Tierschutzgesetz nicht vereinbar sind (etwa Zwangshaltung durch extreme Bewegungseinschränkung oder Auszupfen der angebissenen Federn) ist zu warnen. Wenn Blutungen aus den

Federkielen auftreten, sind diese durch kurze Kompressen mit einem Eisen-III-chlorid-haltigen Wattetupfer schnell zum Stillstand zu bringen.
Als sehr wirkungsvolle Therapie erweist sich im Einzelfall die Weitergabe des Tieres an einen anderen Pfleger. Auch die Beschaffung eines Artgenossen (auch einer Amazone) kann das Verhalten positiv beeinflussen.
Ebenso komplex wie die Ursachen des Federfressens sind, so scheint es jedenfalls, die verschiedenen mitunter von wenig sachverständigen Vogelpflegern angebotenen Patentrezepte für eine wirksame Therapie. Um es noch einmal ganz deutlich zu sagen: Ein Allheilmittel gegen Federfressen gibt es nicht.
Die in letzter Zeit von uns versuchsweise durchgeführten Behandlungen mit zytoplastischen Präparaten (sog. Frischzellen) sowie mit modifizierten Eigenblutbehandlungen (Gegensensibilisierung) erscheinen vielversprechend; es ist jedoch keinesfalls sicher, ob sich damit immer ein Erfolg erzielen läßt.

2. Erkrankungen der Haut

Die Symptome bei Hauterkrankungen sind folgende: Juckreiz, Rötungen, Wunden durch eigene Schnabelhiebe, Hautverdickungen, Verfärbungen, borkige Auflagerungen, Schnabeldeformierungen und Federausfall.

Als Ursachen sind bekannt:
a) *Räudemilbenbefall (Cnemidocoptes Milben),* deren Behandlung durch Odylen-Einpinselung erfolgt, und zwar jeden 3. Tag bis zur Abheilung.
b) *Pilzinfektionen,* deren Diagnosestellung schwierig, aber mit Hilfe der Woodschen Lampe und durch Hautgeschabseluntersuchungen möglich ist.
c) *Dermatitiden,* die mit Decoderm trivalent Salbe behandelt werden können, wodurch die meist bakteriell bedingten lokalen Entzündungen beseitigt werden.
d) *Pocken,* die als Viruskrankheit durch Tierkontakt übertragen werden (Vorsicht bei Neukauf und Pension!). Bei dieser Erkrankung werden oft nur Augenentzündungen beobachtet, so daß eine Diagnose schwierig ist.

3. Erkrankungen der Gliedmaßen

Die Symptome sind Lahmheit, Schmerz, Schwellung und Rötung. Zahlreiche Ursachen kommen in Betracht:

a) *Gelenkentzündung* durch äußere Gewalteinwirkung oder durch bakterielle Infektion. Die Behandlung erfolgt durch Ruhigstellung (Verband) und durch entzündungshemmende Salben.

b) *Ballenentzündung,* bei der der Ballen eine Schwellung aufweist, in deren Zentrum sich gelbliche Massen und kraterartige Einschmelzungen befinden. Die Behandlung erfolgt mit 10 %iger Ichthiolsalbe, Unguforte PBS u. ä.

c) *Kokkeninfektion,* die sich durch gelbe Knötchen an Füßen und Beinen zeigt. Ursache hierfür ist ein bakterieller Infekt, der mit Breitbandantibiotika behandelt wird.

d) *Gicht,* die man auch an gelben Knötchen an den Beinen, an Gelenkverdickungen und Versteifungen erkennen kann. Bei dieser Erkrankung ist der weiße Kotanteil flüssig, weil viel Wasseraufnahme erfolgt. Die Ursache der Gicht ist häufig eine Nierenerkrankung, die mit Antibiotika und Vitaminen behandelt wird.

e) *Hyperkeratosen,* bei der es zu Verdickungen der Hornschuppen an den Beinen kommt. Die Ursache ist häufig Milbenbefall, der mit Odylen und Salicylsalbe behandelt wird.

4. *Erkrankungen der Sinnesorgane* (Auge, Ohr)

Die Konjunktivitis (= Entzündung der Lidbindehaut) ist eine oft zu beobachtende Augenkrankheit. Bei einseitigem Auftreten kann ein Fremdkörper als Ursache in Frage kommen. Eine beidseitige Konjunktivitis entsteht nicht selten durch Zugluft, ist also Anzeichen einer Erkältungskrankheit. Entzündung der Augenlider und der Lidbindehäute können bei beidseitigem Auftreten aber auch Symptome einer Allgemeininfektion sein (z.B. *Psittakose,* Pocken, *Mycoplasmose).* Da es sich hierbei um sehr ernstzunehmende Erkrankungen handelt, ist von einer Eigenbehandlung mit evtl. vorhandenen menschlichen Augentropfen ohne vorherige tierärztliche Konsultation dringend abzuraten. Auch Hornhautverletzungen, Geschwürbildungen am Auge und Linsentrübungen bedürfen immer einer gezielten Behandlung durch den Tierarzt.

Erkrankungen am Ohr treten selten auf. Verdacht auf *Otitis* (Gehörgangsentzündung) liegt dann vor, wenn Sekretmassen aus dem Gehörgang kommen. Zuweilen geht das mit Schiefhalten des Kopfes und Gleichgewichtsstörungen einher.

5. Erkrankungen der Atmungsorgane

Isolierte Erkrankungen der Atemwege sind bei Papageien selten. Vordergründige Symptome verschiedener Allgemeinerkrankungen wie quietschende Atmung, Atemnot oder Husten-Begleitsymptome führen zu der vorschnellen Diagnose »Lungenentzündung«. Die anatomischen und physiologischen Besonderheiten der Vogellunge machen jedoch deutlich, daß es bei dieser Tierklasse sehr viel seltener zu Lungenerkrankungen kommt als etwa bei den Säugetieren. Bei den Vögeln erfolgt der Gasaustausch zwischen Luft und Blut zwar wie beim Säugetier in der Lunge, die Luftventilation zwischen Außenwelt und Körperinnerem geschieht jedoch mit Hilfe der Luftsäcke, die sich bis in die Tiefe der großen Röhrenknochen erstrecken. Anders als bei Säugetieren sind die Lungen der Vögel zudem relativ klein und mit der Körperrückwand fest verbunden, wobei die Rippen in die Hinterflächen eingedrückt erscheinen. Dadurch wird auch erklärlich, daß Vögel Fremdkörper oder Exsudate aus der Lunge nicht aushusten können.

a) Erkrankung der Nase und der Nasennebenhöhlen

Hierbei beobachtet man Sekretansammlung in der Nasenöffnung. Die Hornsubstanz der Nasenlöcher wird dabei häufig eingeschmolzen; es kommt auch zu einer Anschwellung zwischen Nase und Auge *(Sinus infraorbitalis)*, evtl. zu Schnupfen *(Coryza)*.

b) Erkrankung der Lunge, Bronchien und Luftsäcke

Die erkrankten Papageien fallen auf durch angestrengte und stoßweise Atmung – oft bei geöffnetem Schnabel –, röchelnde oder piepsende Atemgeräusche, schnelle Erschöpfung im Fluge, Husten, Verfärbungen der Wachshäute usw. Die häufigsten Ursachen sind neben Erkältungen sog. *Mycosen* (Schimmelpilzinfektionen). Aber auch Schilddrüsenerkrankungen, Adominaltumore sowie evtl. *Syngamusbefall* (Luftröhrenwurm) führen zu Atemwegserkrankungen. Luftröhrenwurmbefall ist vom Verfasser bei Graupapageien jedoch noch nie beobachtet worden.
Außer den bereits genannten Ursachen kennen wir noch folgende: Erkrankungen von Herz und Kreislauf, Erkrankungen der Geschlechtsorgane, bakterielle Infektionen mit Kokken, Diplokokken, Streptokokken, Staphylokokken, Pasteurellen, Salmonellen, Escherichia coli, Listeriose, Tuberkulose, Mycoplasmose. Ferner führen zu Atemwegserkrankungen Pokken und Ornithose-Psittakose, Filariosen, Milben, Mykosen wie Aspergillose und Candida Mykosen, aber auch Geschwülste in der Leibeshöhle,

Karzinome der Schädelknochen, Leukose, Stoffwechselkrankheiten wie Fettsucht, Leberdegeneration und Gicht, *Aszites* (Bauchwassersucht). Auch Verletzungen wie der Riß eines Luftsackes oder Lungenverletzungen können Ursachen sein.

Diese noch nicht einmal vollständige Aufstellung zeigt die Problematik der Atemerkrankungen bei Papageien. Es wird hier stets ein Fachmann zu Rate gezogen werden müssen. Als unterstützende Therapie hat sich in allen Fällen Rotlichtbestrahlung bewährt.

6. Erkrankungen der Verdauungsorgane

Dysfunktionen der Verdauungsorgane mit der daraus resultierenden Futterverweigerung können schnell zum Tode führen, da Vögel einen sehr viel größeren Stoffumsatz haben als Säugetiere (die Körpertemperatur liegt um 5–6° Celsius höher). Zu einseitige Fütterung kann als begünstigender Faktor bei der Entstehung der Erkrankung angesehen werden. Zur Diagnosestellung sollten parasitologische oder evtl. bakteriologische Kotuntersuchungen herangezogen werden.

a) Kropferkrankungen

Kropferkrankungen zeigen sich durch Würgen, Erbrechen von zähen schleimigen Massen, verklebtem Gefieder und Atemnot. Es kommen eine Reihe von möglichen Ursachen in Frage, z.B. Kropfentzündung durch Bakterien oder Trichomonaden, Schilddrüsenerkrankungen, Fremdkörper, Abszesse und Geschwülste. Eine Behandlung ist nur durch den Tierarzt möglich.

b) Darmerkrankungen

Auffallende Symptome sind: wäßrige, grünliche und manchmal blutige Durchfälle. Der vermehrte Flüssigkeitsverlust muß durch erhöhte Wasseraufnahme ausgeglichen werden. Ursachen für Darmerkrankungen sind bakterielle Infektionen, Virusinfektionen, Tumore, Leber- und Nierenerkrankungen (Gicht), Vergiftungen u.a. Neben der kausalen Bekämpfung der Darmerkrankungen haben sich eine Reihe von unterstützenden Maßnahmen bewährt.

Dazu gehören Rotlichttherapie und ein umfangreiches Nahrungsangebot, insbesondere auch weiches Futter wie gekochter Reis (durch Quellfähigkeit flüssigkeitsbindend) oder Babykost. Nur versierten und erfahrenen Pflegern kann zu einer Zwangsfütterung geraten werden, da Aspirationsgefahr besteht.

7. Erkrankungen des Nervensystems

Sichtbare Anzeichen für Nervenerkrankungen sind: Lähmungen von Flügeln oder Beinen, Krampfanfälle, unkoordinierte Bewegungen. Die mannigfaltigen Ursachen lassen sich nur sehr schwer differenzieren. Es kommen in Frage: Nervenschädigungen, Traumen (äußere Gewalteinwirkungen), Infektionskrankheiten, Tumore und Mangelernährung (Vitamin E- und Vitamin B-Komplex).
Die Diagnose und die Therapie von Nervenerkrankungen bei Papageien werden ebenso wie der Komplex der Kreislaufstörungen tierärztlichen Spezialisten überlassen bleiben müssen. Im Rahmen dieser Abhandlung soll daher nicht näher darauf eingegangen werden.

8. Parasitär bedingte Erkrankungen

Es muß unterschieden werden zwischen den sog. Magen-Darmparasiten, das sind die im Inneren des Wirtsorganismus lebenden (Endoparasiten) und Parasiten, die auf oder im Federkleid und auf der Haut der Wirtstiere leben (Ektoparasiten). Symptome für Ektoparasitenbefall sind: Juckreiz, Federausfall und Hautschuppen. Bei Papageien gibt es folgende

a) Ektoparasiten:

Rote Vogelmilbe *(Dermanyssus gallinae)*,
Räudemilben *(Knemidocoptes pilae)*,
Ornithonyssus Milben, die sich in zunehmendem Maße ausbreiten. Wesentlich weniger verbreitet sind bei Papageien Federmilben, Federbalgmilben und Futtermilben, die sich nur von toter organischer Substanz auf dem Vogelkörper ernähren und ihren Wirt durch Juckreiz belästigen. Noch seltener werden Flöhe und Federlinge *(Mallophagen)* bei Papageien angetroffen.
Die Therapie jedes Ektoparasitenbefalls zielt auf eine Abheilung der Hautveränderungen und auf eine Vernichtung der Parasiten in Voliere und Käfig, um Reinfektionen vorzubeugen. Hierzu ist es nötig, die Einstreu zu erneuern, den Käfig zu desinfizieren und alle Holzteile gründlich auszukochen. Die Vogelbehandlung erfolgt mit einem dafür geeigneten Insektizid, z. B. Odylen, Pyrethrum, Pervalenum, Glutox u. a.

b) Endoparasiten

Krankheitserscheinungen sind: Abmagerung, flüssiger Kot, Kotverfär-
bung, allgemeine Schwäche und verklebtes Gefieder. Die Diagnosestellung
ist nur durch eine parasitologische Kotuntersuchung möglich. Der Kot
sollte frisch und in einem wasserdichten Gefäß zur Untersuchung gebracht
werden. Je mehr Kot dabei untersucht werden kann, desto genauer ist das
Ergebnis des Sedimentanreicherungsverfahrens. Neben sehr seltenen Pro-
tozoeninfektionen *(Trichomoniasis* und *Kokzidiose)* werden beim Papageien Spulwürmer *(Askariden)* und Haarwürmer *(Capillaria)* gefunden.
Viele andere Wurmarten, die sonst bei Volierenvögeln zu finden sind, z.B.
Luftröhrenwurm *(Syngamus tracheata)* und Bandwürmer *(Zestoden)* treten
bei Papageien sehr selten auf, weil die entsprechenden Zwischenwirte wie
Schnecken, Regenwürmer und andere lebende Tiere von Papageien in der
Regel nicht genommen werden. Alle Parasiten der Papageien sind auf den
Menschen nicht übertragbar. Der häufigste Endoparasit bei Papageien und
Sittichen sind Spulwürmer. Sie machen eine direkte Entwicklung ohne Zwi-
schenwirt durch. Die mikroskopisch kleinen Eier sind an der Außenwelt
sehr widerstandsfähig und können lange Zeit überleben. Gründliche Säu-
berung von Futtergefäßen und oft erneuerte Einstreu können die Verbreitung verhindern. Jeder Wurmbefall macht eine gezielte Behandlung notwendig. Bewährt haben sich beispielsweise folgende Präparate: Pipera-
zin-Lösung, Concurat, Panacur.

II. Infektionskrankheiten

Infektionskrankheiten können sowohl bei einzeln gehaltenen Vögeln als
auch in größeren Vogelbeständen auftreten. Da sich eine Diagnose in vielen Fällen erst nach der Sektion bestätigen läßt, ist der Ausspruch von T. W.
Fiennes 1969 nicht von der Hand zu weisen: »Vogelmedizin ist zur Hauptsache Angelegenheit der Pathologen«. Die Symptome der Infektionskrankheiten sind sehr ähnlich, und der Verlauf ist oft so perakut, daß dem
Behandlungserfolg enge Grenzen gesetzt sind. Doch auch ohne exakte
Diagnosestellung wird es dem Tierarzt möglich sein, eine Vielzahl von In-
fektionserregern zu bekämpfen, da eine breite Palette von polyvalent wirksamen Medikamenten (z.B. Breitbandantibiotika) im Handel ist. Zusätzli-
che unerläßliche Hilfsmaßnahmen in der Therapie jeder Infektionskrank-
heit sind stets die Isolierung des erkrankten Vogels und strenge Hygiene.
Orts-, Futter- und Pflegewechsel sowie Witterungsbedingungen können
auslösende Faktoren für Infektionskrankheiten sein, die schon längere Zeit
latent (d.h. ohne klinische Symptome) im Organismus vorhanden waren.

1. Pilzerkrankungen

Durch Pilze verursachte Erkrankungen *(Mykosen)* haben bei Tieren und Menschen sprunghaft zugenommen, wohl auch deswegen, weil die Verabreichung von bestimmten Antibiotika die Pilzvermehrung stark begünstigt. Wir unterscheiden in der Reihenfolge der Häufigkeit des Auftretens: *Aspergillosen, Candida-Mykosen* und Hautmykosen.

a) Aspergillose

Der Erreger *Aspergillus fumigatus* ist in der Außenwelt sehr verbreitet. Zum Angehen der Infektion sind eine Vielzahl von disponierenden Faktoren nötig. Besonders begünstigt wird der Erreger durch Wärme und Feuchtigkeit. Die Ansteckung erfolgt meist durch verdorbenes und verschimmeltes Futter. Vorsicht ist bei nicht mehr frischen Nüssen geboten. Hauptsymptome der Erkrankung sind Atemstörungen. Pilzrasen sind nicht selten auch im Bereich des Gaumendaches nachweisbar. Eine Übertragung der Aspergillose von Tier zu Tier oder gar auf den Menschen erfolgt nicht. Eine wirkungsvolle Therapie ist zur Zeit noch nicht möglich.
Versuche mit Inhalationen von Pimafucine, sowie Daktar-Injektionen und Ampho-moronal-Pinselungen, haben nur Teilerfolge gebracht.

b) Candida-Mykosen oder sog. *Soor*

Diese durch *Candida albicans* hervorgerufene Pilzerkrankung führt vornehmlich zu Kropfentzündungen. Dabei treten Schleimhautbeläge im Rachen auf, die sich leicht ablösen lassen. Die darunter liegende Schleimhaut ist stark geschwollen. Klinische Symptome sind Erbrechen, verminderter Appetit, zuweilen auch Durchfall und Atembeschwerden. Der Erreger wird mit dem Futter aufgenommen. Die Therapie erfolgt mit Vitamin A Präparaten und Monoral peroral.

c) Hautmykosen

Hautmykosen sind nur durch mykologische Nachweisverfahren zu diagnostizieren. Besonders betroffen werden Hautbezirke am Kopf. Die Federn fallen dort aus, die Haut wird runzlig und dick und sieht zuweilen wie mit Mehl bestäubt aus. Die Übertragung erfolgt durch Kontakt, auch der Mensch kann sich anstecken. Behandelt wird mit Trypaflavinlösung und Griseofulvinpräparaten.

2. Viruskrankheiten

a) Papageienkrankheit (Ornithose, Psittakose)

Der Erreger ist *Bedsonia psittacosis,* der eigentlich gar nicht zu den echten Viren gerechnet werden kann. Er nimmt eine Sonderstellung ein, weil Bedsonien als obligat intrazelluläre Parasiten gegen manche Antibiotika empfindlich sind, die ihre Reifung und Vermehrung hemmen. Der Erreger ist pathogen für Menschen. Aus diesem Grund soll diese Erkrankung ausführlich dargestellt werden.

Virusträger können nach neuesten Untersuchungen nicht nur Papageien sein, die dieser Krankheit ursprünglich den Namen Psittakose gegeben haben, sondern nahezu alle Vögel. Besonders Sperlingsvögel und Tauben müssen als latentes Reservoir der Erkrankung angesehen werden. Die einzelnen Erregerstämme unterscheiden sich dabei zum Teil erheblich in ihrer Pathogenität auf den Menschen. Zum Schutz der menschlichen Gesundheit hat der Gesetzgeber die Aufstallung von frisch importierten Papageien in sog. Quarantänestationen unter tierärztlicher Überwachung veranlaßt. Dort werden durch Verabreichung von Medikamenten auch latente Träger dieser Infektion von Bedsonien befreit. Besondere Bestimmungen finden sich im Bundesseuchengesetz vom 18. Juli 1961 und in der Verordnung zum Schutz gegen Psittakose und Ornithose vom 18. Juni 1975. Im § 11 des Bundesseuchengesetzes ist die Ornithose als meldepflichtige Erkrankung aufgeführt (ausreichend ist bereits der Verdacht einer Erkrankung).

Auf Grund der Quarantänebestimmungen, der Anzeigepflicht, der tierärztlichen Überwachung von Züchtern und Zoohandlungen sowie der Kennzeichnungspflicht ist eine übertriebene Angst vor der Ornithose sicherlich ebenso unbegründet, wie es fahrlässig ist, im Umgang mit Papageien und allen anderen Haustieren die Grundregeln der Hygiene nicht zu beachten. Grob fahrlässig jedoch – und das nicht nur im Sinne des Viehseuchengesetzes – handelt derjenige, der unter Nichtbeachtung der gesetzlichen Bestimmungen Papageien einschmuggelt oder über sonstige dunkle Kanäle bezieht.

Der Krankheitsverlauf der *Psittakose* ist sehr unterschiedlich. In der Regel kommt es zu septikämischen Systemerkrankungen wie Schläfrigkeit, Appetitverlust, Abmagerung, wässeriger Kot, Schnupfen mit klebrigen Exsudaten, Lidbindehautentzündungen und zentralnervösen Störungen. Die Erkrankung geht zudem mit einer hochgradigen Milzschwellung einher.

Die Diagnose erfolgt serologisch durch Blutuntersuchungen oder mikrobiologisch durch Kotuntersuchungen mit anschließendem Tierversuch (Mäusetest). Diese Untersuchungen werden in großen Instituten z.B. im

Hamburger Institut für Schiffs- und Tropenkrankheiten durchgeführt. Sie sind sehr aufwendig und daher teuer (über DM 100,–). Hat jedoch der behandelnde Tierarzt begründete Verdachtsmomente auf das Vorhandensein dieser Erkrankung, dann kann er den zuständigen Amtstierarzt einschalten, der dann die entsprechenden veterinärpolizeilichen Maßnahmen, d.h. auch die Untersuchungen für den Tierhalter kostenlos vornehmen läßt.

Besonderer Verdacht auf Vorliegen von Papageienkrankheit besteht bei allen frisch zugekauften Tieren mit Durchfall, Lidbindehautentzündung und Nasenausfluß. Die Übertragung der Infektion auf den Menschen erfolgt durch Aerosol von Kot, Exsudaten und Flaumfedern, die auch nach längerer Austrocknung noch ansteckungsfähig sein können. Auch beim Menschen sind alle Schweregrade der Erkrankung vom subklinischen Verlauf bis zu extrem schweren Pneumonien mit Todesfolge beobachtet worden. Die Krankheit äußert sich beim Menschen meist durch grippale Infekte und Pneumonien, die jedoch mit Breitbandantibiotika verhältnismäßig schnell erfolgreich behandelt werden können. Beim Papageien haben sich die folgenden Breitbandantibiotika bewährt: Chlortetracyclin, Oxytetracyclin, Cloramphenicol.

Als Mittel der Wahl haben sich Psittacin (Wilhelm Hopermann GmbH) bei Langzeitanwendung (mindestens 5 Wochen) bewährt. Leider wird dieses pelletierte Futter besonders von geschwächten Tieren nur sehr ungern genommen.

b) Pocken (Pockendiphtheroid)

Diese Viruskrankheit wird durch Neuzukauf eingeschleppt. Die Ausbreitung erfolgt in den Züchter- und Händlerställen durch Kontakt von Tier zu Tier. Pocken beginnen meist mit einer Verdickung, einem Ödem der Lidränder. Durch Tränenfluß und Juckreiz entsteht daraus eine Entzündung der Augenlider mit starker Verdickung und Auflagerung, die sich auf Schnabelwinkel, Unterschnabel und Schleimhaut der Schnabelhöhle ausdehnt. Dadurch führt die Erkrankung zu Atemstörungen und oft innerhalb von 4–10 Tagen zum Tode. Eine wirksame Therapie ist zur Zeit noch nicht bekannt.

c) Newcastle-Krankheit (Atypische Geflügelpest)

Hauptsymptome der Erkrankung sind Bewegungs- und Haltungsanomalien mit zuweilen S-förmiger Verbiegung des Halses. In Quarantänestationen führt diese Erkrankung unter den Papageien zu besonders hohen Verlusten. Erkrankte Graupapageien fallen auf durch: Pupillenvergrößerung,

Verdrehen des Kopfes, Zittern, krampfartiges Atmen, Krämpfe, Lähmungen und zentralnervöse Störungen aller Art. Begleitsymptome sind dabei: Augen- und Nasenausfluß, Durchfall und Kauern auf dem Boden. Es kann ebenso zu plötzlichen, nahezu symptomlosen Todesfällen kommen wie zu spontaner Abheilung der Krankheit nach dem Auftreten der geschilderten Symptome.

In großen Quarantänestationen wird häufig beobachtet, daß zunächst nur Amazonen oder auch nur Graupapageien erkranken. Das liegt daran, daß die ursprünglich recht artspezifischen Viren sich nur langsam an eine andere Vogelgruppe adaptieren.

Eine wirksame Therapie ist zur Zeit noch nicht möglich, aber vorbeugend kann der Vogel mit einer inaktivierten Vakzine geimpft werden. Es wäre erfreulich, wenn diese Impfungen schon in der Heimat der Graupapageien vorgenommen würden: innerhalb einer Woche wären die Vögel dann immun.

3. Bakteriell bedingte Krankheiten

a) Koliinfektion (Escherichia coli)

Diese Infektionen treten bei Papageien oft als sog. Faktorenkrankheit auf, d.h. daß für ihr Auftreten und ihre Verbreitung eine Reihe von Faktoren zusammenkommen müssen. *Escherichia coli* ist einer der häufigsten Erreger einer bakteriellen Enteritis (Durchfall) bei Papageien und tritt besonders bei mangelnder Hygiene bzw. dort auf, wo Papageien mit dem Kot von Fleischfressern (und Menschen) in Berührung kommen können. Eine Diagnose läßt sich nur durch die bakteriologische Kotuntersuchung stellen. Als Therapie haben sich Breitbandantibiotika bewährt.

b) Salmonellen

Verschiedene Salmonellenarten gehören zu den bakteriell bedingten Erkrankungen, die unter den Vögeln zu den größten Verlusten führen. Die ausgeschiedenen Erreger können auch andere Tierarten und den Menschen gefährden. Wasser und Futter – besonders Eiweißkonzentrate – können Salmonellen enthalten. Aber ebenso Nagetiere, Fliegen und andere Vögel können insbesondere durch ihren Kot Salmonellen verbreiten. Streßsituationen aller Art begünstigen das Auftreten. Bei Jungtieren ist die Erkrankungsrate auffällig hoch. Die Symptome sind Durchfall, Atemnot, vermehrter Durst, Krämpfe. Die Diagnose erfolgt durch eine bakteriologische Kotuntersuchung. Der am häufigsten anzutreffende Salmonellenstamm ist dabei *Salmonella-typhi-murium*. Für das einzelne Tier kommt eine wirksame Behandlung mit Sulfonamiden und Breitbandantibiotika häufig zu spät.

c) Tuberkulose (Mycobakterium avium)

Diese Erkrankung ist bei Papageien äußerst selten geworden. Die Erregerverbreitung geschieht über den Kot, auch der Mensch kann sich infizieren. Der Erregernachweis kann im Blut und in allen Sekreten und Exkreten erbracht werden.

Neben spezifischen Hauterscheinungen kann es zu Abmagerung und Durchfall kommen. Die Diagnose läßt sich meistens nur durch Sektion eines gestorbenen Tieres stellen. Eine Behandlung des erkrankten Tieres ist nicht möglich und sollte zum Schutz des Vogelpflegers auch nicht versucht werden.

III. Chirurgische Maßnahmen

Die meisten chirurgischen Maßnahmen bei Papageien können nur vom Tierarzt ausgeführt werden, zumal nur dann auch Möglichkeiten zur Schmerzausschaltung (Narkose) gegeben sind.

Wunden werden versorgt wie bei Säugetieren. Große frische Haut- und Fleischwunden müssen vernäht werden. Kleine Wunden, alte Verletzungen oder Schürfwunden sowie Blutergüsse können mit äußerlich anwendbaren Präparaten (Lebertransalben, Hirudoid, Mobilat usw.) behandelt werden.

Tumore werden je nach Sitz chirurgisch oder konservativ behandelt.

Frakturen sind je nach Lage zu schienen, zu nageln oder per cutan zu fixieren.

Ringe können zu Stauungen oder Drucknekrosen führen. Die Entfernung sollte in solchen Fällen stets ein Fachmann vornehmen, wobei eine sichere Fixierung des Vogels Grundvoraussetzung ist, weil es sonst zu Frakturen oder anderen schwerwiegenden Verletzungen kommen kann.

Kürzen der Krallen ist dann nötig, wenn durch mangelnde Bewegungsmöglichkeiten die Zehenkrallen der Papageien zu lang geworden sind. Mit einer geeigneten Nagelschere oder Krallenzange kann jeder Vogelhalter mit etwas Übung die Zehenkrallen selbst kürzen. Dabei auftretende Blutungen sind ungefährlich und können sofort durch kurze Kompression mit einem Eisen-III-chloridhaltigen Tupfer gestillt werden.

Schnabelkorrekturen sollten dem Fachmann überlassen bleiben. Eine Politur der Schnittflächen durch eine mit Schleifansatz versehene Zahnbohrmaschine hat sich als gut durchführbar erwiesen.

Flugunfähigkeit bei Einzelhaltung von Papageien, die nicht in Volieren gehalten werden, kann vorteilhaft sein. Durch einseitiges oder beidseitiges Kürzen der Handschwingen werden die Vögel flugunfähig gemacht, wobei dem beidseitigen Kürzen der Vorzug zu geben ist. Der Vogel kann dann noch kleinere Flugstrecken (ca. 2 m) bewältigen, während er mit einseitig gekürzten Federn bei jedem Flugversuch sofort zu Boden trudelt. Die gekürzten Schwingen wachsen bei der nächsten Mauser wieder nach.

IV. Therapie der Papageienkrankheiten

Selbst Tierärzte mit Erfahrung in der Behandlung von Papageien haben wegen der Vielzahl der möglichen Krankheiten und den oft ähnlichen Krankheitsbildern große Schwierigkeiten bei der Diagnosestellung. Bedingt durch den hohen Grundumsatz und den damit verbundenen viel schnelleren Stoffwechsel als bei Säugetieren sind die gefiederten Patienten schon nach 24 Stunden Krankheitsdauer und ebenso langer Hungerphase sehr moribund. Eine intensive und vielseitige Therapie ist daher bereits dann angezeigt, wenn noch keine Diagnose gestellt werden kann und daher symptomatisch behandelt werden muß.

Die Applikation von Medikamenten hat sich bei Papageien zusätzlich als problematisch erwiesen, denn pulverisierte Medikamente werden von den Körnerfressern wegen mangelnder Haftung nicht in wirksamen Mengen aufgenommen. Ebenso verhält es sich in der Regel mit trinkwasserlöslichen Medikamenten, die den Geschmack und Geruch des Wassers beeinträchtigen und von Papageien abgelehnt werden, zumal diese gegenüber anderen Vogelfamilien von Natur aus wenig trinken. Mit Ausnahme von einigen Vitaminen, Aminosäurekomplexen, Jodtinkturen und Traubenzucker ist also eine Verabreichung von Medikamenten über das spontan aufzunehmende Futter oder Trinkwasser wenig sinnvoll. Das Einträufeln von Arzneimitteln in die Schnabelhöhle ist trotz besserer Dosierbarkeit nur in Ausnahmefällen anzuraten, da die Gefahr der Aspiration besteht. Es kann auch wegen der mehrmals täglichen Manipulationen zum Schock kommen. Der Erfolg dieser Maßnahme ist überdies in Frage gestellt, weil ein Teil des Medikamentes durch den Unterschnabel wieder abfließt.

Bei allen Manipulationen, die der Tierarzt mit einem Papageien vornimmt, sollte es selbstverständlich sein, daß nicht der Tierhalter, sondern das geschulte Fachpersonal des Tierarztes den Vogel festhält. Der Tierarzt kann sich dann auf den Griff seines Hilfspersonals verlassen, und der Vogel wird die Behandlung nicht seinem Frauchen oder Herrchen nachtragen.

Aus gleichem Grunde halte ich es für wichtig, daß der Vogel noch abgedeckt in seinem Behältnis verbleibt, während der Besitzer nach allen beobachteten Krankheitsanzeichen befragt wird und alle diesbezüglichen Daten vor der eigentlichen Untersuchung erfaßt werden (Anamnese).

Als vorteilhafteste Art der Medikamentenverabreichung ist die vom Tierarzt vorzunehmende Injektion anzusehen.

Es gibt dafür folgende Möglichkeiten:

sub cutan	(Nackenhaut)
intra muskulär	(Oberschenkel und Brustmuskulatur)
intra venös	(Flügelvene)
intra cutan	(Oberschenkel und Nacken)
intra tracheal	(in die Luftröhre)

Daneben können Arzneimittel verabreicht werden z.B.:

intra nasal	mit einer Knopfkanüle
per Inhalation	
per oral	z.B. Psittacin Pellets oder Anti-Parasitaria
per cutan	durch Salben und Lotionen
äußerlich	als Puder und oder Waschung (gegebenenfalls auch Spray)

Im Regelfall werden mehrere Behandlungen nötig sein, um therapeutisch wirksame Blutspiegel der Medikamente über mindestens drei Tage zu erzielen. Da Papageien besonders schockgefährdete Patienten sind, ist darauf hinzuweisen, daß jede Manipulation an den durch Krankheit geschwächten Tieren ein gewisses Risiko darstellt, und daß es daher trotz Beachtung aller Kriterien zu spontanen Todesfällen kommen kann, bevor die verabreichten Medikamente zur Wirkung kommen.

Folgende Hilfs- und Zusatzmaßnahmen zur Unterstützung oder Einleitung einer Therapie kann der Vogelhalter selbst vornehmen.

1. *Rotlichtbestrahlung,* die so vorzunehmen ist, daß der Strahler etwa $3/4$ m vom Käfig entfernt ungefähr drei Tage und Nächte brennt. Dabei muß die Hälfte des Käfigs gegen die Wärmequelle abgedeckt sein, so daß der Vogel selbst Licht oder Schatten aufsuchen kann. Unbedingt muß der Käfig nach oben offen bleiben, damit es nicht zu einem Hitzestau kommen kann. Außerdem ist der vermehrte Flüssigkeitsbedarf während der Bestrahlungsdauer zu beachten.

2. Die *Sitzstangen* sollten bei geschwächtem Allgemeinzustand des Vogels etwa 5 cm über dem mit Mullwindeln o. ä. gepolsterten Käfigboden befestigt werden, damit sich der Vogel auch in der Bauchlage ausruhen kann. Futter- und Trinkgefäße sind dann ebenfalls tief anzubringen.

3. Die *Fütterung* soll möglichst abwechslungsreich sein, d. h. daß neben dem Körnerfutter auch Weichfutter wie Kinderkost, gekochter Reis u. ä. angeboten werden sollen.

4. Der *Vogeltransport* zum Tierarzt darf nur in zugfreier Umhüllung des Käfigs in einem separaten Transportbehältnis stattfinden. Der Käfigstandort ist in jedem Fall zugfrei zu halten.

5. Zur *Konsultation* bei dem Tierarzt sollte eine Kotprobe des Tieres mitgebracht werden, und zwar in einem verschlossenen wasserdichten Behältnis, da der Kot sich nach dem Austrocknen nur noch schwer untersuchen läßt. Die Menge des Kots darf nicht zu gering sein, da ein Sediment-Anreicherungsverfahren für die parasitologische Diagnose unerläßlich ist.

6. Falls die Erkrankung des Vogels zum Tode führen sollte, wäre eine *Sektion* durch eine dafür eingerichtetes Institut angezeigt (z. B. Institut für Geflügelkrankheiten der Tierärztlichen Hochschule Hannover, Bünteweg 17).

Folgende Medikamente haben sich bei der Behandlung von Papageien bewährt:

1. Aufbau- und Kräftigungsmittel:

Aminotrat Liquid (Nordmark) als Eiweißhydrolysat mit allen essentiellen Aminosäuren;
Hepsan Sirup (Chem. Werke Minden);
Mineralsalzgemisch Bayer, Calcistin Boehringer (Mineralstoffe);

Vitacombex (Parke Davis), Tricrescovit (Rentschler), Crescin (Friesoythe), Vitatropin (Asid), Trigantol (Bayer) als Vitaminpräparate;
Trafulon (Rentschler) als Traubenzuckerpräparat.

2. Antibiotika:

Chloromycetin (Parke Davis);
Elanco M 50; 1 ml = 50 mg Tylosin;

Erythromycin (Abbott);
Spectam (Abbott);
Terramycin (Pfizer) oder Oxytetracyclin (Chevita).
Ampicillin (Albrecht)
Refobacin (Merck)
Vetoprim 120 (Friesolythe)

3. Antimykotika:

Mycojellin (Grünenthal);
Multifungin (Knoll);
Moronal V (Heyden).
Pimafucine Lösung
Daktar iv
Ampho Moronal

4. Augenpräparate

Terracortril (Pfizer);
Didrosulfon (Grünenthal)
sowie diverse Baeschlin-Präparate.

5. Atemwegserkrankungen:

Bisolvon (Boehringer);
Zoo-Frenon (Hydro Chemie);
Puraeton Hustensaft (Dolorgiet).

6. Blutstillung:

Arterinol (Hoechst);
Eisen-III-chlorid-Lösung;
Haemoscon (Vemie);
Revici (Schwarzhaupt).

7. Desinfektion:

Desinfectans (Chevita);
Buraton liquid (Schülke u.Mayr).

8. Ektoparasiten:

Alugan (Hoechst);
Glutox;
Pluridox (Cela);
Pyrethrum;
Odylen (Bayer);
Pervalenum (Asid).

9. Endoparasiten:

Concurat (Bayer);
Piperazin Lösung (WdT);
Thibenzole (Therapogen);
Panacur (Hoechst).

10. Hormone:

Deltacortril (Pfizer);
Voren (Boehringer);
Testoviron, Testoviron T (Schering).
Laurabolin (Vemie)
Primobolan (Schering)

11. Jodpräparate:

Lugolsche Lösung, Tinktura Jod DAB 7

12. Kreislaufmittel und Atmungsanaleptika:

Crataegus Miniplex (Hydro Chemie);
Digimerck Tr. (Merck);
Cedelanid (Sandoz);
Respirot (Ciba-Geigy);
Veriazol (Knoll).

13. Sulfonamide:

Duoprim (Friesoythe);
Borgal (Hoechst).

14. Wundbehandlung:

Unguforte PBS (Heyl);
Althosol (WdT);
Salicyl Salbe 2 %.

15. Zytoplasmatische Präparate (sog. Frischzellen):

Revitorgan Stärke II	Nr.	5
		26
		63
		64
		65
		67
		98
Lingualtropfen	Nr.	61
		64
		65
		98

Gegensensibilisierung nach Theurer (modifizierte Eigenblutbehandlung)

Zeitschriften

»Die Gefiederte Welt«, Verlag Eugen Ulmer, Postfach 700561, 7000 Stuttgart 70.

»Geflügel-Börse«, Verlag Jürgens KG, Postfach 129, 8034 Germering 1.

»AZ-Nachrichten«, Geschäftsstelle: G. Wittenbrock, Vor der Elm 1, 2860 Oster-holz-Scharmbeck.

»Die Voliere«, Verlag Schaper, Grazer-Str. 20, 3000 Hannover 81.